中等职业教育教学改革创新系列教材

电工电子技术与技能

主　编　焦向军
副主编　徐秀山　刘兴成
参　编　刘　琦　高　伟　高连丽
　　　　肖艳霞　魏丽芹

机械工业出版社

本书共包括 14 个单元。单元一为电路的构成和基本物理量，主要介绍了电路的基本组成、常用物理量及单位。单元二为直流电路，主要介绍了直流电路的特点与运算规律。单元三为单相交流电路，主要介绍了单相交流电的产生、三要素、基本表示方法和常见电路。单元四为三相交流电路，主要介绍了三相交流电的产生、三相交流电源、负载的连接方式和基本电路的简单运算。单元五为变压器，主要介绍了变压器的结构、工作原理及简单维护常识。单元六为电动机及其控制，主要介绍了三相异步电动机的工作原理及控制方式。单元七为常用半导体器件，主要介绍了半导体的概念及常见元器件的结构和特性。单元八为晶体管放大电路，主要介绍了晶体管的常见工作状态和放大原理。单元九为直流稳压电源，主要介绍了直流稳压电源的工作原理和常见的集成电路结构。单元十为集成运算放大器，主要介绍了集成运算放大器的结构、种类、工作原理及常见的几种应用电路。单元十一为门电路基础知识，主要介绍了基本门电路、复合门电路的结构和工作原理。单元十二为逻辑函数及组合逻辑电路，主要介绍了逻辑函数的概念和组合逻辑电路的特点及应用。单元十三为触发器及时序逻辑电路，主要介绍了触发器的结构、工作原理及常用时序逻辑电路的结构及应用。单元十四为数模（D-A）与模数（A-D）转换器，简单介绍了数模及模数转换的定义、工作原理和常见集成转换器。

本书以就业为导向，突出实践技能的培养，具有鲜明的职业教育特色，适应教学实际。

本书可作为中等职业学校机械制造技术专业及相关专业课程的教材，也可作为岗位培训用书。

为便于教学，本书配套有教学资源，选择本书作为教材的教师可来电（010-88379193）索取，或登录 www.cmpedu.com 网站，注册、免费下载。

图书在版编目（CIP）数据

电工电子技术与技能/焦向军主编. —北京：机械工业出版社，2019.9
（2025.1重印）
中等职业教育教学改革创新系列教材
ISBN 978-7-111-63443-0

Ⅰ.①电… Ⅱ.①焦… Ⅲ.①电工技术-中等专业学校-教材②电子技术-中等专业学校-教材 Ⅳ.①TM②TN

中国版本图书馆 CIP 数据核字（2019）第 175005 号

机械工业出版社（北京市百万庄大街22号　邮政编码100037）
策划编辑：黎　艳　　责任编辑：黎　艳
责任校对：炊小云　　封面设计：陈　沛
责任印制：常天培
北京机工印刷厂有限公司印刷
2025年1月第1版第4次印刷
184mm×260mm・12.5印张・306千字
标准书号：ISBN 978-7-111-63443-0
定价：39.00元

电话服务　　　　　　　　　　网络服务
客服电话：010-88361066　　　机　工　官　网：www.cmpbook.com
　　　　　010-88379833　　　机　工　官　博：weibo.com/cmp1952
　　　　　010-68326294　　　金　书　网：www.golden-book.com
封底无防伪标均为盗版　　　　机工教育服务网：www.cmpedu.com

前 言

本书是按照山东省教育厅《关于启动中职与五年制高职教材开发的说明》，经过初评并申报的山东省三年制中等职业教育机械制造技术专业教材。

"电工电子技术与技能"作为中等职业学校机电类专业的一门技术基础课程，对学生学习后续专业课程和专业技能有着非常重要的作用，因此在编写本书时，在保证基本概念清楚、基本知识全面、基本分析方法简单易懂的基础上，注重职业素质教育和实践技能的培养。本书在理论体系、内容及表达方法等方面都做了创新，每个模块的内容都从知识探究、技能训练、知识拓展、模块测评四个方面入手，通过掌握这四个方面的学习内容，帮助学生形成完整的知识链。

在本书编写过程中，我们始终坚持以下几个原则：一是坚持以学生为本位、以就业为导向的理念阐述电工电子的基本理论，强调教材的实用性；二是紧密结合职业院校的教学实际情况，同时坚持以国家职业资格标准为依据，力求使教材内容覆盖职业技能鉴定的各项要求；三是突出教材的时代感，最大限度地引入新知识、新技术、新方法等内容，力求比较全面地体现行业技术发展趋势；四是打破传统的教材编写模式，树立以学生为主体的教学理念，采用模块化、任务驱动的理实一体化教材编写方式，力求有所创新，以使教材浅显易懂、易教易学，为师生乐用。

本书的特点如下：

1. 在保证课程体系完整的前提下，理论知识以"实用、够用"为度，突出实践与应用特点，避免烦琐的理论及公式推导。

2. 强调培养学生分析电路及正确应用电子元器件和设备的能力，对计算过程进行了弱化。

3. 内容全面，理论与实践相结合，概念清楚、语言简洁、图文并茂，教学中可根据不同专业的实际情况对书中内容进行删减。

全书由聊城市技师学院焦向军任主编，徐秀山和刘兴成任副主编，参加编写的还有聊城市技师学院刘琦，济阳县职业中专肖艳霞和高连丽，章丘中等职业学校高伟以及聊城市高级财经学校魏丽芹。

在编写过程中，编者参阅了国内出版的有关教材和资料，得到了相关领域企业专家的有益指导，在此一并表示衷心感谢！

由于编者水平有限，书中不妥之处在所难免，恳请读者批评指正。

编 者

目 录

前言

单元一 电路的构成和基本物理量 …… 1
  模块一 电路的基本组成及基本物理量
    的认知…………………………… 1
  模块二 常用电气元件 …………………… 8

单元二 直流电路 …………………………… 14
  模块一 欧姆定律及电阻连接应用 ……… 14
  模块二 电压源和电流源的等效变换 …… 21
  模块三 基尔霍夫定律及应用 …………… 25
  模块四 戴维南定理及应用 ……………… 31

单元三 单相交流电路 ……………………… 36
  模块一 正弦交流电及其基本电路 ……… 36
  模块二 正弦交流电的功率计算 ………… 43
  模块三 RLC 串、并联电路及荧光灯电路 … 46

单元四 三相交流电路 ……………………… 51
  模块一 三相正弦交流电及其电源的基本
    连接电路 ……………………… 51
  模块二 三相负载的连接及简单计算 …… 54

单元五 变压器 ……………………………… 60
  模块一 磁场及电磁感应 ………………… 60
  模块二 变压器的结构和原理 …………… 62

单元六 电动机及其控制 …………………… 71
  模块一 三相异步电动机的结构和原理 … 71
  模块二 三相异步电动机控制电路及使用、
    维护和故障处理 ……………… 77
  模块三 绝缘电阻表、钳形电流表的使用 … 94

单元七 常用半导体器件 …………………… 99
  模块一 半导体及半导体二极管 ………… 99
  模块二 晶体管的基本原理分析与检测 … 107

单元八 晶体管放大电路 ………………… 114
  模块一 共发射极放大电路原理 ………… 114
  模块二 多级放大电路的原理及应用 …… 122
  模块三 功率放大电路的原理及应用 …… 125

单元九 直流稳压电源 …………………… 130
  模块一 整流电路 ………………………… 130
  模块二 滤波电路 ………………………… 136
  模块三 稳压电路的结构原理及应用 …… 140

单元十 集成运算放大器 ………………… 148
  模块一 集成运算放大器的基本电路 …… 148
  模块二 集成运算放大器的应用电路 …… 154

单元十一 门电路基础知识 ……………… 160
  模块一 分立元件门电路的认知 ………… 160
  模块二 集成门电路的认知与应用 ……… 166

单元十二 逻辑函数及组合逻辑电路 …… 169
  模块一 逻辑函数 ………………………… 169
  模块二 组合逻辑电路的分析与应用 …… 171

单元十三 触发器及时序逻辑电路 ……… 180
  模块一 常见触发器 ……………………… 180
  模块二 常用时序逻辑电路的认知与
    应用 …………………………… 185

单元十四 数模（D-A）与模数（A-D）
  转换器 ………………………… 192

参考文献 …………………………………… 194

单元一
电路的构成和基本物理量

模块一 电路的基本组成及基本物理量的认知

学习目标

1) 掌握电路的基本组成和电路的三种基本工作状态。
2) 理解电流、电位和电压、电动势的概念和意义。

能力目标

1) 能够分析电路的三种基本工作状态。
2) 能够熟练地运用参考方向对电路进行分析和计算。

知识探究

一、电路的基本组成

(一) 电路由哪几部分组成

图 1-1 所示为小灯泡的连接图,用开关和电线将干电池和小灯泡连接起来,将开关合上,小灯泡就亮了。

这种连接图是我们在工作中经常遇到的实际电路。把电流流经的路径称为电路。电路由电源、控制装置、导线及负载等组成。

(1) 电源 电源是指电路中把其他形式的能量转换成电能的元件或装置。例如:电池将化学能转换成电能,发电机将机械能转换为电能等。

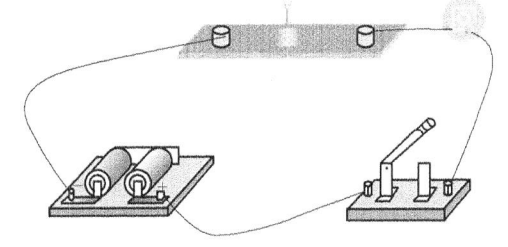

图 1-1 小灯泡的连接图

(2) 控制装置 它用于控制电路的通断。例如:开关可以实现负载与电源的接通与断开。

(3) 导线 它是连接负载和电源的导电体,起输送和分配电能的作用。

(4) 负载 指用电设备或用电器,能够将电能转换为其他形式的能量。例如:小灯泡将电能转换为光能,电动机将电能转换为机械能。

（二）电路原理图常用图形符号

在实际分析电路时，画实际电路图往往很不方便，通常我们用规定的电路符号画出电路原理图进行电路分析。用电气符号描述电路连接情况的图称为电路原理图，简称电路图。它主要反映电路中各元件之间的连接关系，并不考虑各元件的实际大小和位置关系，例如：图 1-2 为图 1-1 所示实际电路的电路原理图。

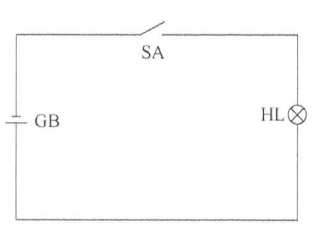

图 1-2　电路原理图

在电路中，通常只考虑电气元件的导电性能，而不考虑其他次要的性质，称其为理想元件。用理想元件或它们的组合模拟实际电路中的部件、器件，就是建立电路模型，简称建模。

电路图中的电路元件必须采用国家标准中所颁布的符号，其常用图形符号和文字符号见表 1-1。

表 1-1　电路元件常用图形符号和文字符号

图形符号	文字符号	名称	图形符号	文字符号	名称
─╱─	S 或 SA	开关	⊗	HL	指示灯,信号灯
─┤├─	GB	干电池	▭	R	电阻器
─┤├─	C	电容器	▱	RP	电位器
─▷├─	VD	二极管	⌒⌒⌒	L	电感器
─▭─	FU	熔断器	Ⓦ	PW	功率表
Ⓥ	PV	电压表	Ⓐ	PA	电流表

二、电路的工作状态

（一）通路

如图 1-3 所示，将开关 SA 接到位置 1 时，电路处于通路状态。这种处处联通的电路称为通路，也称闭合电路。在闭合电路中，电流从电源的正极沿着导线经过负载最终回到电源的负极。通路的特点是电路中有电流流通，负载工作。

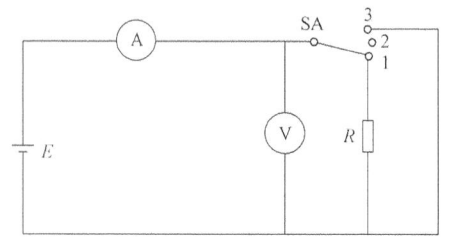

图 1-3　电路的三种基本工作状态电路图

（二）开路（断路）

如图 1-3 所示，将开关 SA 接到位置 2 时，电路处于开路状态，也称断路状态。电路中某处断开，相当于负载电阻无穷大。此时，电路中没有电流流过。断路的特点是电路中无电流流通，负载不工作。

(三) 短路

如图 1-3 所示，将开关 SA 接到位置 3 时，电路处于短路状态。由于理想电流表电阻为零，相当于电源两极与导线直接相连，这时电路中的电流很大，很可能把电源烧坏，因此必须避免短路发生。短路的特点是电路中有很大的电流，往往会损坏电气设备或引发火灾。

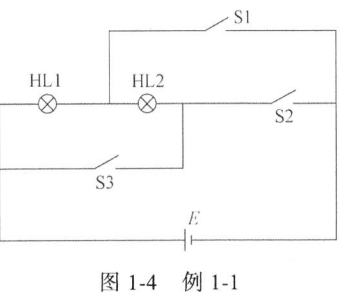

图 1-4　例 1-1

例 1-1　在图 1-4 所示的电路图中，下列说法正确的是（　　）。

A. 断开 S1、S3，闭合 S2，电路处于断路状态，HL1、HL2 都不亮
B. 断开 S2、S3，闭合 S1，电路处于通路状态，HL1、HL2 都亮
C. 断开 S1、S2，闭合 S3，电路处于短路状态
D. 断开 S1，闭合 S2、S3，电路处于短路状态

分析：断开 S1、S3，闭合 S2，电流从电源正极流出，经 HL1、HL2、S2 回到电源负极，构成通路，灯 HL1、HL2 都亮，选项 A 错。断开 S2、S3，闭合 S1，电流从电源正极流出，经 HL1、S1 回到电源负极，构成通路，灯 HL1 亮，选项 B 错。断开 S1、S2，闭合 S3，电路不能构成通路，处于开路状态，选项 C 错。断开 S1，闭合 S2、S3，电流从电源正极流出，经 S1、S2 回到电源负极，电路处于短路状态，选项 D 正确。

三、电路的基本物理量

(一) 电流

1. 定义

在闭合电路中，电荷在电源的作用下规则地定向移动形成电流。电流的大小称为电流强度，它是指单位时间内通过导体横截面的电荷量，即

$$I = \frac{q}{t}$$

式中，q 是时间 t 内通过导体横截面的电荷量。电荷的单位是库伦，简称库（C）。时间的单位是秒（s）。电流的单位是安培，简称安（A）。常用的电流单位还有毫安（mA）和微安（μA）。它们之间的关系是

$$1\text{mA} = 10^{-3}\text{A}$$
$$1\mu\text{A} = 10^{-3}\text{mA}$$

2. 分类

电流分为直流电流和交流电流。若电流的大小和方向不随时间的变化而变化，则称为直流电流，简称直流，用符号 DC 表示，如图 1-5a 所示；若电流的大小和方向随时间的变化而变化，则称为交流电流，如图 1-5b 所示，简称交流，用符号 AC 表示。

3. 参考方向

在分析和计算较为复杂的直流电路时，经常会遇到某一电流的实际方向难以确定的情况，这时可以假定一个电流的参考方向。所谓参考方向就是在一段电路中，任意选择一个方向作为标准。若最后求得的电流值为正值，则实际电流方向与参考方向相同；若最后求得的

电流值为负值,则实际电流方向与参考方向相反。如图 1-6 所示,实线箭头表示选定的参考方向,虚线箭头表示该段电路中电流的真实方向。图 1-6a 中电流的实际方向与参考方向一致,则电流 I 为正值;图 1-6b 中电流的实际方向与参考方向相反,则电流 I 为负值。

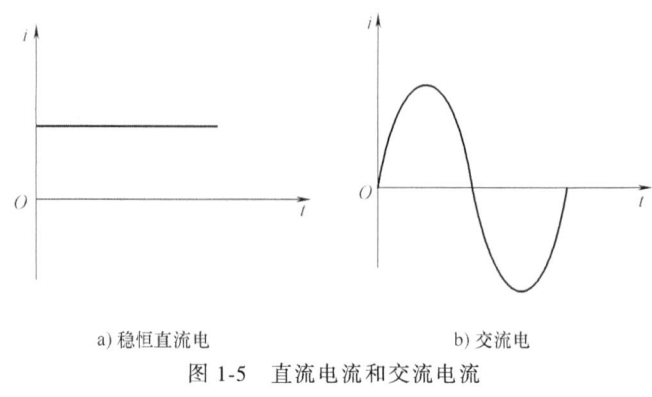

a) 稳恒直流电　　　　　　b) 交流电

图 1-5　直流电流和交流电流

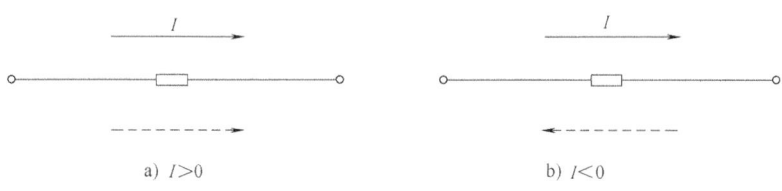

a) $I>0$　　　　　　b) $I<0$

图 1-6　电流的参考方向

(二) 电位和电压

1. 定义

电路中某点相对于参考点的电压称为该点的电位,用 V 表示。如用 V_a 表示 a 点的电位。电路中任意两点之间的电位差等于这两点之间的电压。所以,电压又称电位差,即

$$U_{ab} = U_a - U_b$$

式中,U_{ab} 表示 a、b 两点间的电压,其单位是伏特,简称伏 (V);U_a、U_b 分别表示 a、b 两点的电位,单位也是伏。

2. 参考方向

通常规定电压的实际方向是由高电位点指向低电位点。像规定电流的参考方向那样,给电压规定一个参考方向,当电压的实际方向与参考方向一致时,电压为正值,反之为负值。如果已知电流的参考方向,电压的参考方向最好与电流的参考方向一致,称为关联参考方向。

电压的参考方向有 3 种表示方法,如图 1-7 所示。

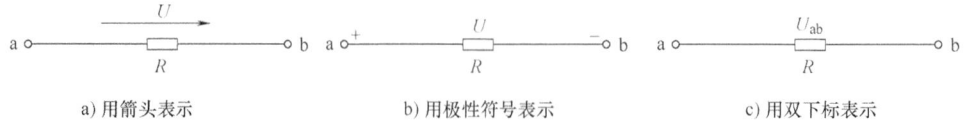

a) 用箭头表示　　　　b) 用极性符号表示　　　　c) 用双下标表示

图 1-7　电压的参考方向

例 1-2　已知图 1-7a 中,$U=-8\text{V}$;图 1-7b 中,$U=4\text{V}$;图 1-7c 中,$U_{ab}=5\text{V}$。请指出电压的实际方向。

解:图 1-7a 中,$U=-8\text{V}<0$,说明电压的实际方向与参考方向相反,即实际方向由 b 指向 a。

图 1-7b 中，$U=4V>0$，说明电压的实际方向与参考方向相同，即实际方向由 a 指向 b。

图 1-7c 中，$U_{ab}=5V>0$，说明电压的实际方向与参考方向相同，即实际方向由 a 指向 b。

（三）电动势

电池（电源）具有使电流持续流动的能力，这种能力用电源的电动势 E 表示，单位是伏（V）。电源的电动势在数值上等于电源没有接入电路时两级间的电压，电动势的方向规定为在电源内部由负极指向正极，如图 1-8 所示。

图 1-8 直流电动势方向

电源既有电动势，又有端电压。电动势只存在于电源内部，端电压则是电源输出的加在外电路两端的电压，其方向由正极指向负极。一般情况下，由于电源存在内阻的原因，端电压总是低于电源内部的电动势，只有当电源开路时，电源的端电压才与电源的电动势相等。

技能训练

使用万用表测量直流电流、直流电压和交流电压

万用表又称为万能表或多用表，可用来测量直流电流、直流电压、交流电流、交流电压及电阻等，有的万用表还可以用来测量电容、电感、二极管及晶体管的某些参数。万用表具有功能多、量程宽、灵敏度高、价格低和使用方便等优点，是电工必备的仪表之一。常用的万用表有模拟式（指针式）和数字两种，如图 1-9 所示，下面主要介绍模拟式万用表的使用方法。

（一）操作步骤

1. 熟悉万用表

万用表的结构形式多样，面板上旋钮、开关的布置也有差异。因此，使用万用表以前，应仔细了解和熟悉各部件的作用，并分清表盘上各条标度尺所对应的被测量。

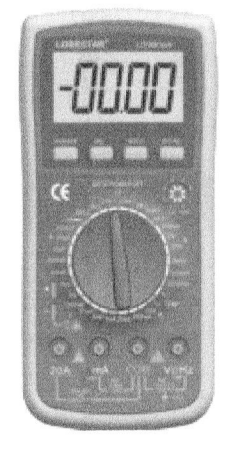

a) 模拟式　　b) 数字式

图 1-9　常用的万用表

2. 机械调零

万用表应水平放置，使用前检查指针是否指在零位上。若未指零，则应调整机械调零旋钮，使指针指到零位上。

3. 接好表笔

应将红表笔的插头接到红色接线柱上或标有"+"号的插孔内；黑表笔的插头接到黑色接线柱上或标有"-"或"COM"的插孔内。

4. 选择测量种类和量程

使用时应先选择被测量的种类，选择适当量程。如果事先无法估计被测量的数值范围，可先用最大量程档试测，然后逐渐调小，选定适当的量程。测量电压和电流时，万用表指针

偏转最好在满量程的1/2~2/3范围内；测量电阻时，指针最好在标度尺的中间及偏右区域。

（二）测量方法

1. 直流电流的测量

用万用表测量直流电流时，先将转换开关旋到标有"mA"符号的适当量程上，将黑表笔接到电源的负端，红表笔接到负载的一端，负载的另一端接到电源的正极。即表头与负载串联，使电流从红表笔流入、黑表笔流出。测量时要特别注意，由于万用表的内阻较小，切勿将两只表笔直接触及电源的两级，否则，表头将被烧坏。

2. 直流电压的测量

测量前，先将转换开关旋到标有"DC V"符号处，并将开关置于适当量程档，然后将红表笔插入万用表上标有"+"号的插孔内，黑表笔插入标有"－"号的插孔内。测量时将黑表笔与电源的负极相触，红表笔与电源的正极相触，由于直流电压有正负极性之分，两者不可颠倒。如果分不清电源的正、负极，则可选用较大的量程档，将两只表笔迅速触一下测量点，观察表针的指向，找出被测电压的正负极。

3. 交流电压的测量

测量方法与测量直流电压基本相同。测量交流电压时先用黑表笔触及一相带电体，用红表笔触及另一相带电体或中性线，读取电压读数。

（三）测量内容

选择合适的设备按照图1-10所示电路图连接起来。

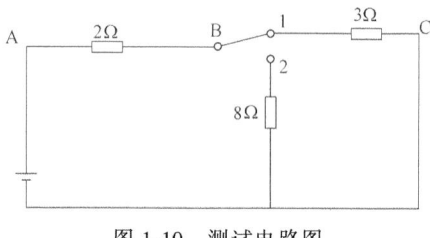

图1-10 测试电路图

1. 用万用表测量直流电流

1）将万用表转换开关置于直流电流档，选择适当的量程。

2）用万用表测量开关置于位置1时电路的总电流大小，并记录测量结果_____。

3）用万用表测量开关置于位置2时电路的总电流大小，并记录测量结果_____。

2. 用万用表测量直流电压

1）将万用表转换开关置于直流电压档，选择适当的量程。

2）用万用表测量开关置于位置1时各电阻电压的大小，并记录测量结果_____。

3）用万用表测量开关置于位置2时各电阻电压的大小，并记录测量结果_____。

知识拓展

数字式万用表的使用

（一）测量方法

1. 电阻的测量

测量时，将万用表功能转换开关旋至"Ω"档相应量程，不清楚被测元件电阻大小时，可从高档开始，将红表笔插入"V/Ω"插孔中，黑表笔插入"COM"插孔中，然后将表笔接至被测元件两端测量。如果显示"1"，则表示超出量程，要换用更高量程。

2. 直流电压的测量

测量时，将黑表笔插入"COM"插孔中，红表笔插入"V/Ω"插孔中，并将功能转换开关置于所需的"V-"量程,并将两表笔接到待测电源或负载两端,红表笔所接端的极性和电压值同时在显示屏上显示。在不清楚被测电压高低时,同样从高档位开始测试。

3. 交流电压的测量

测量时,将黑表笔插入"COM"插孔中,红表笔插入"V/Ω"插孔中。将功能转换开关置于所需的"V~"量程,并将两表笔接到待测电源或负载两端,从显示屏上读取测量结果。在不清楚被测电压高低时,同样从高档位开始测试。

4. 电流的测量

将功能转换开关旋至"A"档的适当量程处,将黑表笔插入"COM"插孔中,当被测最大电流为200mA时,将红表笔插入"A"插孔中,当被测最大电流为10A时,将红表笔插入"10A"插孔中;并将两表笔串接到被测电路中测量。

5. 二极管的测量

将功能换开关旋至二极管测量档位,将红表笔插入"V/Ω"插孔中,黑表笔插入"COM"插孔中,并将两表笔接入被测元件两端测量。

(二)注意事项

1)将"ON/OFF"开关置于ON位置,检查电池。如果电池电压不足,"⊟"将显示在显示屏上。这时应更换电池后方能使用该仪表。

2)表笔插孔旁边的"⚠"符号表示输入电压不应超过说明书规定的数值,这是为了保护内部电路免受损伤。

3)切勿在功能转换开关置于"♫ ▸|"位置时测量电压或电流。

4)切勿测量高于地电位1000V的直流电压或700V的交流电压,以确保人身安全。

5)测未知量的电压或电流时,应先选择最高档,待第一次读取数值后,方可逐渐转至适当位置,以取得较准读数并避免烧坏电路。

6)在20A量程时无熔丝保护,测量时间不能超过15s。

模块测评

1. 画图题

(1)在图1-11a中连接电路,实现用滑动变阻器调节灯泡亮度。

(2)在图1-11b中画出该电路的原理图。

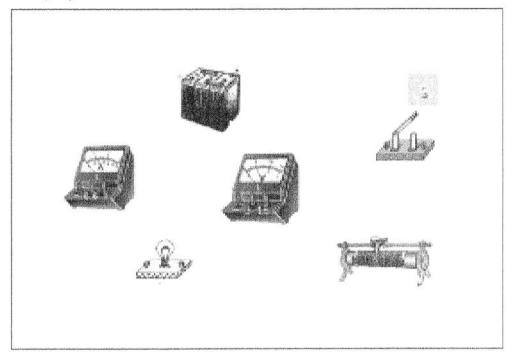

a)

b)

图1-11 画图题

2. 电路由_____、_____、_____、_____等部分组成。

3. 图 1-12 所示电路中,电流的参考方向如实线箭头所示,已知 $I_1 = 2A$,$I_2 = -4A$,$I_3 = -6A$。可知:I_1 的实际方向与参考方向_____,即电流由_____流向_____,大小为_____A;I_2 的实际方向与参考方向_____,即电流由_____流向_____,大小为_____A;I_3 的实际方向与参考方向_____,即电流由_____流向_____,大小为_____A。

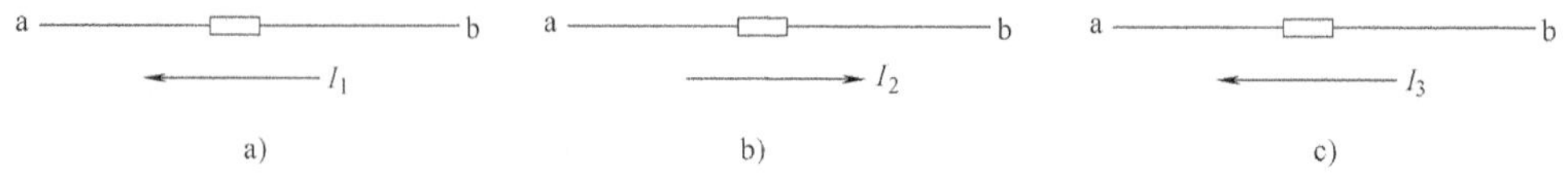

图 1-12

4. 电流分为_____和_____两大类,凡_____的电流称为稳恒电流,凡_____的电流称为交变电流。

5. 在 10min 时间内,通过导体横截面积的电荷量为 6C,则电流是多少 A?

6. 图 1-13 所示电路中,选 c 点为参考点。已知:$U_a = -6V$,$U_b = -3V$,$U_d = -2V$,$U_e = -4V$。求:

(1) U_{ab}、U_{cd} 各是多少?

(2) 若以 d 点为参考点,则各点的电位是多少?

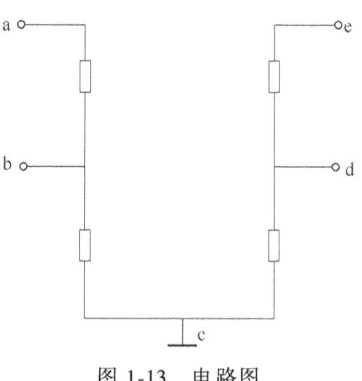

图 1-13 电路图

模块二 常用电气元件

学习目标

掌握电阻元件、电容元件及电感元件的特性。

能力目标

能够分析和计算电路中的电阻、容抗及感抗。

知识探究

一、电阻元件

当电流通过导体时,由于做定向移动的电荷会因与导体内部的带电粒子碰撞而遇到阻碍,这种导体对电流的阻碍作用称为电阻。导体的电阻用 R 表示,单位是欧姆,简称欧(Ω)。比较大的单位还有千欧(kΩ)、兆欧(MΩ)。它们之间的换算关系为

$$1M\Omega = 10^3 k\Omega$$

$$1k\Omega = 10^3 \Omega$$

对于一根横截面积均匀的金属导体来说，它的电阻值与导体的长度成正比，与导体的横截面积成反比，还与导体的材料有关，即

$$R = \rho \frac{l}{S}$$

式中，ρ 表示导体材料的电阻率，单位是欧·米（$\Omega \cdot m$）；l 表示导体的长度，单位是米（m），S 表示导体的横截面积，单位是平方米（m^2）。这就是导体的电阻定律。

电阻率的大小反映了物体的导电能力。电阻率很小、容易导电的物体称为导体；电阻率很大、几乎不能导电的物体称为绝缘体。不同的金属材料有不同的电阻率。表1-2列出了常用电工材料的电阻率。

表1-2 常用电工材料的电阻率（20℃）

材料	电阻率 $\rho/(10^{-6}\Omega \cdot m)$	材料	电阻率 $\rho/(10^{-6}\Omega \cdot m)$
银	0.0159	钢	0.13~0.25
铜	0.0175	康铜	0.48
铝	0.0283	锰铜	0.47
铁	0.0978	黄铜	0.07
钨	0.0578	镍铬合金	1.09

另外，还有一类导电能力介于导体和绝缘体之间的物体，它们的导电性能受外界条件的影响很大，温度、光照的变化等都可能使其导电性能发生显著的变化，这类物体称为半导体。半导体在现代电子技术中有着重要的应用，如晶体管、集成电路、整流器、激光器以及各种光电探测器件、微波器件等。

二、电容元件

（一）电容器的结构、类型和符号

电容器的应用极为广泛，两个相互绝缘又相隔很近的导体都可以看成是一个电容器，其基本结构如图1-14所示。这两个导体称为电容器的两个极板，中间的绝缘材料称为电容器的介质（如云母、绝缘纸、空气等）。当在两个极板上加上电压后，两个极板上分别聚集起等量的正、负电荷，并在介质中建立电场而具有电场能量（图1-15）。将电源移去后，电荷可继续聚集在极板上，电场继续存在。所以，电容器是一种能够储存电荷或者储存电场能量的元件。

电容器的种类很多，常见电容器的类型见表1-3。

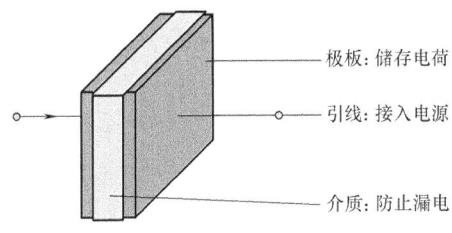

图1-14 电容器的基本结构

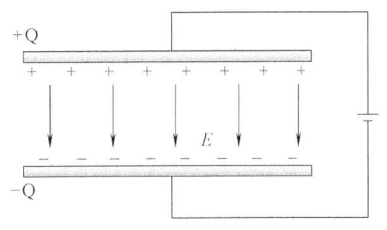

图1-15 电容器原理图

表 1-3 常见电容器的类型

名称	实物	名称	实物
电力电容器		瓷片电容器	
电解电容器		云母电容器	
金属膜电容器		可变电容器	

(二) 电容器的主要参数

1. 电容量

电容器储存电荷的能力称为电容量，简称电容，单位是法拉，简称法（F），常用的较小的单位还有微法（μF）和皮法（pF）。电容量在数值上等于电容器在单位电压作用下所储存的电荷量，即

$$C = \frac{Q}{U}$$

式中，C 表示电容量，Q 表示电荷量，U 表示电压。

电容是电容器的固有属性，它只与电容器的极板正对面积、极板间的距离以及极板间电介质的特性有关，与外加电压、电容器带电量等外部条件无关。

设平行板电容器极板的正对面积为 S，两个极板间的距离为 d，则平行板电容器的电容计算公式为

$$C = \frac{\varepsilon S}{d}$$

式中，ε 称为极板间电介质的介电常数，是电介质本身的一个特性参数，其单位是 F/m，S 的单位是平方米（m^2），d 的单位是米（m），C 的单位是法（F）。不同的电介质其介电常数也不同，真空的介电常数 $\varepsilon_0 \approx 8.86 \times 10^{-12}$ F/m，某种介质的介电常数 ε 与 ε_0 的比值称为该介质的相对介电常数，用 ε_r 表示，若某种介质的相对介质常数较大，则它可以显著增大电容器的电容。

2. 额定电压

在规定的温度范围内，连续加在电容器上而不损坏电容器的最大电压值称为电容器的额定电压，也称为电容的耐压。额定电压是电容器的一个重要参数，常用的固定电容器的耐压有：10V、16V、25V、35V、50V、63V、100V、250V、500V。

(三) 电容器的工作原理

电容器既可以充电，也可以放电。图 1-16 所示为电容器的充电过程，当开关 S 置于 A

端，电源开始通过电阻 R 对电容器 C 充电。起初，充电电流较大，随着电容器 C 两端的电荷不断积累，电容器两个极板间的电压越来越高，阻碍了电源对电容器的充电，使充电电流越来越小，逐渐降至零。此时，电容器两个极板间的电压达到最大值 E。

图 1-17 所示为电容器的放电过程，当电容器两个极板充电完成后，若将开关 S 置于 B 端，电容器开始通过电阻 R 放电。起初，放电电流很大，随着电容器 C 两个极板的电荷不断减少，电压越来越小，从而放电电流也越来越小，逐渐降至零。此时，电容器两个极板间的电压也为零。

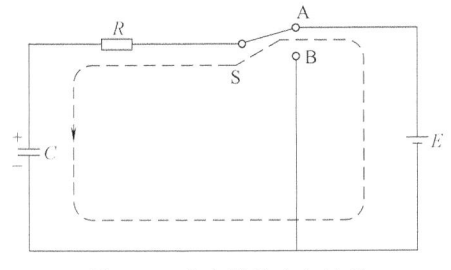 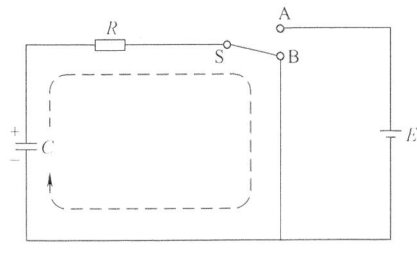

图 1-16　电容器的充电过程　　　　图 1-17　电容器的放电过程

当电容器外接交流电时，它对交流电的阻碍作用称为容抗，用 X_C 来表示，单位是欧姆，简称欧（Ω）。计算式为

$$X_C = \frac{1}{\omega C} = \frac{1}{2\pi f C}$$

式中，X_C 表示容抗，ω 表示交流电的角频率，f 表示交流电的频率，C 表示电容量。

电容器的容抗与频率的关系可以归纳为：隔直流，通交流，阻低频，通高频。

三、电感元件

（一）电感器的结构和类型

电感器是能够把电能转化为磁能而存储起来的元件。其结构类似于变压器，是用铜导线绕成的圆筒状线圈，但只有一个绕组。线圈有的有铁心，加入铁心的目的是把磁感线更紧密地约束在电感周围，更好地发挥其功能。

电感器的种类有很多种，常见的电感器外形见表 1-4。

表 1-4　常见的电感器外形

名称	实物	名称	实物
空心电感器		微调电感器	
有铁心的电感器		多抽头可调电感器	

(二) 主要参数

1. 自感系数

自感电动势 $E = L\Delta I / \Delta t$，其中 L 是线圈的自感系数，也称为电感，单位是亨利，简称亨（H），常用单位还有毫亨（mH）和微亨（μH）。电感是反映线圈阻碍电流变化作用大小的物理量。其大小取决于线圈的粗细、长短、匝数、有无铁心等因素。如果 1s 内电流变化 1A 时线圈中产生的自感电动势是 1V，这个线圈的电感就是 1H。

2. 品质因数

品质因数也称 Q 因数，它是衡量电感器储存能量损耗率的一个物理量。Q 值越高，电感器储存的能量损耗率越低，效率越高；Q 值越低，则储存的能量损耗率越高。电感器品质因数的高低与线圈导线的直流电阻、线圈骨架的介质损耗及铁心、屏蔽罩等引起的损耗有关。具体关系为

$$Q = \frac{\omega L}{R} = \frac{2\Pi f L}{R}$$

式中，ω 表示交流电角频率，L 表示自感系数，R 表示电感器的直流电阻。

当电感器接入交流电时，在电感线圈中会产生感应电动势以阻碍电流的变化，其对交流电的阻碍作用称为感抗，用 X_L 来表示，单位是欧姆，简称欧（Ω）。计算式为

$$X_L = 2\Pi f L = \omega L$$

电感器的感抗与频率的关系可以归纳为：通直流，阻交流，通低频，阻高频。

 技能训练

电阻的测量

用万用表欧姆档测量导体的电阻，欧姆档用 "Ω" 表示，分为 $R\times1$、$R\times10$、$R\times100$ 和 $R\times1k$ 档，有些万用表还有 $R\times10k$ 档。

(一) 测量步骤

1) 测量时，将万用表功能转换开关置于 $R\times100$ 档，将两支表笔短接，调整欧姆档零位调整旋钮使表针指向电阻刻度线右端的零位。若指针无法调零，则说明表内电池电压不足，应更换电池。

2) 用两支表笔分别触及被测电阻的两端进行测量，正确读出指针所指电阻的数值，再乘以档位倍率（例如 $R\times100$ 档应乘 100，$R\times1k$ 档应乘 1000），得出的就是被测电阻值。

3) 为使测量准确，测量时应使指针指在刻度线中心位置附近。若指针偏角较小，应换用 $R\times1k$ 档；若指针偏角较大，应换用 $R\times10$ 档或 $R\times1$ 档。每次换档后，应再次进行欧姆调零，然后再测量。

4) 测量结束后，应拔出表笔，将转换开关置于 "OFF" 档或交流电压最大档位，最后收好万用表。

(二) 注意事项

1) 被测电阻应从电路中拆下后再进行测量。

2) 两支表笔不要长时间触碰在一起。

3) 两只手不能同时接触两支表笔的金属杆或被测电阻两端，最好用右手同时持两支表笔。

4）长时间不使用万用表欧姆档时，应将表中电池取出。

知识拓展

接触电阻和绝缘电阻

1. 接触电阻

在分析电路时，通常认为闭合的开关电阻为零，其实在开关接触部分总会存在一定的电阻，称为接触电阻。这是因为两导体接触部分总会有凹凸不平之处。此外，若接触部分被污染或者由于被腐蚀、过热产生氧化物，都会使接触电阻增大，在实际应用中须加以注意。

2. 绝缘电阻

绝缘体并非绝对不导电，只不过它的电阻率很大，可以认为几乎不通过电流。但当温度和湿度上升、工作电压增大时，会使绝缘体的电阻减小，增大漏电流。为了保证电路安全工作，必须经常检测电气设备的绝缘电阻，确保其不低于规定值。

模块测评

1. 一台电动机的绕组由直径为 1.2mm 的高强度漆包铜线绕成。在 20℃ 时测得电阻为 1.8Ω，求该绕组共用了多少毫米导线？

2. 导体对电流的_____作用称为电阻。

3. 物质根据导电能力的强弱，一般可分为_____、_____和_____。

4. 均匀导体的电阻与导体的长度成_____比，与导体的横截面积成_____比。

5. 容抗是反映电容_____作用的物理量，容抗与频率成_____，其值 X_C = _____，单位是_____。

6. 电容的容抗与频率的关系可以归纳为：_____直流，_____交流，_____低频，_____高频。因此，电容也称为高通元件。

7. 感抗是反映电感_____作用的物理量，感抗与频率成_____，其值 X_L = _____，单位是_____。

8. 电感的感抗与频率的关系可以归纳为：_____直流，_____交流，_____低频，_____高频。因此，电容也称为低通元件。

单元二 直流电路

模块一 欧姆定律及电阻连接应用

理解部分电路欧姆定律和全电路欧姆定律的概念,掌握串、并联电路的概念和特点。

能够安装简单的串、并联电路。

知识探究

一、部分电路欧姆定律

导体中的电流与导体两端的电压成正比,与导体的电阻成反比,这是欧姆定律,其公式为

$$I = \frac{U}{R}$$

以上定律所涉及的这段电路不包括电源。这种只包含负载而不包含电源的一段电路称为部分电路,所以,称这种欧姆定律为部分电路欧姆定律。如图 2-1 所示。

例 2-1 如图 2-1 所示电路中,电阻 $R = 100\Omega$,流过它的电流是 100mA,则该电阻两端的电压是多少?

解:根据部分电路欧姆定律可知

$$U = IR$$

所以该电阻两端的电压为

$$U = 100 \times 10^{-3} \text{A} \times 100\Omega = 10\text{V}$$

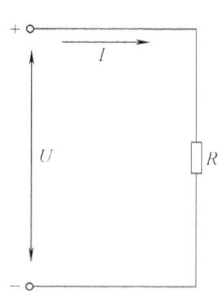

图 2-1 部分电路欧姆定律示意图

二、全电路欧姆定律

全电路是指含有电源的闭合电路。如图 2-2 所示电路为全电路,其中,r 表示电源内部的电阻,称为内电阻,简称内阻,它与电源构成内电路,如图 2-2 中虚线框内所示。内阻可以不单独画出,只需在电源旁边予以注明。电源外部的电路称为外电路,外电路中的电阻称为外电阻。

单元二 直流电路

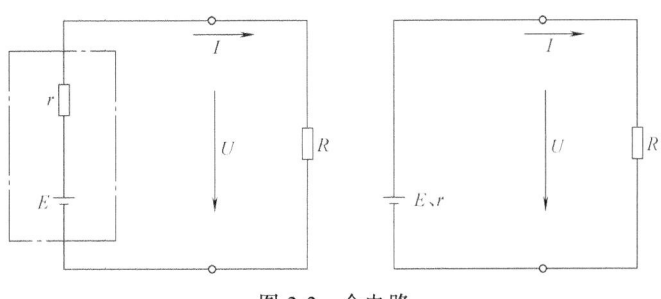

图 2-2 全电路

闭合电路中的电流与电源电动势成正比,与电路的总电阻(内电阻与外电阻之和)成反比,这称为全电路欧姆定律。其公式为

$$I=\frac{E}{R+r}$$

由上式可得

$$E=IR+Ir=U_{外}+U_{内}$$

式中,R 为负载电阻,r 为电源内阻,E 为电源电动势,$U_{外}$ 为外电路的电压降,$U_{内}$ 为内电路的电压降。所以,全电路欧姆定律又可以表述为:在一个闭合电路中,电源电动势等于外电路电压降与内电路电压降之和。

一般情况下,电源的电动势和内阻是不变的,因此电流的大小主要决定于负载 R。若负载越大,则电流越小;负载越小,则电流越大。

例 2-2 图 2-3 所示闭合电路中,电源电动势 $E=15\text{V}$,负载电阻 $R=4\Omega$,电源内阻 $r=1\Omega$。求此电路中的电流以及负载两端的电压降。

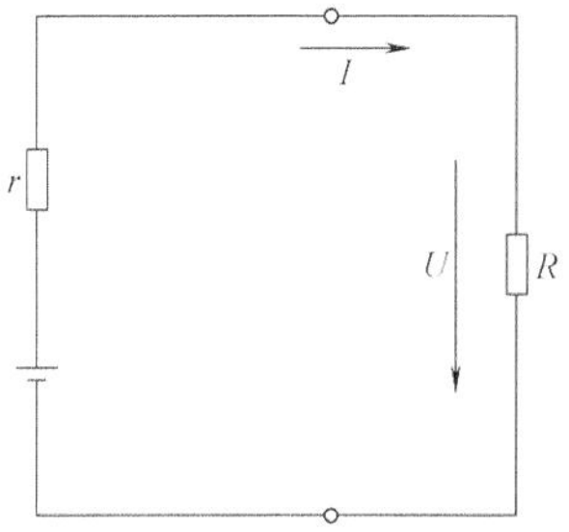

解: 根据全电路欧姆定律可得:

$$I=\frac{E}{R+r}=\frac{15\text{V}}{(4+1)\Omega}=3\text{A}$$

又根据部分电路欧姆定律得:

$$U_{外}=IR=3\text{A}\times 4\Omega=12\text{V}$$

即此电路中的电流为 3A,负载两端的电压降为 12V。

图 2-3 电路图

三、电阻的串联

(一)电阻串联电路的概念和特点

假设有 n 个电阻 R_1、R_2、R_3、R_4、…、R_n 顺序相连,如图 2-4a 所示的连接方式,称为电阻串联电路。

电阻串联电路具有以下特点:

1)电路中流过每个电阻的电流都相等。
2)电路两端的总电压等于各电阻两端的分电压之和,即

$$U=U_1+U_2+U_3+\cdots+U_n$$

3)电路的等效电阻(即总电阻)等于各串联电阻之和,即

$$R=R_1+R_2+R_3+\cdots+R_n$$

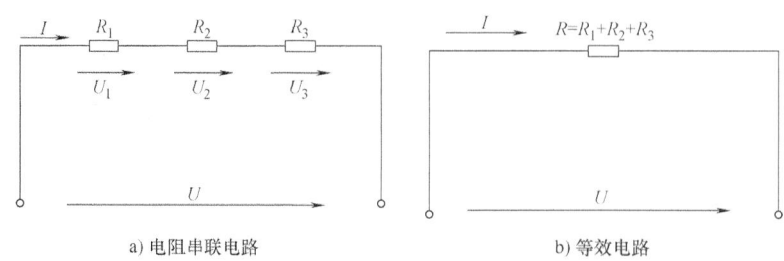

a) 电阻串联电路　　　　　　　　　b) 等效电路

图 2-4　电阻的串联

4) 电路中各个电阻两端的电压与它的阻值成正比，即

$$\frac{U_1}{R_1}=\frac{U_2}{R_2}=\frac{U_3}{R_3}=\cdots=\frac{U_n}{R_n}$$

等效是电路理论中非常重要的一个概念。在分析计算时，为了使计算得到简化，通常用等效电路代替原电路。等效是指结构、元件完全不同的两个电路其端电压、电流关系相同，则相互等效的两部分电路可以相互代换，代换前的电路与代换后的电路与外电路相连时，外电路的电流、电压等都是相等的。例如图 2-5 所示电路图中，由于负载 A 与负载 B 的端电压和电流关系相同，因此，A 与 B 可以相互代换，代换后对外电路不造成影响。

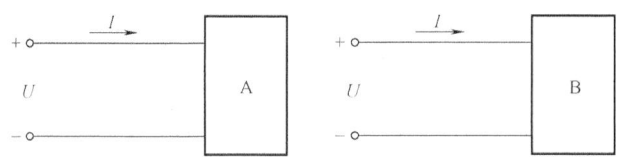

图 2-5　等效电路

例 2-3　图 2-6 所示电路图中，已知 $R_1=4\Omega$，$R_2=6\Omega$，$E=30\text{V}$。

求：1) 通过 R_1、R_2 的电流 I_1、I_2。

2) R_1、R_2 两端的电压。

3) 电路的等效电阻 R。

解：1) 根据欧姆定律可得：

$$I_1=\frac{E}{R_1+R_2}=\frac{30\text{V}}{(4+6)\Omega}=3\text{A}$$

因为串联电路中流过每个电阻的电流都相等，所以

$$I_1=I_2=3\text{A}$$

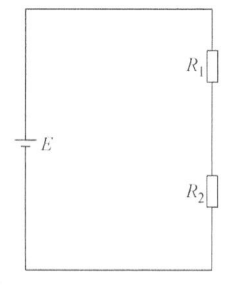

图 2-6　例 2-3 图

2) R_1 两端的电压为：

$$U_1=I_1R_1=3\text{A}\times4\Omega=12\text{V}$$

R_2 两端的电压为：

$$U_2=I_2R_2=3\text{A}\times6\Omega=18\text{V}$$

3) 电路的等效电阻 R 为：

$$R=R_1+R_2+4\Omega+6\Omega=10\Omega$$

（二）电阻串联电路的应用

电阻串联的应用非常广泛。在实际应用中，可以将几个电阻串联构成分压器，也可以利

用串联电阻扩大电压表的量程。

例2-4 有一只微安表，表头的满刻度电流（即允许通过的最大电流）$I_g = 100\mu A$，表头的内阻 $r_g = 3k\Omega$。如果改装成量程为10V的电压表，应串联多大的电阻？

解：表头满刻度时最大电压为

$$U_g = I_g R_g = 100 \times 10^{-6} A \times 3 \times 10^3 \Omega = 0.3V$$

要改装成量程为10V的电压表，应串联的电阻值为

$$R = \frac{U_g}{I_g} = \frac{U - U_g}{I_g} = \frac{(10 - 0.3)V}{100 \times 10^{-6} A} = 97 \times 10^3 \Omega = 97k\Omega$$

所以，如果改装成量程为10V的电压表，应串联阻值为97kΩ的电阻。

四、电阻的并联

（一）电阻并联电路的概念和特点

生活中我们使用的电灯、电冰箱、电视机、空调、洗衣机等家用电器，往往通过开关独自控制，互不影响，如图2-7所示。像这种把多个元件并列连接起来，由同一电压供电的电路称为并联电路。

图2-8a所示电路图为由两个电阻组成的并联电路，图2-8b所示为其等效电路。

电阻并联电路的特点：

1) 电路中各电阻两端的电压相等。

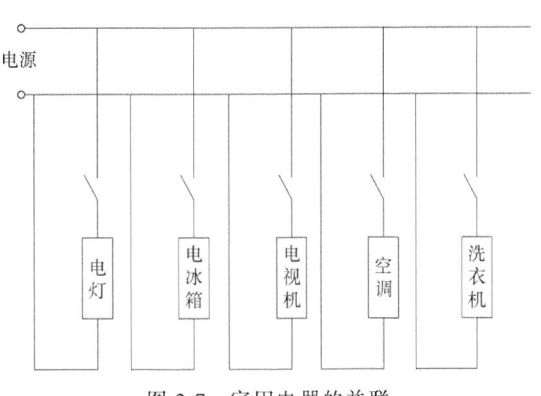

图2-7 家用电器的并联

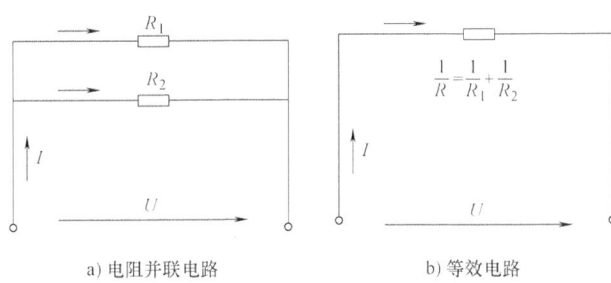

a) 电阻并联电路   b) 等效电路

图2-8 电阻的并联

2) 电路的总电流等于流过各并联电阻的电流之和，即

$$I = I_1 + I_2 + I_3 + \cdots + I_n$$

3) 电路的等效电阻（即总电阻）的倒数等于各并联电阻的倒数之和，即

$$\frac{1}{R} = \frac{1}{R_1} + \frac{1}{R_2} + \frac{1}{R_3} + \cdots + \frac{1}{R_n}$$

4) 电路中通过各支路的电流与支路的阻值成反比，即

$$IR = I_1 R_1 = I_2 R_2 = I_3 R_3 = \cdots = I_n R_n$$

可以看出，并联电路中电阻的阻值越大，分配到的电流就越小；反之，分配到的电流越大。

(二) 电阻并联电路的应用

电阻并联电路的应用也十分广泛。额定工作电压相同的负载采用并联的工作方式，这样每个负载都形成一个独立的控制回路，任何一个负载不能正常工作时都不会影响到其他负载。在电工测量中，经常在电流表两端并联分流电阻，从而扩大电流表的量程。

例 2-5 一只微安表表头的满刻度电流 $I_g = 200\mu A$，内阻 $r_g = 3k\Omega$。若将它改装成量程为 $500\mu A$ 的电流表，需要并联多大的电阻？

解： 需并联电阻上流过的电流为

$$I_R = I - I_g = 500\mu A - 200\mu A = 300\mu A$$

电阻两端的电压为

$$U_R = U_g = I_g r_g = 200 \times 10^{-6} A \times 3 \times 10^3 \Omega = 0.6V$$

需并联的电阻阻值为

$$R = \frac{U_R}{I_R} = \frac{0.6V}{300 \times 10^{-6} A} = 2000\Omega$$

因此，若将它改装成量程为 $500\mu A$ 的电流表，需要并联 2000Ω 的电阻。

五、电阻的混联

既存在相互串联的电阻，又存在相互并联的电阻，这样的电路称为混联电路。

混联电路的计算只需根据电阻的串、并联规律逐步求解，但对于某些较为复杂的电阻混联电路，由于很难直接判断电阻之间的连接关系，有效方法是画出其等效电路图，即把原电路整理成直观的串、并联关系的电路图。

例 2-6 在图 2-9a 所示电路图中，已知 $R_1 = R_2 = R_3 = 4\Omega$，$R_4 = R_5 = 8\Omega$，求 A、B 间的等效电阻 R_{AB}。

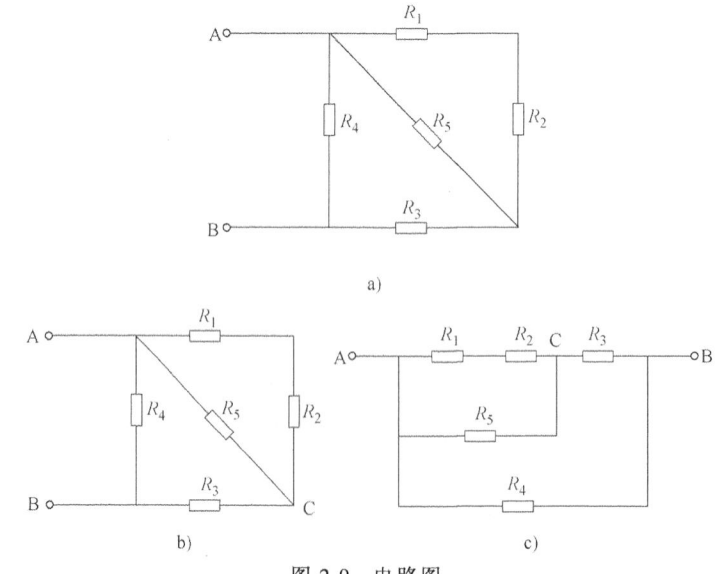

图 2-9 电路图

解： 1) 为了方便分析各电阻间的连接关系，在原电路中标出点 C，如图 2-9b 所示。

2) 将 A、B、C 三点沿水平方向依次排列，根据各电阻之间的连接关系将 $R_1 \sim R_5$ 依次填入适当的位置。如 R_1 与 R_2 串联后接在 A、C 之间，R_3 接在 B、C 之间，R_4 接在 A、B 之间，R_5 接在 A、C 之间，根据各电阻间的连接关系可画出等效电路图，如图 2-9c 所示。

3) 由等效电路可求出 A、B 间的等效电阻，即：

$$R_{12} = R_1 + R_2 = 4\Omega + 4\Omega = 8\Omega$$

$$R_{125} = \frac{R_{12}R_5}{R_{12}+R_5} = \frac{8\times 8}{8+8}\Omega = 4\Omega$$

$$R_{1253} = R_{125} + R_3 = 4\Omega + 4\Omega = 8\Omega$$

$$R_{AB} = \frac{R_{1253}R_4}{R_{1253}+R_4} = \frac{8\times 8}{8+8}\Omega = 4\Omega$$

以上介绍的等效变换方法并不是求解等效电阻的唯一方法。其他方法还有利用电路中各等电位点画出等效电路图、利用电流流向及电流的分合画出等效电路图等。无论哪一种方法，都是为了更直观、清晰地分析电路图中各元件间的关系。

螺钉旋具的用途和操作方法

螺钉旋具是一种用来拧紧或放松带槽螺钉的工具，通常旋具头部有一个薄楔形头，可插入螺钉钉头的槽缝或凹口内。

螺钉旋具按不同的头形可以分为一字、十字、米字、星形、方头、六角头、Y 形头部等，其中一字和十字形螺钉旋具是日常安装、维修这类工作中经常用到的。

常用螺钉旋具的使用方法：

1) 短螺钉旋具的使用：短螺钉旋具多用于旋紧电气装置接线桩上的小螺钉，使用时可用大拇指和中指夹住握柄，用食指顶住柄的末端捻旋。

2) 长螺钉旋具的使用：长螺钉旋具多用于旋紧较大的螺钉。使用时，除大拇指、食指和中指夹住握柄外，手掌还要顶住柄的末端，这样就可以防止旋转时旋具滑脱。

3) 较长螺钉旋具的使用：用右手压紧并转动握柄，左手握住螺钉旋具的中间，不得放在螺钉旋具的周围，以防刀头滑脱将手划伤。

电池组的连接

一、串联电池组

由于电池的额定电压一般偏低，往往不能满足负载额定电压的要求，这时就需要将多个电池串联起来使用，称为串联电池组（图 2-10）。

设串联电池组中每个电池的电动势都是 E_1，内阻都是 r_1，则串联电池组的总电动势和总内阻分别为：

$$E_总 = nE_1$$

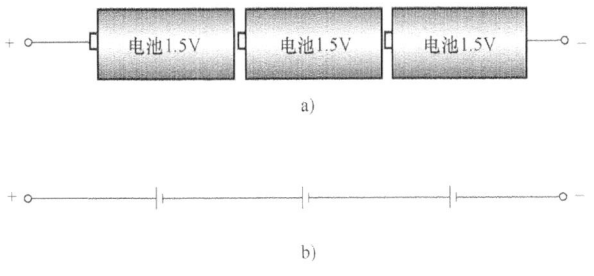

图 2-10 串联电池组

$$R_{总} = nr_1$$

串联电池组所能提供的电流为：

$$I = \frac{nE}{R + nr}$$

因此，串联电池组适用于输出电流不太大、而输出电压要求较高的场合。

二、并联电池组

由于每个电池的输出电流是一定的，往往不能满足实际应用中负载额定电流的要求，这时就需要将多个电池并联起来使用，称为并联电池组（图 2-11）。

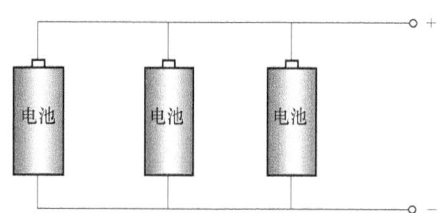
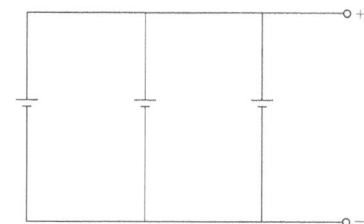

图 2-11 并联电池组

设并联电池组中每个电池的电动势都是 E_1，内阻都是 r_1，则并联电池组的总电动势：

$$E_{总} = E_1 = E_2 = E_3 = \cdots E_n$$

并联电池组的总内阻为：

$$r_{总} = \frac{r_1}{n}$$

并联电池组所能提供的电流为：

$$I = I_1 + I_2 + I_3 + \cdots + I_n$$

可见，并联电池组适用于每个电池的电动势能够满足负载所需的电压，而单个电池的输出电流小于负载所需电流的情况。

模块测评

1. 导体中的电流与这段导体两端的_____成正比，与导体的_____成反比。
2. 电路通常有_____、_____和_____三种状态。
3. 已知电灯的电阻是 44Ω，两端加的电压是 220V，则流过电灯的电流是_____A。
4. 有两个电阻 R_1 和 R_2，已知 $R_1 : R_2 = 1 : 2$，若它们在电路中串联，则两电阻上的电压比 $U_{R1} : U_{R2} =$ _____，两电阻上的电流比 $I_{R1} : I_{R2} =$ _____；若它们在电路中并联，则两电阻上的电压比 $U_{R1} : U_{R2} =$ _____，两电阻上的电流比 $I_{R1} : I_{R2} =$ _____。
5. 图 2-12 所示电路图中，$R_1 = 50Ω$，$R_2 = R_3 = 60Ω$，$R_4 = 20Ω$，求 R_{AB}。

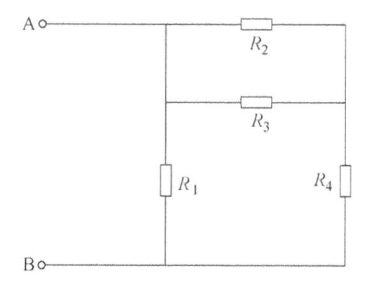

图 2-12 电路图

模块二 电压源和电流源的等效变换

学习目标

理解电压源和电流源的概念。

能力目标

能够进行电压源和电流源之间的等效变换。

知识探究

一、电压源到电流源的等效变换

(一) 电压源

1. 实际电压源

由电动势 E 和内阻 r 串联的电源电路模型称为实际电压源,如图 2-13 所示。如图 2-14 所示,电源接上负载后,输出电压 $U=E-Ir$,若输出电流相同,则电源内阻越小,输出电压越大。即电压源的内阻越小,它对外供电就越稳定。因此,电压源的内阻越小越好。

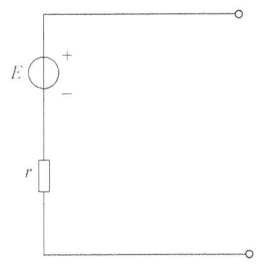

图 2-13 实际电压源

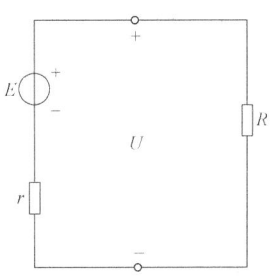

图 2-14 连接负载的电压源

2. 理想电压源

图 2-15 所示电路中,若 $r=0$,则输出电压 $U=E$,与输出电流的大小无关。通常把这种内阻为零的电压源称为理想电压源,也称为恒压源。实际上电压源都会有内阻,所以理想电压源并不是实际存在的,并且理想电压源不允许短路,否则电源的输出电流将很大,容易造成电源的损坏。

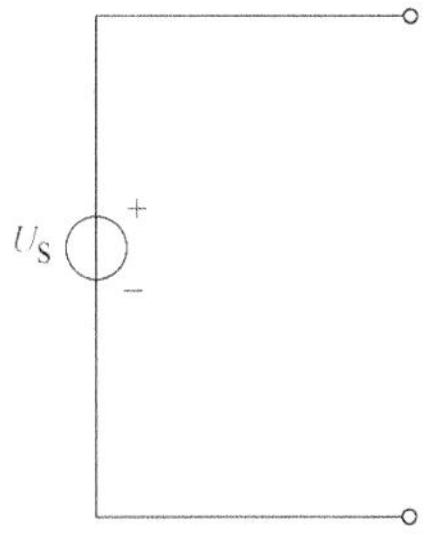

(二) 电流源

1. 实际电流源

图 2-15 理想电压源

由电流 I_S 和内阻 r 并联的电源电路模型称为实际电流源,如图 2-16 所示。如图 2-17 所示,电源接上负载后,电流源向负载 R 输出电流时,它输出的电流 I 与电流源的恒定电流

I_S、输出电压 U 之间的关系是

$$I = I_S - \frac{U}{r}$$

可见,电流源的供电特性是输出电流随内阻的增大而增大。因此,电流源的内阻越大越好。

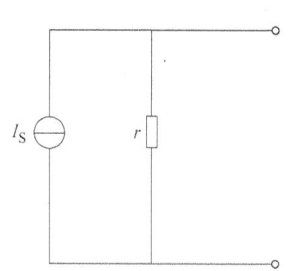

图 2-16 实际电流源

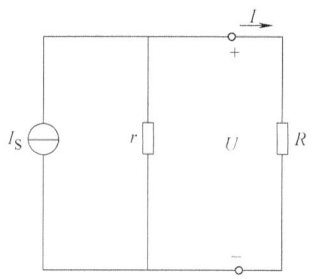

图 2-17 连接负载的电流源

2. 理想电流源

通常把内阻无穷大的电流源称为理想电流源,又称为恒流源,其电路符号如图 2-18 所示。它对外供电电流稳定不变,对外供电电流的大小取决于负载电阻的大小。实际上理想电流源并不存在,在分析电路时,可以用一个恒流源和内阻并联表示实际电流源。

(三) 电压源到电流源的等效变换

一个实际电源既可以用电压源表示,也可以用电流源表示。只要按照一定的规则,电流源和电流源之间就可以进行等效变换。一个电压源与一个电流源互相变换后对同一负载供电性能不变,这种称为这两个电压源和电流源的等效变换。图 2-19 所示为电压源到电流源的等效变换。

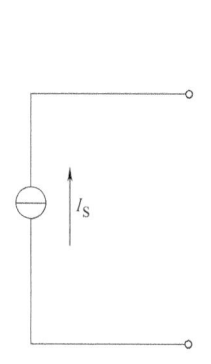

图 2-18 理想电流源

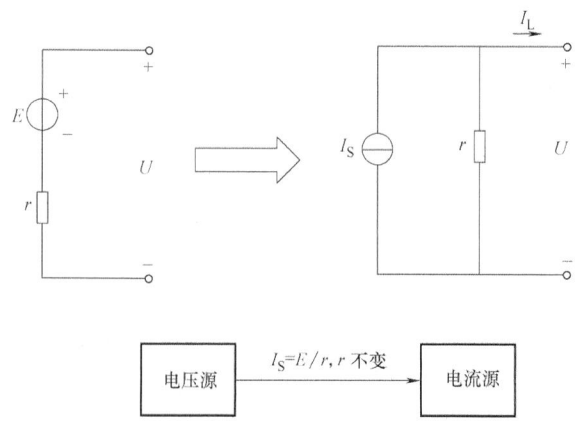

图 2-19 电压源到电流源的等效变换

在电压源模型中

$$E = I_L r + U$$

在电流源模型中

$$I_S = I_L + \frac{U}{r}$$

即
$$I_S r = I_L r + U$$

可得两种模型间的参数关系为
$$I_S = \frac{F}{r}$$

二、电流源到电压源的等效变换

由于在电压源模型中
$$E = I_L r + U$$

在电流源模型中
$$I_S = I_L + \frac{U}{r}$$

即
$$I_S r = I_L r + U$$

可得两种模型间的参数关系为
$$E = I_S r$$

图 2-20 所示为电流源到电压源的等效变换。

例 2-7 将图 2-21a 中的电压源转换为电流源，将图 2-21b 中的电流源转换成电压源。

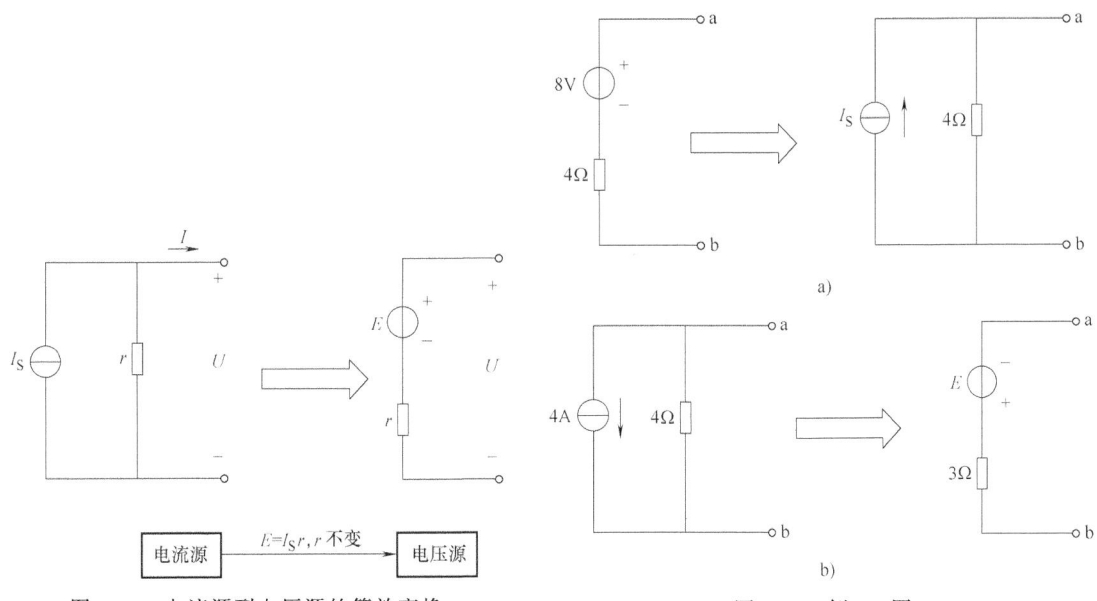

图 2-20 电流源到电压源的等效变换

图 2-21 例 2-7 图

解：1）将电压源转换成电流源，内阻不变，电流源的电流为
$$I_S = \frac{E}{r} = \frac{8}{4}\text{A} = 2\text{A}$$

电流源的参考方向与电压源的参考方向一致，如图 2-21a 所示。

2）将电流源转换成电压源，内阻不变，电压源的电源为

$$E = I_S r = (4 \times 3)\,\text{V} = 12\,\text{V}$$

电压源的参考方向与电流源的参考方向一致，如图 2-21b 所示。

验电笔的使用

验电笔是用来检验低压电气设备和电路是否带电的一种专用工具。通常有氖管式验电笔和数字式验电笔两种，如图 2-22 所示。

a) 氖管式验电笔　　　　b) 数字式验电笔

图 2-22　验电笔

1. 氖管式验电笔

氖管式验电笔由笔尖（工作触点）、电阻、氖管、弹簧和笔身等组成，利用电容电流经氖管灯泡发光的原理制成，也称发光型验电笔。在使用中需注意以下几点：

1）使用前应确认验电笔良好后方可进行验电。在强光下验电时，应采取遮挡措施，以防误判断。

2）使用验电笔可区分相线和地线，接触电线时使氖管发光的线是相线，接触后氖管仍不亮的线是地线或中性线。

3）使用验电笔可区分交流电和直流电，使氖管两极发光的是交流电，一极发光的是直流电。氖管的前端指验电笔笔尖一端，氖管的后端指手握的一端，前端明亮时为负极，反之为正极。

4）使用验电笔还可以判断电压的高低。如果氖管灯光发亮至黄红色，则电压较高；如果氖管灯光发暗微亮至暗红色，则电压较低。

5）使用验电笔可判断交流电的同相和异相。两手各持一支验电笔，站在绝缘体上，将两支笔同时触及待测的两条导线，如果两支验电笔的氖泡均不太亮，则表明两条导线是同相；若某支笔发出很亮的光则说明是异相。

6）使用验电笔可测试直流电是否接地，并判断是正极还是负极接地。在要求对地绝缘的直流装置中，人站在地上用验电笔接触直流电，如果氖泡发光，则说明直流电存在接地现象；反之则不接地。当验电笔尖端一极发亮时，说明正极接地；若手握的一极发亮，则是负极接地。

值得注意的是，不得随便拔掉或损坏验电笔工作触点金属部位的绝缘套保护管，防止在测量电源时，手指误碰工作触点金属部位，从而避免触电伤害事故的发生。

2. 数字式验电笔

数字式验电笔由笔尖（工作触点）、笔身、指示灯、电压显示屏、电压感应通电检测按钮、电压直接检测按钮、电池等组成，适用于检测 12~220V 交、直流电压和各种电器。数字式验电笔除了具有氖管式验电笔通用的功能，还有以下特点：

1）当右手指按"电压感应通电检测"按钮，并将左手触及笔尖时，若指示灯发亮，则表示正常工作；若指示灯不亮，则应更换电池。

2）测试交流电时，切勿按"电压感应通电检测"按钮。将笔尖插入相线孔时，若指示灯发亮，则表示有交流电；需要电压显示时，则按"电压直接检测"按钮，显示数字即为所测电压。

知识拓展

受控源，又称非独立源。它是一种四端元件，一对是输入端，一对是输出端，输出量受输入量的控制，因此，输入量称为控制量，输出量称为受控量。根据控制量是电压还是电流，受控源是电压源还是电流源，受控源分为：电压控制电压源（VCVS）；电压控制电流源（VCCS）；电流控制电压源（CCVS）；电流控制电流源（CCCS）四种类型。受控源的符号用菱形表示，如图 2-23 所示。

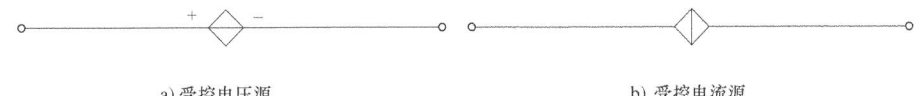

a) 受控电压源　　　　　　　　　　b) 受控电流源

图 2-23　受控源的图形符号

模块测评

1. 把内阻为＿＿＿＿的电源称为恒压源。把一个实际电源用一个＿＿＿＿和＿＿＿＿串联表示，称为电压源。
2. 把内阻为＿＿＿＿的电源称为恒流源。把一个实际电源用一个＿＿＿＿和＿＿＿＿并联表示，称为电流源。
3. 将图 2-24 所示电路中的电压源等效变换成电流源，并画出电路图。
4. 将图 2-25 所示电路中的电流源等效变换成电压源。

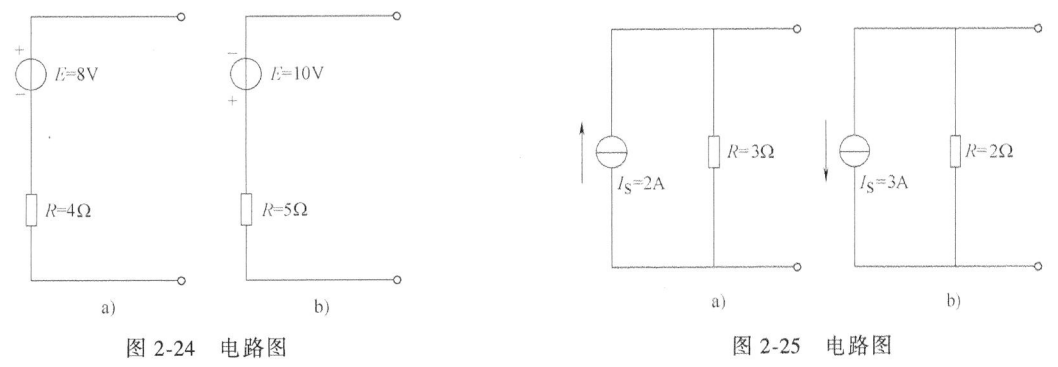

图 2-24　电路图　　　　　　　　　图 2-25　电路图

模块三　基尔霍夫定律及应用

学习目标

理解节点、支路、回路、网孔的概念，熟练掌握基尔霍夫第一定律和第二定律。

 **能力目标**

能够运用基尔霍夫定律、支路电流法和节点电压法解决较复杂电路的问题。

知识探究

一、基尔霍夫定律

(一) 复杂电路的基本术语

复杂电路是指不能运用电阻的串、并联分析方法简化的电路。在复杂电路中，包含多个电源和多个电阻，不能用欧姆定律求解，为了解决这个问题，基尔霍夫给出了分析这类复杂电路的方法，称为基尔霍夫定律。关于复杂电路有几个基本概念。

(1) 节点　有 3 条及以上连接有电气元件的导线的连接点称为节点。如图 2-26b 所示电路中 A、B 都是节点。

(2) 支路　电路中相邻节点间的分支称为支路。每条支路由一个或几个相互串联的电气元件构成，且每条支路中除了两个端点外不会有其他任何节点。如图 3-26b 所示电路中共有 3 条支路，即 E_1 和

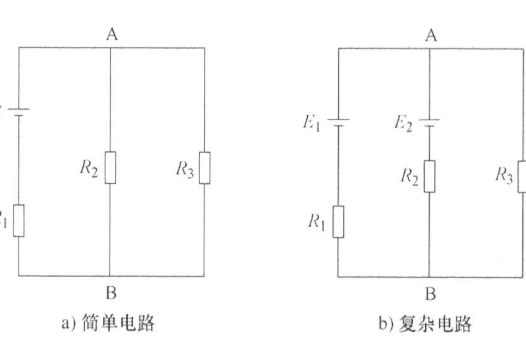

图 2-26　简单电路和复杂电路

R_1 串联构成一条支路，E_2 和 R_2 串联构成一条支路，R_3 单独构成另一条支路。如 E_1—R_1 支路、E_2—R_2 支路，这种含有电源的支路称为有源支路；不含电源的支路称为无源支路，如 R_3 支路。

(3) 回路　电路中任一闭合路径都称为回路。如图 2-26a 中有 3 个回路：A—E_1—R_1—R_2—E_2—A，A—R_3—R_2—E_2—A，A—R_3—B—R_1—E_1—A。

(4) 网孔　在电路图中不被其他支路所分割的最简单回路称为网孔或者独立回路。如图 2-26b 中有 2 个网孔，分别是 A—E_1—R_1—R_2—E_2—A，A—R_3—R_2—E_2—A。

(二) 基尔霍夫第一定律

基尔霍夫第一定律也称为节点电流定律（KCL）。基尔霍夫第一定律有两种表述，第一种表述为：对电路中任一节点，在任一时刻流入该节点的电流之和恒等于流出该节点的电流之和。

即
$$\sum I_{进} = \sum I_{出}$$

如图 2-27 所示，对于节点 O 有
$$I_1 + I_4 = I_2 + I_3 + I_5$$

将上式移项，得
$$I_1 + I_4 - I_2 - I_3 - I_5 = 0$$

即

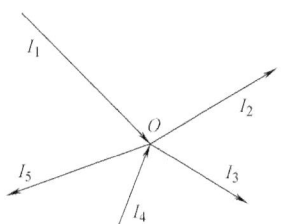

图 2-27　基尔霍夫第一定律

$$\sum I = 0$$

因此可得到基尔霍夫第一定律的第二种表述为：在任一时刻，电路中流过任一节点的电流的代数和恒等于零。

需要注意，列方程时若规定流入节点的电流前面取"+"号，则流出该节点的电流前面取"-"号，反之亦可。

例 2-8 图 2-28 所示电路中，$I_1 = 2\mathrm{A}$，$I_2 = 3\mathrm{A}$，$I_3 = 4\mathrm{A}$。求电流 I_4。

解：由基尔霍夫第一定律可知

$$I_1 + I_2 = I_3 + I_4$$

可得

$$\begin{aligned}I_4 &= I_1 + I_2 - I_3 \\ &= (2 + 3 - 4)\mathrm{A} \\ &= 1\mathrm{A}\end{aligned}$$

（三）基尔霍夫第二定律

基尔霍夫第二定律又称为回路电压定律（KVL）。基尔霍夫第二定律有两种表述，第一种表述为：在任一时刻，绕闭合回路一周，各电压降的代数和恒等于零。

即

$$\sum U = 0$$

在列方程时可以任选回路绕行方向（顺时针或逆时针），回路上与绕行方向相同的电压降取正，反之取负。如图 2-29 所示电路中，根据电压和电流的参考方向可以列出

$$U_{AB} + U_{BC} + U_{CD} + U_{DA} = 0$$

即

$$-E_1 + I_2 R_2 - E_2 + R_1 I_1 = 0$$

移项可得

$$E_1 + E_2 = I_1 R_1 + I_2 R_2$$

由此可得基尔霍夫第二定律的第二种表述为：由电阻和电动势组成的电路，在任一时刻，沿闭合回路绕行一周，各电阻上电压降的代数和恒等于各电源电动势的代数和。

即

$$\sum IR = \sum E$$

在列方程时可以任选回路绕行方向，电阻上电流方向与绕行方向一致，则电阻上电压降（IR）取正，反之取负；沿回路绕行方向，电源电动势的方向（电源内部负极指向正极的方向）与绕行方向一致，该电动势（E）取正，反之取负。

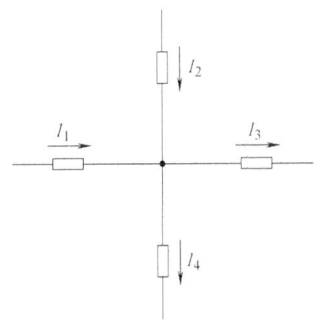

图 2-28 例 2-8 图

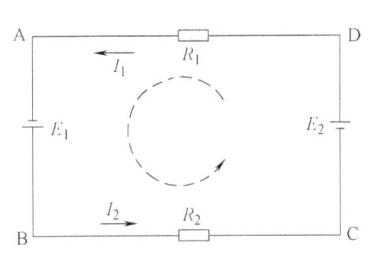

图 2-29 电路图

二、基尔霍夫定律的应用

(一) 支路电流法

1. 定义

支路电流法是以各支路电流为未知量,根据基尔霍夫定律列出联立方程组以求解各支路电流的方法。

2. 采用支路电流法求解支路电流的一般步骤

1) 首先找出复杂电路的支路数 m、节点数 n 和网孔数,然后假设各支路电流的参考方向和网孔的绕行方向。

2) 根据 KCL 列出 $n-1$ 个独立的节点电流方程。

3) 根据 KVL 列出 $m-(n-1)$ 个独立的回路电压方程。

4) 代入数据,联立方程组求各支路电流。

在确定各支路电流的实际方向时应注意:如果计算结果为正,则电流的实际方向和参考方向相同;如果计算结果为负,则电流的实际方向和参考方向相反。

例 2-9 图 2-30 所示电路中,$E_1 = E_2 = 20\text{V}$,$R_1 = 2\Omega$,$R_2 = 2\Omega$,$R_3 = 4\Omega$,求各支路电流。

解:1) 标出各支路电流参考方向和独立回路的绕行方向,应用基尔霍夫第一定律列出节点电流方程

$$I_1 + I_2 = I_3 \quad ①$$

2) 应用基尔霍夫第二定律列出回路电压方程

回路 1: $\quad E_1 = I_1 R + I_3 R_3 \quad ②$

回路 2: $\quad E_2 = I_1 R + I_3 R_3 \quad ③$

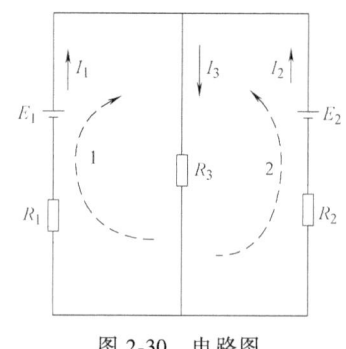

图 2-30 电路图

联立方程①②③

$$\begin{cases} I_3 = I_1 + I_2 \\ 2I_1 + 4I_3 = 20 \\ 2I_2 + 4I_3 = 20 \end{cases}$$

解得

$$\begin{cases} I_1 = 2\text{A} \\ I_2 = 2\text{A} \\ I_3 = 4\text{A} \end{cases}$$

(二) 节点电压法

1. 定义

节点电压法是以节点电压为未知量,先求出节点电压,再根据部分电路的欧姆定律求出各支路电流的方法。

节点电压法的一般计算公式为

$$U_{AB} = \frac{\sum(EG)}{\sum G}$$

上式说明，节点电压等于各支路电动势与该支路电导乘积的代数和除以各支路电导之和。其中分子$\sum(EG)$中各项正负号的确定原则是：凡是电动势方向指向节点 A 时取正号，否则取负号。

2. 采用节点电压法求解复杂直流电路的一般步骤

1）选定节点电压的参考方向。
2）根据节点电压计算公式求出节点电压。
3）标定各支路电流的参考方向，应用一段含源电路的欧姆定律求得各支路电流。

例 2-10 图 2-31 所示电路中，$R_1=2\Omega$，$R_2=2\Omega$，$R_3=4\Omega$，$E_1=20V$，$E_2=20V$，用节点电压法求各支路的电流 I_1、I_2、I_3。

解：1）选定节点电压 U_{AB} 的参考方向，如图 2-31 所示。

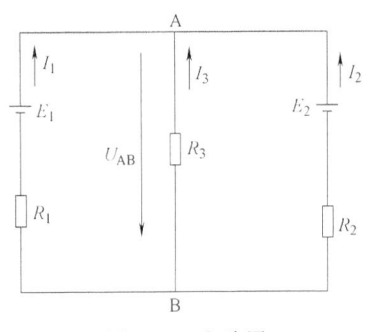

图 2-31 电路图

2）根据节点电压法计算公式求出节点电压。

$$U_{AB}=\frac{E_1G_1+E_2G_2}{G_1+G_2+G_3}$$
$$=\frac{20\times 1/2+20\times 1/2}{1/2+1/2+1/4}V$$
$$=16V$$

3）标出各电流的参考方向，如图 2-31 所示，则：

$$I_1=\frac{E_1-U_{AB}}{R_1}=\frac{20-16}{2}A=2A$$

$$I_2=\frac{E_2-U_{AB}}{R_2}=\frac{20-16}{2}A=2A$$

$$I_3=\frac{U_{AB}}{R_3}=\frac{16}{4}A=4A$$

可见，采用节点电压法和支路电流法的计算结果完全一样。

 **技能训练**

复杂直流电路电压与电流的测量

一、实训目的

掌握直流电压、电流和电阻的直接测量方法。

二、实训设备

电工实验台、直流电流源、直流电压、电流表。

三、测量方法

1. 测量直流电压

测量电路中的直流电压时，将直流电压表跨接（并接）在待测电压处，可以测量其电压值。直流电压表的正负极性与电路中实际电压极性相对应时，才能正确测得电压值。

2. 测量直流电流

测量电路中的直流电流时，必须将直流电流表串联在待测支路中才能测量在该支路中流动的电流。电流表两端也标有正负极性，当待测电流从电流表的"正"流到"负"时，电流表显示为正值。

需要注意的是，理想电压表的内阻为无穷大，理想电流表的内阻为零。如果电压（电流）表的内阻为有限量，当该电压（电流）表接入电路时，将会改变原来的电路工作状态，从而使待测电压（电流）产生误差。

四、测量结果

按照图 2-32 所示电路在电工实验台上进行接线（电压源、电流源、电阻自选），测量结果填入表 2-1 和表 2-2 中。

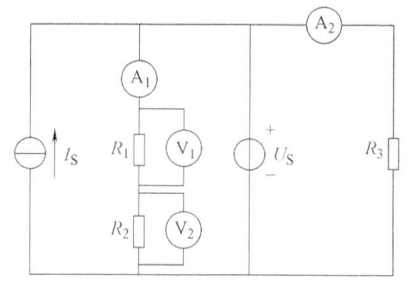

图 2-32 电路图

表 2-1 测量直流电压

U_1(V)/量程(V)	7.18/20	0.690/2
U_2(V)/量程(V)	7.17/20	0.690/2
U_S(V)/量程(V)	15.00/20	2.00/20

表 2-2 测量直流电流

R_1/R_2(Ω)	10/10	1k/1k	10/10	1k/1k
I_1(mA)/量程(mA)	9.45/20	9.94/2	0.696/2	1.004/2
I_2(mA)/量程(mA)	9.42/20	9.94/2	0.695/2	1.005/2
I_S(mA)/量程(mA)	19.8/200	19.8/200	2.00/20	2.00/20

网孔电流法

网孔电流法是以网孔电流作为电路的变量，利用基尔霍夫电压定律（KVL）列出网孔电压方程，进行网孔电流的求解，求出电路中各电流和电压的方法。然后再根据电路的要求，进一步求出待求量。

采用网孔电流法求解的一般步骤：

1) 选定各网孔电流的参考方向。
2) 按照网孔电流方程的一般形式列出各网孔电流方程。等效电压源是理想电压源的代数和，要注意理想电压源前的符号。
3) 联立求解，解出各网孔电流。
4) 根据网孔电流再求待求量。

例 2-11 用网孔电流法求图 2-33 所示电路的各支路电流。

解： 选定两个网孔电流 i_1 和 i_2 的参考方向，如图 2-33 所示，列出网孔电流方程：

$$\begin{cases}(1\Omega+1\Omega)i_1-(1\Omega)i_2=5V\\-1\Omega i_1+(1\Omega+2\Omega)i_2=-10V\end{cases}$$

整理得

$$\begin{cases}2i_1-i_2=5A\\-i_1+3i_2=-10A\end{cases}$$

解得

$$\begin{cases}i_1=1A\\i_2=-3A\end{cases}$$

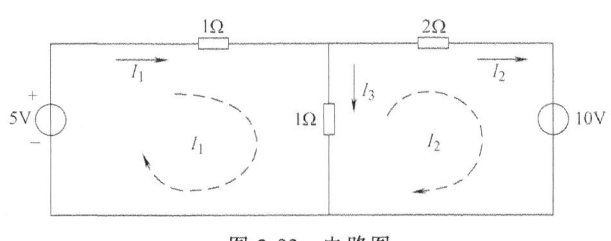

图 2-33　电路图

$$i_3=i_1-i_2=-4A$$

即电路中 $i_1=1A$，$i_2=-3A$，$i_3=4A$。

模块测评

1. 基尔霍夫第一定律又称_____，其内容是：_____
_____。

2. 基尔霍夫第二定律又称_____，其内容是：_____
_____。

3. 图 2-34 所示电路中，求 I_1、I_2。

4. 图 2-35 所示电路中，已知 $E_1=E_3=10V$，$E_2=20V$，$R_1=R_2=10\Omega$，$R_3=30\Omega$，求各支路电流及 A、B 两点间的电压 U_{AB}。

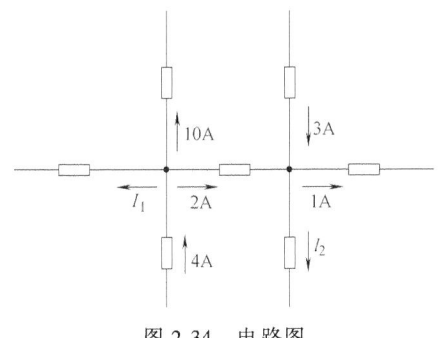

图 2-34　电路图

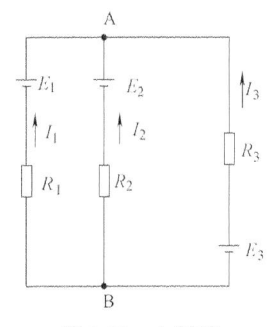

图 2-35　电路图

模块四　戴维南定理及应用

学习目标

理解二端网络的概念，掌握戴维南定理的内容及解题步骤。

能力目标

能够运用戴维南定理分析电路。

一、二端网络

从端口的一个端钮流入的电流等于从该端口的另一个端钮流出的电流,这样的网络称为二端网络。内部有独立电源的二端网络称为有源二端网络。内部没有独立电源的二端网络称为无源二端网络,如图2-36所示。

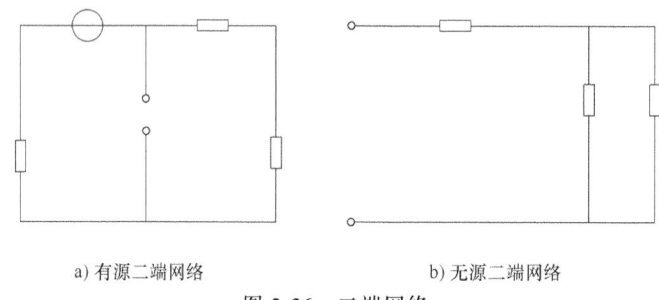

a) 有源二端网络　　　　　　　　b) 无源二端网络

图 2-36　二端网络

二、戴维南定理

任何一个线性有源二端网络,对外电路而言,都可以用一个电压源与电阻相串联的等效电源代替。其电压源的电压等于该有源二端网络的开路电压 U_{OC},串联电阻 R_0 等于该有源二端网络中所有独立源为零(即令电压源短路、电流源开路)时的等效电阻。

戴维南定理的解题步骤为:

1)将待求解支路移开,形成有源二端网络。

2)求出有源二端网络的开路电压 U_{OC};移除电源,求所得无源二端网络的等效电阻 R_0。

3)画出戴维南等效电路,并与待求解支路相接,然后求出待求解支路中的电流。

需要注意的是,戴维南定理只适用于线性有源二端网络,若有源二端网络内含有非线性电阻,则不能应用戴维南定理求解。

例 2-12　图2-37所示电路中,已知 $U_{S1}=18V$,$U_{S2}=9V$,$R_1=R_2=1\Omega$,$R_3=4\Omega$。采用戴维南定理求解通过 R_3 的电流 I 和 R_3 两端的电压 U。

解:1)将待求解支路移开,如图2-38a所示,求 U_{OC}。

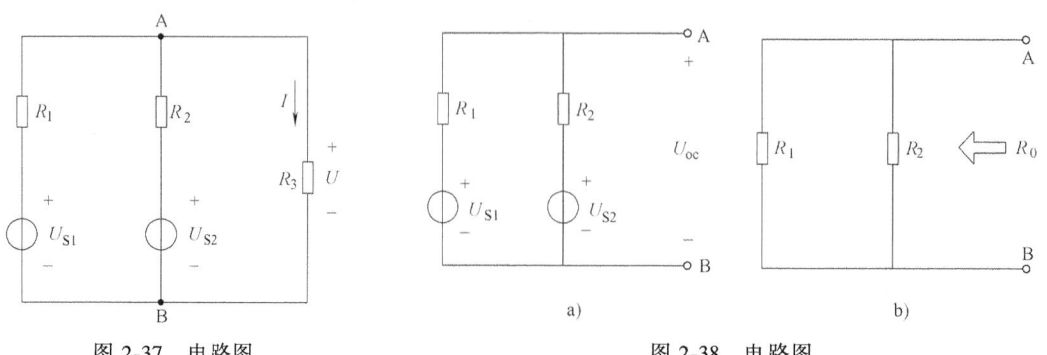

图 2-37　电路图　　　　　　　　　　　　图 2-38　电路图

$$I^1 = \frac{U_{S1} - U_{S2}}{R_1 + R_2} = \frac{18-9}{1+1}A = 4.5A$$

$$U_{OC} = U_{S2} + R_2 I = (9 + 1 \times 4.5)V = 13.5V$$

2）求等效电阻 R_0。将电压源短路，如图 2-38b 所示。

$$R_0 = \frac{R_1 R_2}{R_1 + R_2} = \frac{1 \times 1}{1+1}\Omega = 0.5\Omega$$

3）画出戴维南等效电路，并与待求解支路相连，如图 2-39 所示。

$$I = \frac{U_{OC}}{R_0 + R_3} = \frac{13.5}{0.5+4}A = 3A$$

$$V = R_3 I = (4 \times 3)V = 12V$$

即用戴维南定理解得通过 R_3 的电流 I 为 3A，R_3 两端的电压 U 为 12V。

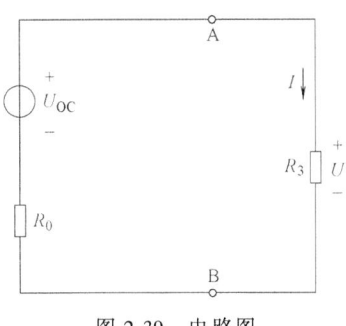

图 2-39　电路图

直流电阻电路故障检测

一、实训目的

能用测量电流、电压的方法检测直流电阻电路的故障。

二、实训设备

一台直流稳压电源、直流电压表、电阻。

三、实训步骤

1. 用直流电压表检测电阻串联电路

1）按图 2-40 所示连接电路，$R_1 = 50\Omega$，$R_2 = 150\Omega$。接通 12V 直流电源，测量各点的电位和各段电压，将数据记录在表 2-3 中。

2）断开任一电阻，重复上述测量，并记录数据。

3）将电阻 R_2 短接，重复上述测量，并记录数据。

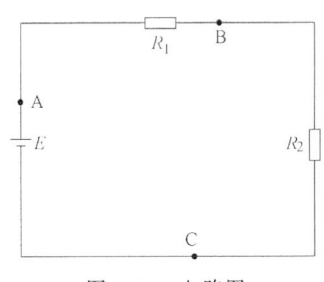

图 2-40　电路图

表 2-3　测量电压

电路状态	以 A 点为参考点的电位值/V			分段电压		
	U_A	U_B	U_C	U_{AB}	U_{BC}	U_{CA}
正常						
断开故障						
短路故障						

2. 用直流电压表检测电阻混连电路

1）按图 2-41 所示连接电路，$R_1 = 50\Omega$，$R_2 = 150\Omega$，$R_3 = 100\Omega$，$R_4 = 200\Omega$。接通 12V

电源，测量各点的电位和各段电压，将数据记入表2-4中。

2）断开并联支路中的任一支路，重复上述测量，并记录数据。

3）短接并联支路中的任一支路，重复上述测量，并记录数据。

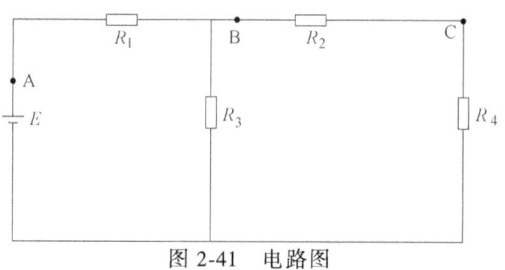

图 2-41　电路图

表 2-4　测量电流

电路状态	以 A 点为参考点的电位值/V			分段电压		
	U_A	U_B	U_C	U_{AB}	U_{BC}	U_{CA}
正常						
断开故障						
短路故障						

 知识拓展

叠加定理

叠加定理可表述为在线性电路中，任一支路的电压与电流都是各个独立源单独作用下，在该支路中产生的电压与电流的代数之和。

需要注意的是，叠加定理是线性电路的基本特性，应用叠加定理可以将一个具有多电源的复杂网络等效变换为若干个单电源或数个电源的简单网络。

叠加定理的解题步骤为：

1）做出每个电源单独作用的分图，即去除其他电源（令独立电压源短路、独立电流源开路），只保留其电阻。

2）分别计算出每个电源单独作用时，各支路的电流或电压分量。

3）求出各支路电流或电压分量的代数和。

例 2-13　如图 2-42 所示，$U_{S1}=20V$，$I_{S1}=3A$，$R_1=10\Omega$，$R_2=5\Omega$，$R_3=30\Omega$。用叠加定理求解各支路电路电流 I_1、I_2。

解：1）电压源单独作用时，将电流源以开路代替，如图 2-43 所示。

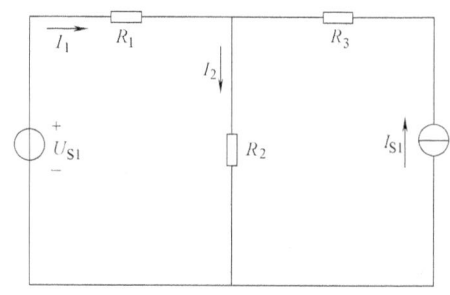

图 2-42　电路图

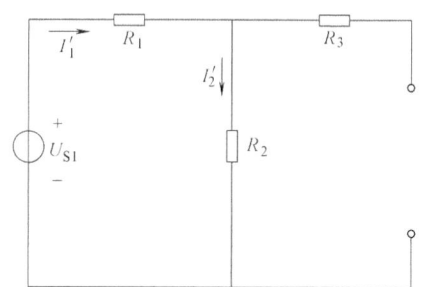

图 2-43　电流源开路的电路图

$$I_1' = I_2' = \frac{U_{S1}}{R_1+R_2} = \frac{20}{10+30}A = 0.5A$$

2)电流源单独作用时,将电压源以短路代替,如图2-44所示。

$$I''_1 = -I_{S2} \times \frac{R_2}{R_1+R_2} = -3\text{A} \times \frac{30}{10+30} = -2.25\text{A}$$

$$I''_2 = I_{S2} \times \frac{R_2}{R_1+R_2} = 3\text{A} \times \frac{10}{10+30} = 0.75\text{A}$$

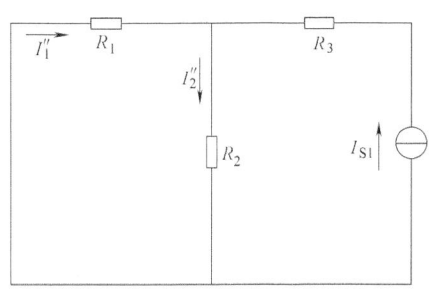

图2-44 电压源短路的电路图

3)根据各支路的电流总量等于各分量的代数和,可以求得

$$I_1 = I'_1 + I''_1 = 0.5\text{A} - 2.25\text{A} = -1.75\text{A}$$

$$I_2 = I'_2 + I''_2 = 0.5\text{A} + 0.75\text{A} = 1.25\text{A}$$

即用叠加定理解得各支路电流 I_1、I_2。

模块测评

1. 满足_____条件的电路称为二端网络。若在这部分电路中含有_____,就称为有源二端网络。

2. 戴维南定理指出:任何一个有源二端网络都可以用一个等效电压源来代替,电源的电动势等于二端网络的_____,内阻等于_____。

3. 图2-45所示电路中,已知 $E_1 = 10\text{V}$,$E_2 = 4\text{V}$,电源内阻忽略不计,电阻 $R_1 = R_2 = R_5 = 2\Omega$,$R_3 = 1\Omega$,$R_4 = 6\Omega$,用戴维南定理求解通过电阻 R_3 的电流 I_3 和 R_3 两端的电压。

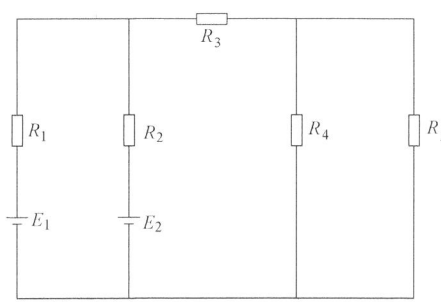

图2-45 电路图

单元三
单相交流电路

在人类生产和生活中,交流电的应用更为广泛。交流电与直流电相比,具有更多的优越性:一是因为可以用变压器将交流电压升高或者降低,较好地解决高压输电和低压配电之间的矛盾;二是交流电气设备构造简单,工作可靠,造价低廉,维修方便。

本单元以三个模块为引领,主要探讨正弦交流电及其基本电路、正弦交流电功率的计算、RLC 串、并联电路及日光灯电路的安装与调试。

模块一 正弦交流电及其基本电路

学习目标

1)了解交流发电动机的工作过程。
2)掌握正弦交流电的基本物理量及相互关系。

能力目标

1)能用三种方法表示正弦交流电并能相互转化。
2)能够安装简单的正弦交流电路。

知识探究

一、交流电的基本知识

(一)什么是交流电

人们使用的电可分为两种:一种是直流电,这种电的大小和方向都不随时间变化(例如干电池、蓄电池灯);另一种是交流电,这种电的大小和方向都会随着时间变化,如图 3-1 所示。

交流电的最基本形式是正弦交流电,即随时间按照正弦规律变化的交流电。正弦交流电具有以下优点:

1)可以通过变压器变电压,便于电能的输送、分配,以满足不同用电户的要求。
2)交流电动机比相同功率的直流电动机构造简单、造价低、便于维护和维修。
3)可以通过整流装置,将交流电变换为所需的直流电。

因此,交流电在日常生产和生活的各个领域内应用非常广泛。正弦交流电是电工学最重要的知识之一。

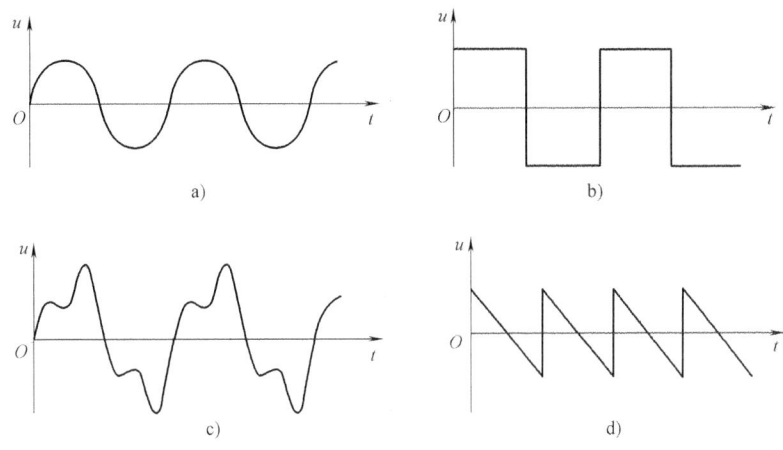

图 3-1　常见交流电

(二) 正弦交流电的产生

大多数交流电是由交流发电动机产生的。图 3-2 所示是最简单的交流发电机原理示意图，用来说明交流发电机工作的基本原理。

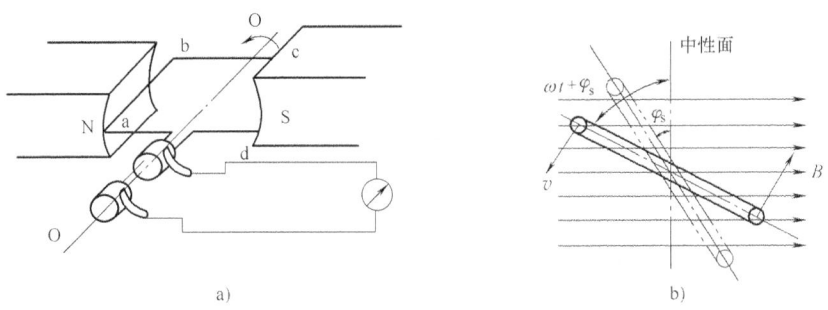

图 3-2　简单交流发电机模型

如图 3-2a 所示，将一个可以绕固定转动轴转动的单匝线圈 abcd 放置在匀强磁场中，为了避免在线圈转动过程中，两根引出的导线扭绞到一起，把线圈的两根引线分别接到与线圈一起转动的两个铜环上，铜环通过电刷与外电路连接。当线圈 abcd 在外力作用下，在匀强磁场中以角速度匀速转动时，线圈的 ab 边和 cd 边做切割磁感线运动，线圈中产生感应电动势。如果外电路是闭合的，闭合回路中将产生感应电流。

图 3-2b 所示是转动线圈的截面图。线圈 abcd 以角速度 ω 逆时针方向匀速转动。设在起始时刻，线圈平面与中性面的夹角为 φ_0，t 时刻线圈平面与中性面夹角为 $\omega t+\varphi_0$，从图中可以看出，cd 边运动速度 v 与磁感线方向的夹角也是 $\omega t+\varphi_0$，设 cd 边的长度为 L，磁场的磁感应强度为 B，则由于 cd 边做切割磁感线运动所产生的感应电动势为

$$e_{cd}=BLv\sin(\omega t+\varphi_0)$$

同理，ab 边产生的感应电动势为

$$e_{ab}=BLv\sin(\omega t+\varphi_0)$$

由于这两个感应电动势是串联的，所以整个线圈产生的感应电动势为

$$e = e_{ab} + e_{cd} = 2BLv\sin(\omega t + \varphi_0) = E_m\sin(\omega t + \varphi_0)$$

$E_m = 2Blv$ 称为电动势的最大值,也称为振幅。

当外加负载形成闭合回路时,就会产生按正弦规律变化的电压和电流,分别为

$$i = I_m\sin(\omega t + \varphi_0)$$
$$u = U_m\sin(\omega t + \varphi_u)$$

二、正弦交流电的三要素

(一) 瞬时值、最大值、有效值

(1) 瞬时值 正弦交流电随时间按正弦规律变化,把任意时刻正弦交流电的数值称为瞬时值,用小写字母表示,如 i、u 及 e 表示电流、电压及电动势的瞬时值。瞬时值有正负之分,也可能为零。

(2) 最大值 最大的瞬时值称为最大值(也称为幅值、峰值),用大写字母带下标 m 表示,如 I_m、U_m 及 E_m 分别表示电流、电压及电动势的最大值。最大值虽然有正有负,但习惯上把最大值都以绝对值表示。

(3) 有效值 以交流电流为例,它的有效值定义是:设一个交流电流 i 通过电阻在一个周期内产生的热量,和另一个直流电流 I 通过同样大小的电阻在相等的时间内产生的热量相等,那么这个交流电流的有效值就等于直流电流 I 的大小。有效值都用大写字母表示,和表示直流的字母一样,如 E、U、I 分别表示交流电动势、交流电压和交流电流的有效值。

根据理论计算,正弦交流电的有效值和最大值之间有如下的关系:

$$E_m = \sqrt{2}E$$
$$U_m = \sqrt{2}U$$
$$I_m = \sqrt{2}I$$

注:一般所讲的正弦电压或电流的大小,例如交流电压 380V 或者 220V,都是指它的有效值。一般交流电流表和电压表的刻度也是根据有效值来定的。

(二) 周期、频率、角频率

(1) 周期 正弦交流电每完成一个循环所需的时间(秒)称为周期,用 T 表示,单位为秒(s)。

(2) 频率 正弦交流电在 1s 内完成的周期数,称为频率,用 f 表示,单位是赫兹(Hz)。比较高的频率用千赫兹(kHz)或兆赫兹(MHz)表示,其换算关系为

$$1\text{MHz} = 10^3\text{kHz} = 10^6\text{Hz}$$

频率和周期互为倒数关系,即 $f = \dfrac{1}{T}$

(3) 角频率 正弦函数总是与一定的角度相对应,正弦交流电在单位时间内所变化的电角度称为角频率,用 ω 表示,单位是弧度/秒(rad/s)。角频率和周期、频率的关系为

$$\omega = 2\pi f = \frac{2\pi}{T}$$

例 3-1 正弦交流电压 $u = 311\sin(314t + 30°)$ V,求电压的有效值 U、频率 f 和最大值 U_m。

解：$U_m = 311\text{V}$

$$U = \frac{U_m}{\sqrt{2}} = \frac{311}{\sqrt{2}}\text{V} \approx 220\text{V}$$

$$f = \frac{\omega}{2\pi} = \frac{314}{2\pi} = 50\text{Hz}$$

(三) 相位、初相位、相位差

(1) 相位　正弦交流电瞬时值由 $(\omega t + \varphi_0)$ 确定，这个随时间变化的角度称为正弦交流电的相位。

(2) 初相位　正弦交流电在 $t = 0$ 时的相位 φ_0 称为初相位。初相位反映正弦交流电在计时起点的状态。

(3) 相位差　两个同频率的正弦交流电的相位（初相位）之差称为相位差，是用于比较两个同频率的正弦交流电变化步调的物理量。

例如：两个同频率的交流电，其相位差 $\varphi = (\omega t + \varphi_1) - (\omega t + \varphi_2) = \varphi_1 - \varphi_2$，若 $\varphi_1 = \varphi_2$，$\varphi = 0$，则称为同相，如图3-3a所示；若 $\varphi = \pm 180°$，则称为反相，如图3-3b所示；若 $\varphi = \pm 90°$，则称为正交，如图3-3c所示；若 $\varphi > 0$，则称为 u_2 滞后 u_1 或 u_1 超前 u_2，如图3-3d所示。

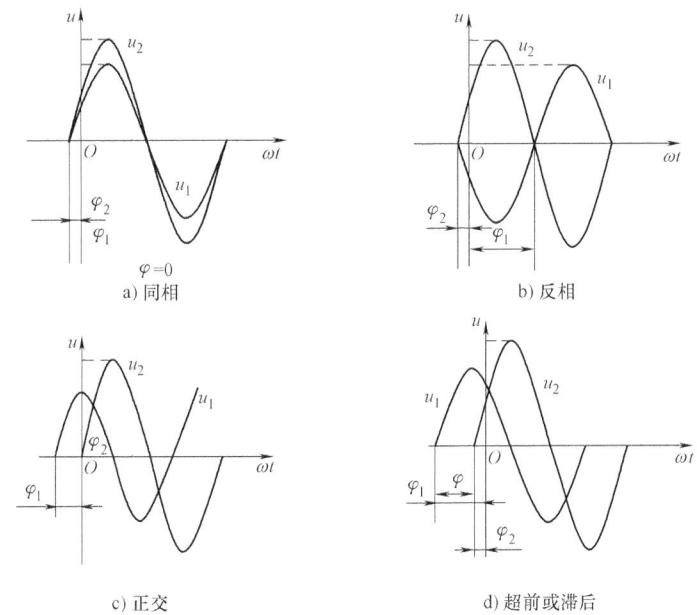

图3-3　正弦交流电的相位

频率（或周期、角频率）、最大值（或有效值）和初相位分别能反映正弦交流电的特征：变化快慢、变化幅度、起始状态，称为正弦量的三要素。在我国电力系统中，工业交流电的标准频率是50Hz，简称工频，周期是0.02s。

三、正弦交流电的表示方法

1. 三角函数表示法

正弦交流电的电动势、电流和电压的函数表示式分别为

$$e = E_m \sin(\omega t + \varphi_0)$$
$$i = I_m \sin(\omega t + \varphi_0)$$
$$u = U_m \sin(\omega t + \varphi_0)$$

2. 波形图表示法

在平面直角坐标系中，用正弦曲线表示交流电随时间变化的规律。如用图 3-4 所示波形图表示 $u = U_m \sin(\omega t + \varphi_0)$。

3. 相量表示法

在直角坐标系中，相量可以用一条有向线段表示。该线段的长度等于正弦量的有效值，该线段与 X 轴正方向的夹角等于正弦量的初相位。相量的符号用有效值符号上加一圆点。如用图 3-5 表示 $u = U_m \sin(\omega t + \varphi_0)$。

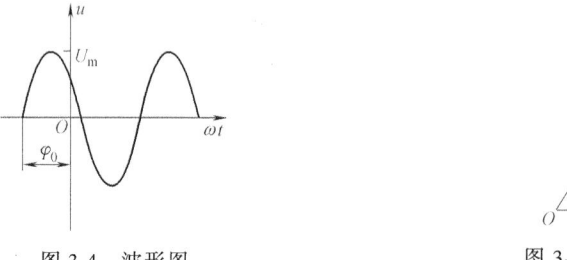

图 3-4　波形图 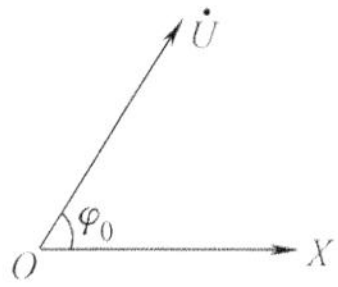　　　　　　　　图 3-5　相量表示法

相同频率的正弦量可以画在同一相量图中，判断其相位关系时，可把几个正弦量一起朝着逆时针方向旋转，在前者为超前。正弦量用相量表示后，同频率正弦量的运算可以转化为相量的运算，同频率正弦量的相量相加应采用平行四边形法则。

四、典型正弦交流电路

1. 纯电阻电路

在交流电路中，只含有电阻、而没有电感和电容的电路称为纯电阻电路，如图 3-6 所示，在日常生活中使用的白炽灯、电烙铁和电炉等电器组成的电路均可以看作纯电阻电路。

设电阻 R 两端的电压 $u_R = \sqrt{2} U_R \sin\omega t \text{V}$，电阻两端电压和流过它的电流符合欧姆定律，即

$$i = \frac{u_R}{R} = \frac{\sqrt{2} U_R \sin\omega t}{R} = \sqrt{2} I \sin\omega t \text{A}$$

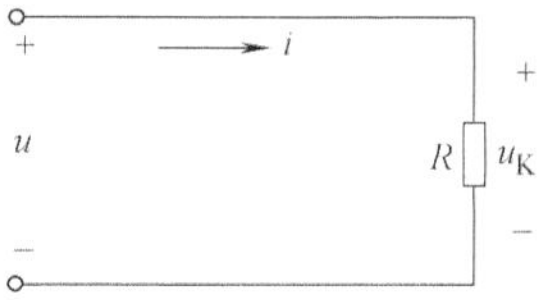

图 3-6　纯电阻电路

式中，$I = \dfrac{U_R}{R}$，$I_m = \dfrac{U_{Rm}}{R}$。

在纯电阻电路中，流过电阻的电流与其端电压同相，其波形图和相量图如图 3-7 所示。

2. 纯电感电路

在交流电路中，如果用电感线圈作为负载，且这些线圈的内阻忽略不计，则这个电路称为纯电感电路，如图 3-8 所示。

电感对交流电的阻碍作用称为感抗，记为 X_L，单位是欧（Ω），用公式表示为

$$X_L = \omega L = 2\pi f L$$

式中，f 为交流电的频率，L 为线圈的自感系数，频率越高，X_L 越大；频率越低，X_L

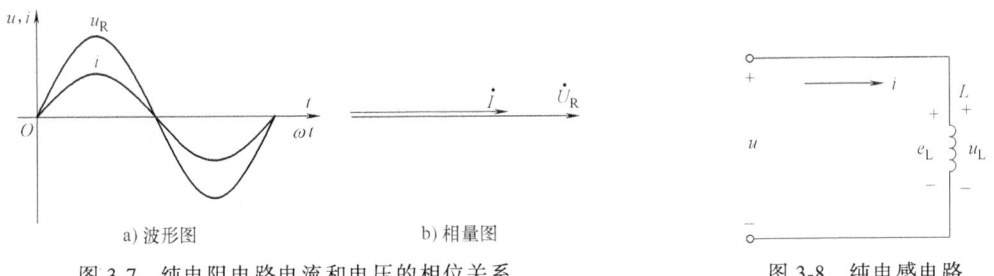

a) 波形图　　　　　　　　b) 相量图

图 3-7　纯电阻电路电流和电压的相位关系　　　　图 3-8　纯电感电路

越小。对于直流电而言，频率为 0，则感抗 $X_L = 0$，电感相当于短路，因此，电感线圈有"通直流、阻交流、通低频、阻高频"的特性。

在纯电感电路中，加在线圈两端的电压和通过线圈的电流的最大值和有效值之间的关系符合欧姆定律，即

$$I = \frac{U_L}{X_L}, \quad I_m = \frac{U_{Lm}}{X_L}$$

但是它们的瞬时值之间不符合欧姆定律。在纯电感电路中，电压超前电流 90°，设电感线圈中通过的电流

$$i = \sqrt{2} I \sin\omega t \, \text{A}$$

则：

$$u = \sqrt{2} U_L \sin\left(\omega t + \frac{\pi}{2}\right) \text{V}$$

纯电感电路电流和电压的波形图和相量图如图 3-9 所示。

3. 纯电容电路

在交流电路中，如果只用电容器作为负载，且可以忽略介质的损耗时，则这个电路称为纯电容电路，如图 3-10 所示。

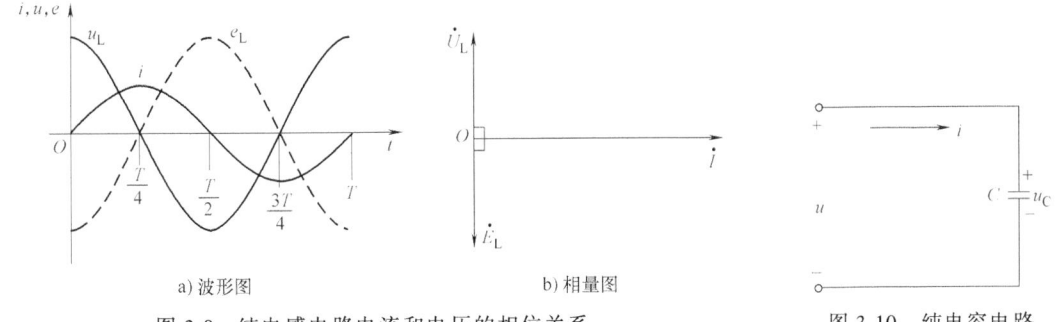

a) 波形图　　　　　　　　b) 相量图

图 3-9　纯电感电路电流和电压的相位关系　　　　图 3-10　纯电容电路

电容对交流电的阻碍作用称为容抗，记为 X_C，单位是欧（Ω），电容器的容抗 X_C 与电容器的电容量 C 和交流电的频率 f 成反比，用公式表示为

$$X_C = \frac{1}{\omega C} = \frac{1}{2\pi f C}$$

可以看出，交流电频率越高，X_C 越小；反之频率越低，X_C 就越大。对于直流电而言，频率为 0，则容抗 $X_C = \infty$，可视为断路，因此，电容器有"通交流、隔直流、通高频、阻低

频"的特性。

在纯电容电路中,加在线圈两端的电压和通过线圈的电流的最大值和有效值之间的关系符合欧姆定律,即

$$I = \frac{U_C}{X_C}, \quad I_m = \frac{U_{Cm}}{X_C}$$

但是它们的瞬时值之间不符合欧姆定律。在纯电容电路中,电流超前电压 90°或者电压滞后电流 90°,设电容中通过的电流

$$i = \sqrt{2}I\sin\omega t \, \text{A}$$

则:$u = \sqrt{2}U_C\sin\left(\omega t - \frac{\pi}{2}\right) \text{V}$

纯电容电路电流和电压的波形图和相量图如图 3-11 所示。

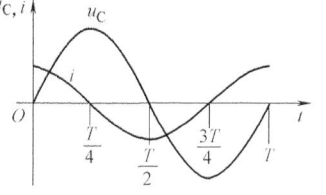
a) 波形图

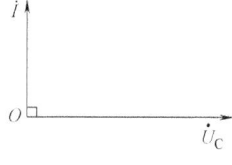
b) 相量图

图 3-11 纯电容电路电压与电流的相位关系

模块测评

1. 正弦交流电的三要素是什么?它们如何反映出交流电的特征?
2. 何为交流电的最大值、瞬时值和有效值?它们之间的关系是什么?
3. 正弦交流电有哪几种表示方法?
4. 已知交流电压 $u = 220\sin\left(314t - \frac{\pi}{2}\right)\text{V}$,求:$U_m$、$U$、$f$、$T$、$\varphi_0$ 各为多少?
5. 表示纯电阻两端电压与电流关系的相量图是 (　　)。

A.　　　　　　B.　　　　　　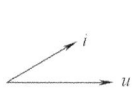

C.　　　　　　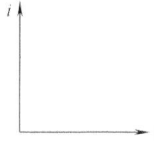

D.

6. 在纯电感交流电路中,下列关系式成立的是 (　　)。

A. $I = \dfrac{U_L}{X_L}$　　　B. $I = \dfrac{u}{\omega L}$　　　C. $i = \omega L u$　　　D. $I = \dfrac{U_{Lm}}{X_L}$

7. 根据图 3-12 中,下列说法正确的是 (　　)。

A. 纯电阻电路的电压与电流波形,其中 1 是电压,2 是电流

B. 纯电阻电路的电压与电流波形,其中 2 是电压,1 是电流

C. 纯电感电路的电压与电流波形,其中 1 是电压,2 是电流

D. 纯电感电路的电压与电流波形,其中 2 是电压,1 是电流

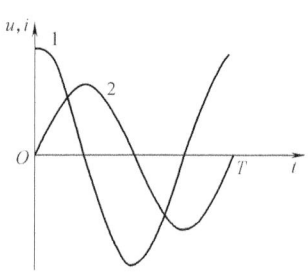

图 3-12 波形图

模块二　正弦交流电的功率计算

学习目标

1) 了解瞬时功率、有功功率、无功功率和视在功率的概念。
2) 理解提高功率因数的意义。

能力目标

1) 能计算电路的有功功率、无功功率和视在功率。
2) 能够对功率因数进行补偿修改。

知识探究

一、瞬时功率

在交流电路中，任一瞬间电压与电流瞬时值的乘积称为瞬时功率，以小写字母 p 表示，即 $p=ui$。

在纯电阻电路中，$p_R = u_R i = U_{Rm}\sin\omega t \times I_m \sin\omega t$。

将电压与电流瞬时数值逐点相乘，即可画出图 3-13 所示的瞬时功率曲线。

从图中可以看出，瞬时功率在任一瞬间的数值都为正值，说明电阻始终在消耗电能，因为电阻是一个耗能元件。

在纯电感和纯电容电路中的瞬时功率分别为

$$p_L = u_L i = \sqrt{2}\,U_L \sin\left(\omega t + \frac{\pi}{2}\right) \times \sqrt{2}\,I\sin\omega t$$

$$p_C = u_C i = \sqrt{2}\,U_C \sin\omega t \times \sqrt{2}\,I\sin\left(\omega t + \frac{\pi}{2}\right)$$

将电压与电流瞬时数值逐点相乘，可得图 3-14 所示的波形图。

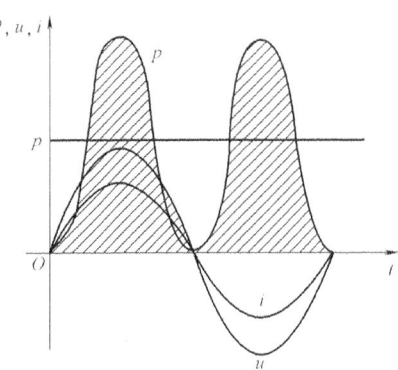

图 3-13　瞬时功率曲线（波形图）

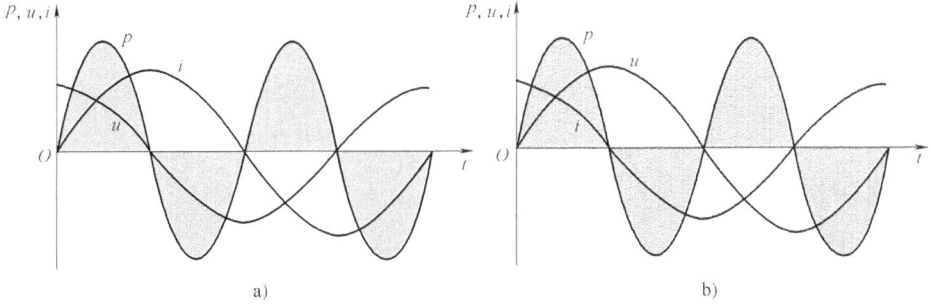

图 3-14　波形图

p 为正值,说明在该段时间电感线圈(或电容)从电源获取电能,并将电能储存起来,这时它是负载;p 为负值,说明在该段时间把储存的电能送回,此时它起到电源作用。在一个周期内,时而"吸收"功率,时而"释放"功率,只与电路交换能量,自身并不消耗电能,因此,电感线圈和电容器都是储能元件。

二、有功功率

通常用瞬时功率在一个周期内的平均值来衡量电路功率的大小,称为有功功率,它是电路中实际消耗的功率,用大写字母 P 来表示。平时说某电烙铁的功率是 35W、白炽灯的功率是 40W 或者电阻炉的功率是 1000W 都是指有功功率。

纯电阻的有功功率可以写成

$$P = IU_R = I^2 R = \frac{U_R^2}{R}$$

例 3-2 已知某白炽灯工作时的电阻为 484Ω,若在其两端加上电压 $u = 220\sqrt{2}\sin\omega t\,\mathrm{V}$,求该白炽灯正常工作时的有功功率。

解: $U = \frac{U_m}{\sqrt{2}} = 220\mathrm{V}$

白炽灯的有功功率

$$P = \frac{U_R^2}{R} = \frac{220^2}{484}\mathrm{W} = 100\mathrm{W}$$

电感线圈和电容器是储能元件,不消耗电能,那么它们的有功功率为零,即 $P=0$。

三、无功功率

在交流电路中,电感和电容虽然不消耗有功功率,但它们都参与了与电源的能量交换,这就产生了无功功率,从而降低了发电机和电网的供电效率。通常把瞬时功率的最大值称为无功功率,用符号 Q 表示,单位为乏(var)或者千乏(kVar),用公式表示为

$$Q = IU_L = I^2 X_L = \frac{U_L^2}{X_L}$$

或者

$$Q = IU_C = I^2 X_C = \frac{U_C^2}{X_C}$$

无功功率反映了元件与电源之间进行的能量交换的规模。"无功"含义是交换,而不是消耗,更不能误解为无用。在生产实践中,无功功率占有很重要的地位,例如:具有电感的变压器、电动机等都是靠电磁转换来进行工作的,如果没有无功功率的存在,这些设备是不能工作的。

四、视在功率

在交流电路中,电源电压有效值与总电流有效值的乘积称为视在功率,用符号 S 表示,单位是伏安(VA)或者千伏安(kVA),用公式表示为

$$S = UI$$

五、功率因数提高的意义和方法

有功功率 P 和视在功率 S 的比值称为功率因数，用 λ 表示

$$\lambda = \cos\varphi = \frac{P}{S}$$

提高功率因数的意义：在发电机的额定电压、额定电流一定时，发电机的容量即视在功率是一定的，如果发电机在额定容量下运行，输出的有功功率取决于负载的功率因数。功率因数越低，发电机的输出功率越低，其容量得不到充分利用。功率因数低，在输电线路上引起较大的电压降和功率损耗，故当输出功率 P 一定时，电路中电流与功率因数成反比，即 $I=P/U\cos\phi$，当 $\cos\phi$ 越低时，电流 I 增大，在输电线路阻抗上的电压降增大，使负载两端电压过低，严重时影响设备正常运行。此外，阻抗上消耗的功率与电流平方成正比，电流增大要引起功率损耗增加。所以功率因数在电力系统中是一个非常重要的参数，常用电器负载功率及功率因数见表 3-1。

表 3-1 常用电器负载的功率和功率因数

负 载	常用功率 P/W	功率因数
电灯	25~100	1
荧光灯	6~40	0.34~0.52
400mm 吊扇	66	0.91
电冰箱	60~130	0.24~0.4
家用洗衣机	90~650	0.5~0.6
家用空调	1000~3000	0.7~0.9
电饭锅	300~1400	1
Y 系列三相异步电动机	500~300000	0.75~0.9

知识拓展

提高功率因数意义重大，目前广泛应用的提高功率因数的方法是在电感性负载两端并联适当的电容，如图 3-15a 所示电路图。从图 3-15b 相量图中可知，电感性负载两端并联电容器后电路中各物理量的变化情况：电路中总的有功功率不变，电感性负载设备自身的各个物理量没有变化；电路中的总电流、视在功率以及无功功率都有所减小；整个供电电路功率因

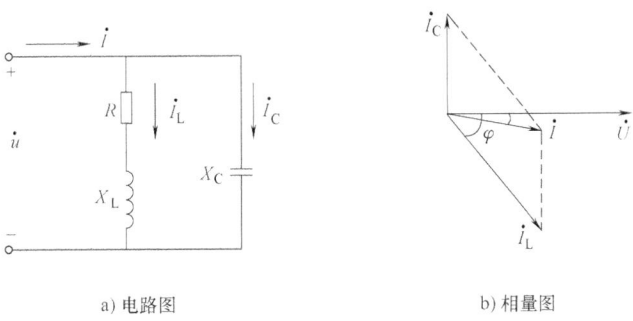

a) 电路图   b) 相量图

图 3-15

数得到提高。

模块测评

1. 什么是无功功率、有功功率、视在功率？
2. 什么是功率因数？为什么要提高功率因数？
3. 提高功率因数的方法是什么？

模块三 RLC 串、并联电路及荧光灯电路

学习目标

1) 了解 RLC 串联、并联电路的结构及特点。
2) 理解串联谐振、并联谐振的条件与特点。

能力目标

能够安装与调试荧光灯电路。

知识探究

一、RLC 串联电路

1. 相量分析

由电感、电容、电阻相串联组成的电路称为 RLC 串联电路，如图 3-16a 所示。如无线电技术中收音机的调谐电路、振荡电路等都是此类电路。

设通过电路的电流　　　$i=\sqrt{2}I\sin\omega t$　（假设 $X_L > X_C$）

则电阻两端的电压　　　$u_R = iR = \sqrt{2}IR\sin\omega t$

电感线圈两端的电压　$u_L = U_{Lm}\sin\left(\omega t + \dfrac{\pi}{2}\right) = \sqrt{2}IX_L\sin\left(\omega t + \dfrac{\pi}{2}\right)$

电容两端的电压　　　$u_C = U_{Cm}\sin\left(\omega t - \dfrac{\pi}{2}\right) = \sqrt{2}IX_C\sin\left(\omega t - \dfrac{\pi}{2}\right)$

总电压为　　　　　　$u = u_R + u_L + u_C$

用相量表示为　　　　$\dot{U} = \dot{U}_R + \dot{U}_L + \dot{U}_C$

取电流相量为参考相量，画出其相量图，如图 3-16b 所示。

从相量图中可以看出，电压相量 $\dot{U}$、$\dot{U}_R$、$\dot{U}_L$ 和 $\dot{U}_C$ 之间构成一个直角三角形，称为电压三角形，$\dot{U}$ 和 $\dot{U}_R$ 之间的夹角就是总电压和总电流的相位差 φ，即总电压超前电流 φ 角。

总电压与各分电压之间的关系为

$$U = \sqrt{U_R^2 + (U_L - U_C)^2} = \sqrt{R^2 + (X_L - X_C)^2}\,I = \sqrt{R^2 + X^2}\,I = |Z|I$$

$$|Z| = \sqrt{R^2 + (X_L - X_C)^2} = \dfrac{U}{I}$$

其中，$X=X_L-X_C$，称为电抗。

$|Z|$ 是 RLC 串联电路的总阻抗，单位均是 Ω。

R、X、$|Z|$ 构成阻抗三角形，如图 3-17 所示，它与电压三角形是相似三角形。

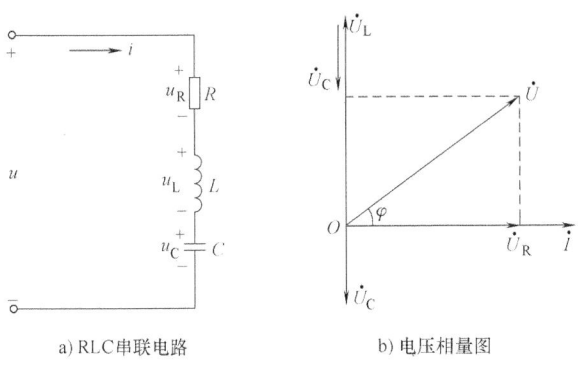

图 3-16　RLC 串联电路及电压相量图

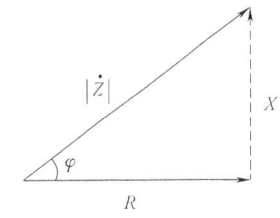

图 3-17　阻抗三角形

阻抗角
$$\varphi = \arctan \frac{X_L-X_C}{R} = \arctan \frac{U_L-U_C}{R} = \arctan \frac{X}{R}$$

因此，阻抗角的大小决定于电路中的参数 R、L、C 和电源的频率 f；电抗 X 的数值决定了电路的性质。

1) $X_L>X_C$ 时，$X>0$，$\varphi>0$，，电压比电流超前 φ，电路呈电感性，称电感性电路，如图 3-18a 所示。

2) $X_L<X_C$ 时，$X<0$，$\varphi<0$，电压比电流滞后 φ，电路呈电容性，称电容性电路，如图 3-18b 所示。

3) $X_L=X_C$ 时，$X=0$，$\varphi=0$，电压和电流同相，电路呈纯电阻性，这种状态称为串联谐振，如图 3-18c 所示。

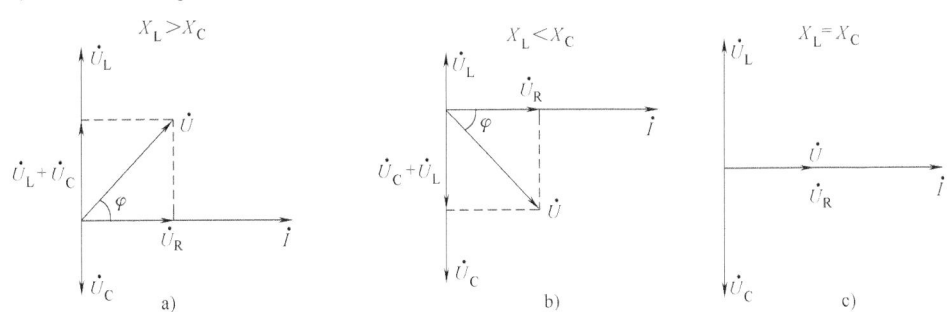

图 3-18　不同性质的电路电压与电流矢量关系

2. 串联谐振发生的特点

电路中的电抗为零，即

$$X_L=X_C, 2\pi fL=\frac{1}{2\pi fC}$$

发生谐振时的频率：$f_0=\dfrac{1}{2\pi\sqrt{LC}}$，$f_0$ 由电路参数决定，也称为固有频率。当外加电源 u_S

的频率 $f=f_0$ 时，电路发生谐振。

1) 阻抗最小，且为纯电阻，即 $|Z|=R$。

2) 电路中的电流最大且与电压同相，即 $I_0=\dfrac{U}{R}$。

3) 电感与电容两端电压相等，其大小为总电压的 Q 倍。

即：

$$U_L = X_L I_0 = X_L \dfrac{U}{R} = \dfrac{\omega_0 L}{R} U = QU$$

$$U_C = X_C I_0 = X_C \dfrac{U}{R} = QU$$

$$Q = \dfrac{\omega_0 L}{R} = \dfrac{L}{\omega_0 CR}$$

Q 称为串联谐振电路的品质因数，其大小可达到 100 左右。

二、RLC 并联电路

1. 相量分析

由电阻、电感、电容相并联构成的电路称为 RLC 并联电路，如图 3-19 所示。

设加在 RLC 并联电路两端的电压　$u=U_m\sin\omega t$

则通过电阻的电流　$i_R=I_m\sin\omega t$

通过电感的电流　$i_L=I_{Lm}\sin\left(\omega t-\dfrac{\pi}{2}\right)$

通过电容的电流　$i_C=I_{Cm}\sin\left(\omega t+\dfrac{\pi}{2}\right)$

电路的总电流　$i=i_R+i_L+i_C$

相量图如图 3-20 所示。

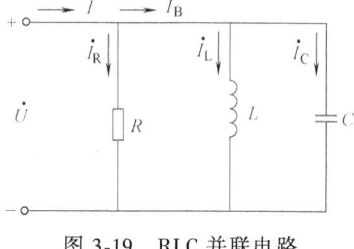

图 3-19　RLC 并联电路

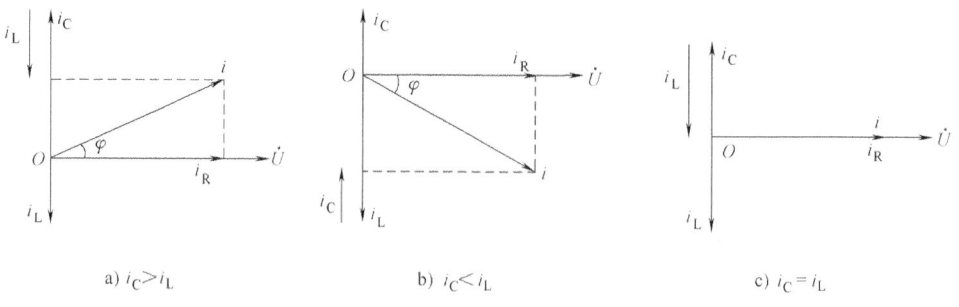

图 3-20　RLC 并联电路电压、电流的相量图

1) 在图 3-20a 中，$i_C>i_L$，总电流超前电压 φ，电路呈容性。

2) 在图 3-20b 中，$i_C<i_L$，总电流滞后电压 φ，电路呈感性。

3) 在图 3-20c 中，$i_C=i_L$，总电流与总电压同相，电路呈纯电阻性，这种状态称为并联谐振。

2. 并联谐振电路的特点

并联谐振是一种完全的补偿，电源无需提供无功功率，只提供电阻所需要的有功功率。

谐振时，电路的总电流最小，而支路的电流往往大于电路的总电流，因此，并联谐振也称为电流谐振。发生并联谐振时，在电感和电容元件中流过过大的电流，会造成电路的熔断器熔断或烧毁电气设备的事故，但在无线电工程中往往用来选择信号和消除干扰。

总电流 I 与 I_R、$|I_L - I_C|$ 组成一个直角三角形，即电流三角形，如图 3-21 所示。

由电流三角形可知，总电流与各支路电流间的数量关系为：

$$I = \sqrt{I_R^2 + (I_L + I_C)^2}$$

总电流与流过电阻 R 的电流的夹角 φ，就是总电流与电压间的相位差，即

$$\varphi = \arctan \frac{I_L - I_C}{I_R}$$

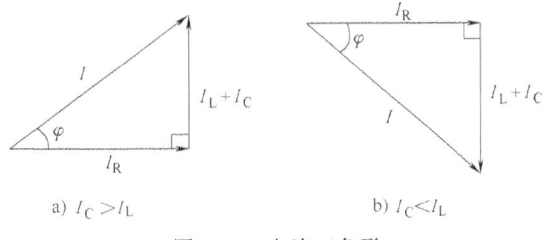

图 3-21　电流三角形

荧光灯电路

荧光灯在家用节能领域优于大多数的照明灯具，越来越多的领域用到荧光灯。传统的荧光灯电路如图 3-22 所示。

（1）灯管　荧光灯灯管是一根玻璃管，内壁涂有一层荧光粉（如钨酸镁、钨酸钙、硅酸锌等），不同的荧光粉可发出不同颜色的光。灯管内充有稀薄的惰性气体（如氩气）和水银蒸气，灯管两端有由钨制成的灯丝，灯丝上涂有受热后易于发射电子的氧化物。

（2）镇流器（图 3-23）　镇流器是与灯管相串联的一个元件，实际上是一个带铁心的电感线圈，其感抗值很大。镇流器的作用一是配

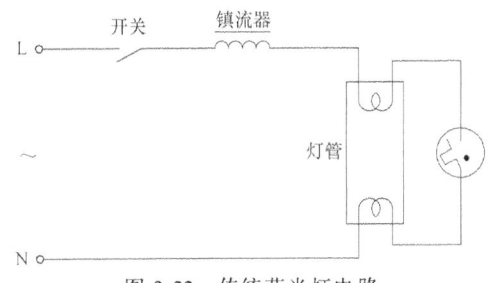

图 3-22　传统荧光灯电路

合辉光启动器产生瞬间高压使灯管发光，二是在灯管正常发光后又能起到限制灯管电流的作用。

（3）辉光启动器（图 3-24）　辉光启动器是一个小型的辉光管，在小玻璃管内充有氖气，并装有两个电极。辉光启动器相当于一个开关，其作用是在灯丝电路接通后又自动断开。

图 3-23　镇流器

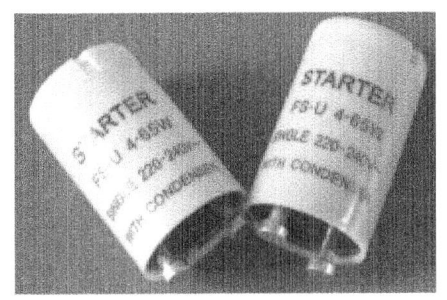

图 3-24　辉光启动器

(4) 工作原理 当接通电源时，电源把电压加在辉光启动器的两个电极之间，使氖气发生电离，电离的高温使 U 形金属片受热趋于伸直，两电极接触，使电流从电源一端流向镇流器→灯丝→辉光启动器→灯丝→电源的另一端，形成通路并加热灯丝。灯丝因有电流（称为启辉电流或预热电流）通过而发热，使氧化物发射电子。同时，辉光启动器两个电极接通时，电极间电压为零，电离现象立即停止，U 形金属片因温度下降而复原，两电极离开，使通过镇流器的电流发生突然变化（突降至零），由于镇流器铁心线圈的高感作用，产生足够高的自感电动势作用于灯管两端。这个感应电压连同电源电压一起加在灯管的两端，使灯管内的惰性气体电离而产生弧光放电。随着管内温度的逐渐升高，水银蒸气游离并碰撞惰性气体分子放电，就会辐射出不可见的紫外线，从而激发灯管内壁的荧光粉后发出可见光。

模块测评

1. 简述 RLC 串联谐振的特点。
2. 如图 3-25 所示，若仅增大电源的频率，请回答 A、B、C 三灯的亮度如何变化？
3. 在 RLC 串联电路中，以下能发生串联谐振的是（　　）。
   A. $R=4\Omega$，$X_L=1\Omega$，$X_C=2\Omega$　　B. $R=4\Omega$，$X_L=0\Omega$，$X_C=2\Omega$
   C. $R=4\Omega$，$X_L=3\Omega$，$X_C=2\Omega$　　D. $R=4\Omega$，$X_L=3\Omega$，$X_C=3\Omega$
4. 将 $L=0.05\text{H}$ 的线圈接到 $u=220\sqrt{2}\sin(100t+60°)\text{V}$ 的交流电源上。求：(1) 线圈的感抗；(2) 流过线圈的电流有效值 I；(3) 写出电流的瞬时值表达式；(4) 线圈的无功功率。
5. 荧光灯有什么特点？在日常照明中，相同亮度的白炽灯和荧光灯，哪种灯具更省电？

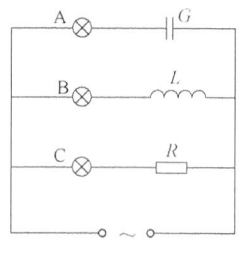

图 3-25　题图

单元四
三相交流电路

电能的生产、输送和分配几乎全部采用三相制，日常照明用的单相交流电也是三相交流电中的一相。

本单元以两个模块为引领主要探讨三相交流电的基础知识及三相电源的连接；三相负载的对称连接和不对称连接以及三相电功率的计算方法，介绍中性线的概念，并通过三相照明电路的安装与调试加深理解和认识。

模块一 三相正弦交流电及其电源的基本连接电路

学习目标

1) 了解三相正弦交流电的产生原理。
2) 理解三相对称电动势。
3) 掌握三相电源的连接方式及特点。

能力目标

能安装简单三相电源电路。

知识探究

一、三相交流电路的基本知识

（一）三相交流电的特点

1) 三相交流发电机比同样体积的单相交流发电机输出的功率大，使用维护方便，振动小。
2) 在输送相同功率、电压，输电距离、电路损失相等的情况下，采用三相制输电比单相输电所用导线的用量节约25%。
3) 能方便地获得三组单相交流电，满足单相、三相用电器的使用需要。

（二）三相交流电的产生

三相正弦交流电源是由三相交流发电机产生的，也可以由三相变压器绕组提供。图4-1a所示为最简单的三相交流发电机的示意图。三相交流发电机的磁极所产生的磁场在电枢表面上呈正弦规律分布，在转子上装有三个互相独立的绕组，它们的材料、尺寸和几何形状均相同,但是空间的位置互差 120°,三个绕组的首端分别用 U1、V1、W1 表示;末端分别用 U2、V2、W2 表示。

当三相交流发电机的转子等速旋转时,三个绕组均切割磁感线,分别产生正弦交变电动势 e_U、e_V、e_W,如图 4-1b 所示。三个电动势最大值相等、频率相同、相位互差 120°,称为三相对称电动势。由三相对称电动势组成的电源,称为三相交流电源。

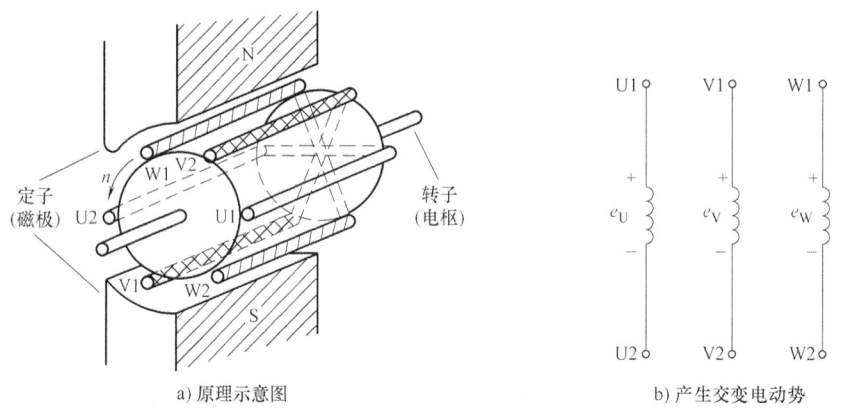

a) 原理示意图   b) 产生交变电动势

图 4-1 三相交流发电机

三个电动势依次到达最大值的顺序称为相序,通常规定正相序(顺相序)为 U-V-W-U,此时选用 U 相电动势 e_U 为参考电动势,则 V 相的电动势 e_V 比 e_U 滞后 120°,W 相的电动势 e_W 比 e_V 滞后 120°。相序 U-W-V-U 与正序相反,称为负相序(逆相序),如无特别说明,一般三相对称电动势都是指正相序。在实际工作中,通常采用黄、绿、红三种颜色标识 U、V、W 三相。

(三)三相对称电动势的表示法

三相对称电动势用三角函数式表示为

$$e_U = E_m \sin\omega t$$
$$e_V = E_m \sin(\omega t - 120°)$$
$$e_W = E_m \sin(\omega t + 120°)$$

三相对称电动势瞬时值 e_U、e_V、e_W 的波形图和相量图如图 4-2 所示。

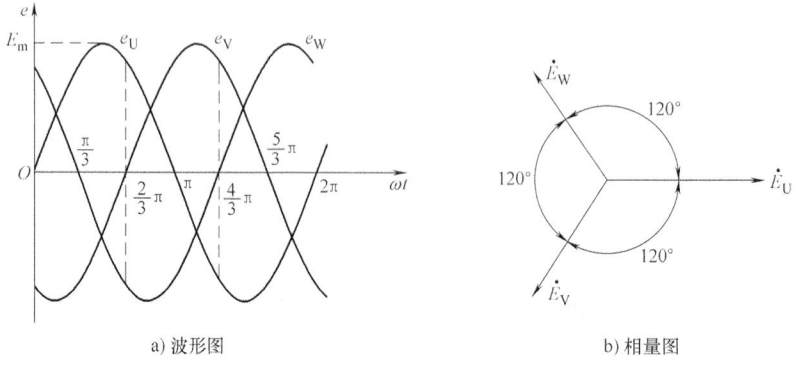

a) 波形图   b) 相量图

图 4-2 三相对称电动势

二、三相电源的供电方式

三相交流发电机的三个绕组不是独立的向外送电，而是按照一定的连接方式组成一个整体向负载供电。三相电源有两种供电方式：三相四线制和三相三线制。

（一）三相四线制供电方式（Y形联结）

把三相绕组的末端 U2、V2、W2 连接在一起，形成一个公共点 N，此点称为中性点。从中性点引出的连接线称为中性线（俗称零线）；由绕组首端 U1、V1、W1 分别向外引出连接线称为端线或相线（俗称相线），如图 4-3 所示。

（1）相电压　各相线与中性线之间的电压，分别用 $\dot{U}_U$、$\dot{U}_V$、$\dot{U}_W$ 来表示，相电压的参考方向规定为由相线指向中性线。

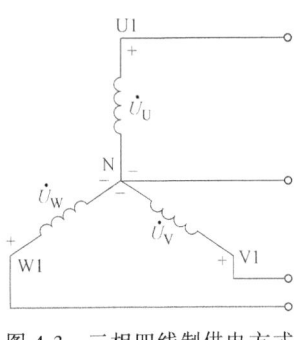

图 4-3　三相四线制供电方式

（2）线电压　任意两根相线之间的电压，分别用 $\dot{U}_{UV}$、$\dot{U}_{VW}$、$\dot{U}_{WU}$ 来表示，线电压的参考方向由注脚字母的先后次序来决定，例如 $\dot{U}_{UV}$ 的电压方向为 U 端指向 V 端，书写时不能任意颠倒，否则在相位上相差 180°。

三相四线制相电压和线电压的相量图如图 4-4 所示。

在电工技术中，通常用 U_P 表示相电压的有效值，用 U_L 表示线电压的有效值。

三相四线制供电方式具有以下特点：

1）有两组供电电压，即相电压和线电压。
2）三个相电压和三个线电压均为对称电压。
3）线电压的大小等于相电压的 $\sqrt{3}$ 倍，记为 $U_L = \sqrt{3} U_P$。
4）各线电压在相位上比对应的相电压超前 30°。

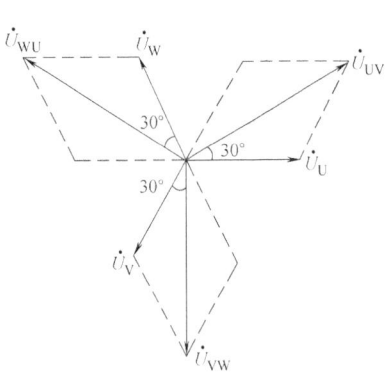

图 4-4　三相四线制相电压和
线电压的相量图

在日常使用的三相四线制低压供电系统中，相电压为 220V，线电压为 380V。

（二）三相三线制供电方式（△联结）

三相交流电源供电也可以采用三相三线制供电方式（△联结），即把三个绕组的首端和末端依次相接，使其构成闭合回路，再从这三个连接点引出三根相（端）线，如图 4-5 所示。

当采用三相三线制供电方式时，只能提供一种电压，线电压等于相电压，回路中的总电动势为零，因此接线正确时，三相绕组回路中不会产生环流，电流也为零。若是把其中的某一相接反，此时三个电动势的代数和不为零，在三相绕组中便会产生很大的环形电流，可能烧毁发电机。因

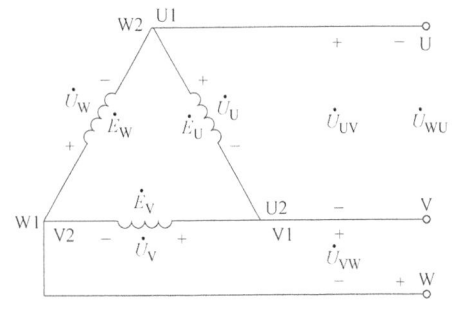

图 4-5　三相三线制供电方式

此,三相发电机绕组一般不采用三相三线制供电方式（△联结）。

🔄 知识拓展

三相电源供电方式的适用场合

三相四线制供电方式（Y联结）通常用于低压配电系统中；三相三线制供电方式（△联结）通常用于高压输电工程中。

三相电源的Y形联结中，当三相负载对称时，中性线可省略，三相四线变为三相三线。三相四线制供电系统中，若一绕组接反则输出的三个线电压不对称，与接反一相有关的两个线电压的大小将等于相电压，所以要确定Y形联结的三相电源是否相反，可用电压表测出三个线电压是否相等；若相等，说明没有接反；若其中一个线电压等于另外两个线电压的$\sqrt{3}$倍，则与较小两相均有关的一相接反。

三相电源的三角形联结中，若其中某一相接反，回路中的总电动势等于2倍的相电压，在三相绕组中会产生很大电流，烧毁发电机，因此三相发电机通常不采用△形联结。确定三角形联结的三相电源是否接反，可以利用开口三角形测电压的方法来确定，即将△形联结的三相电源的一相连接断开，然后接入电压表，看电压表是否为0，若为0说明连接正确，若电压较大说明一相绕组接反。注意：不能用测量回路电流的方法来判断，以防在测量时因电流过大损坏仪表或绕组。

🔄 模块测评

1. 以下对三相对称电动势的说法正确的是哪几个？（　　）

   A. 因为对称，所以三个电动势同时到达最大值

   B. 它们到达最大值的时间依次落后1/3周期

   C. 它们的周期相同，有效值也相同

   D. 因为空间位置不同，所以它们最大值不同

2. Y联结的三相电源，已知A相电压为 $u_A = 220\sqrt{2}\sin(\omega t + 0°)$ V，请写出线电压 u_{BC} 的表达式。

3. 已知某三相交流发电机各相绕组的电压为220V，如图4-6所示，请问此时电压表的读数是多少？

4. 有一台三相发电机，绕组接成Y形，每相绕组电压为220V，在实验时用电压表测得各相电压均为220V，但线电压 $U_{VW} = 380$V，$U_{UV} = 220$V，$U_{WU} = 220$V，请说明原因。

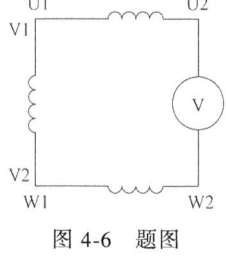

图 4-6　题图

模块二　三相负载的连接及简单计算

🔄 学习目标

1) 了解三相负载的连接方式。

2) 理解中性线的作用。

能力目标

1）能计算三相电功率。
2）能够简单安装与调试三相照明电路。

知识探究

由三相电源供电的负载称为三相负载。三相负载可以是一个整体，如三相电动机；也可以是独立的三个单相负载，如日常生活中的照明电路。

三相电路中的三相负载可分为对称三相负载和不对称三相负载。各相负载的大小和性质完全相同的称为对称三相负载，即 $R_U = R_V = R_W$，$X_U = X_V = X_W$，如三相电动机、三相变压器、三相电炉等。各相负载不等的就称为不对称三相负载，例如家用电器和电灯，这类负载通常是按照尽量平均分配的方式接入三相交流电源中。三相负载也有两种连接方式，即星形（Y）和三角形（△）联结方式。

一、三相负载的连接方式

（一）三相负载的星形联结

把各相负载的末端 U2、V2、W2 连在一起接到三相交流电源的中性线上；把各相负载的首端 U1、V1、W1 分别接到三相交流电源的三根相线上，这种连接方法称为三相负载的星形联结。图 4-7 所示为三相负载星形联结的原理图和实际电路图。

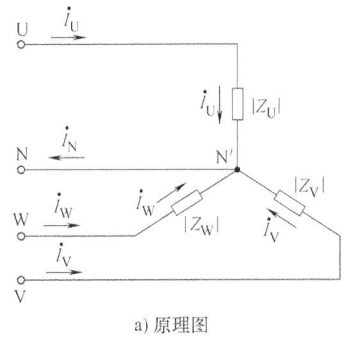
a) 原理图

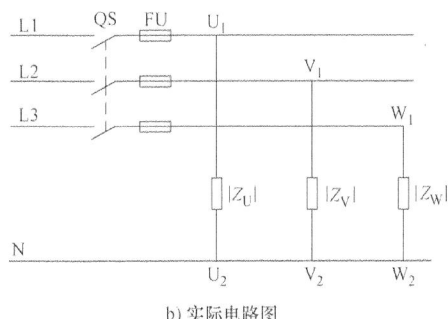
b) 实际电路图

图 4-7 三相负载的星形联结

当输电线的电阻被忽略时，负载的相电压等于电源的相电压

$$U_{YP} = U_P$$

电源的线电压与负载的相电压的关系为

$$U_L = \sqrt{3}\, U_{YP}$$

在三相交流电路中，流过每一相负载的电流称为相电流，分别用 I_U、I_V、I_W 表示，一般用 I_{YP} 来表示。流过每根相线的电流称为线电流，分别用 I_u、I_v、I_w 来表示，一般用 I_{YL} 表示。

当三相负载作星形联结并且具有中性线时，三相交流电路的每一相就是一个单相交流电路，各相电压与电流间的关系可应用前面学习的单相交流电路的方法处理。

由于每相的负载都串接在相线上，通过相线和负载的是同一个电流，所以各线电流等于各相电流，即 $I_U = I_u$，$I_V = I_v$，$I_W = I_w$。

一般写成 $I_{YL} = I_{YP}$

除此之外，我们还要考虑流过中性线的电流，由基尔霍夫节点电流定律可以求出中性线电流。一般采用相量法来分析。中性线电流为线电流（或相电流）的相量和

$$\dot{I}_N = \dot{I}_U + \dot{I}_V + \dot{I}_W$$

对于三相对称负载，在对称三相电源作用下，三相对称负载的中性线上电流等于零，如图4-8a所示。即

$$\dot{I}_N = \dot{I}_U + \dot{I}_V + \dot{I}_W = 0$$

由于电流是瞬时值，三相电流瞬时值的代数和也为零，即 $i_N = i_U + i_V + i_W = 0$。因此对称负载下中性线便可以省去不用，电路变成图4-8b所示的三相三线制。如在发电厂与变电站、变电站与三相电动机之间，由于负载对称，便采用三相三线制传输。

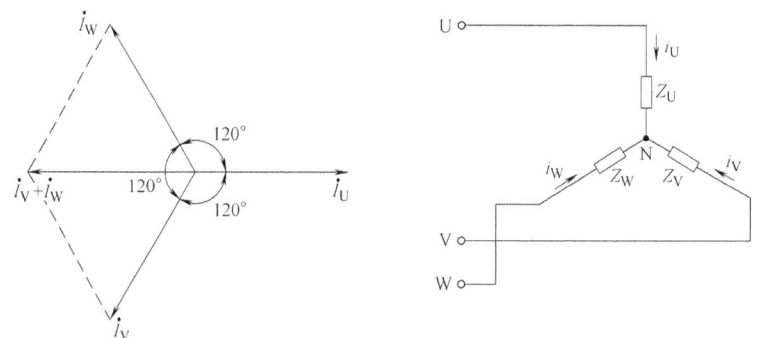

a) 三相对称负载相电流相量图　　b) 三相对称负载的三相三线制

图4-8　三相对称负载的星形联结

若负载不对称，则中性线电流不为零，其中性线电流为

$$\dot{I}_N = \dot{I}_U + \dot{I}_V + \dot{I}_W \quad \text{或} \quad i_N = i_U + i_V + i_W$$

三相负载在很多情况下是不对称的，最常见的照明电路就是不对称负载星形联结的三相电路。下面，我们通过一个实例来分析三相四线制中性线的重要作用。如图4-9所示，把额定电压为220V，功率分别为100W、60W和40W的三盏白炽灯作星形联结，然后接到三相四线制的电源上。

为了便于说明问题，设在中性线上装有开关S_N，如图4-9a所示。当S_N合上时每个灯泡都能正常发光。当断开S_U、S_V和S_W中任意一个或两个开关时，处在通路状态下的灯泡两端的电压仍然是相电压，灯泡仍然正常发光。如果断开开关S_W，再断开中性线开关S_N，如图4-9b所示，电路变成不对称星形负载无中性线电路，40W的灯泡反而比100W的灯泡亮得多。其原因是没有中性线，两个灯（40W和100W灯泡）串联起来以后接到两根相线上，即加在两个串联灯两端的电压是线电压（380V）。又由于100W的灯的电阻比40W的灯的电阻小，由串联分压可知100W灯两端的电压也就小，反而较暗，40W的灯两端的电压大于220V，会发出更强的光，还可能将灯烧毁。

可见，对于不对称负载星形联结的三相电路，中性线一定不能省去。若无中性线，可能使某一相电压过低，该相用电设备不能工作；若某一相电压过高，会烧毁该相线上用电设

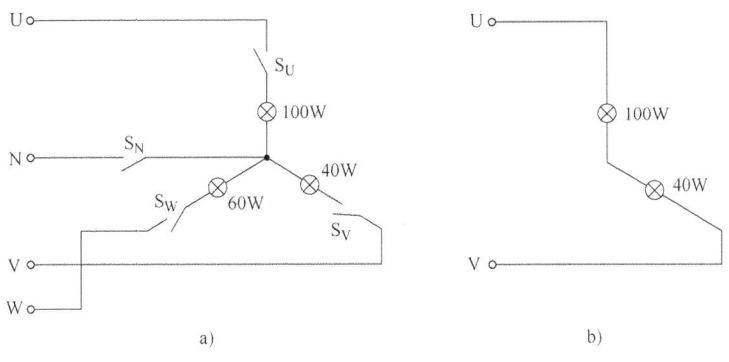

图 4-9 三相不对称负载

备。因此,中性线对于电路的正常工作及安全非常重要,它可以保证负载电压的对称,防止发生事故。规定中性线上不允许安装熔断器、开关等装置。为了增强机械强度,有的还加有钢芯;另外,通常还要把中性线接地,使它与大地电位相同,以保障安全。

因此,负载作星形联结时:

1) 电源线电压是负载两端相电压的$\sqrt{3}$倍,即 $U_L = \sqrt{3}\, U_{YP}$。
2) 每一相相线的线电流等于流过负载的相电流,即 $I_{YL} = I_{YP}$。

(二) 三相负载的三角形联结

把三相负载分别接到三相交流电源的每两根相线之间,这种连接方法称为三角形(△)联结。图 4-10a 所示为负载作三角形联结的原理图,图 4-10b 所示为实际电路图。

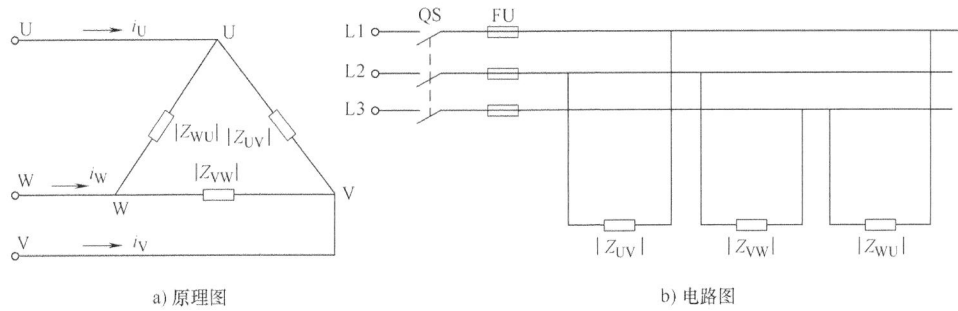

a) 原理图 b) 电路图

图 4-10 三相负载的三角形联结

三角形联结中负载两端的电压,即负载的相电压等于电源的线电压,则

$$U_{\triangle P} = U_L$$

各相电流的有效值为

$$I_{UV} = I_{VW} = I_{WU} = \frac{U_L}{|Z_{UV}|}$$

线电流与相电流之间关系为

$$I_{\triangle L} = \sqrt{3}\, I_{\triangle P}$$

二、三相电路的功率

在三相交流电路中,不论负载采取星形联结还是三角形联结,三相负载消耗的总功率等

于各相负载消耗的功率之和，即 $P = P_U + P_V + P_W$。

当三相负载对称时，有 $P_U = P_V = P_W = U_P I_P \cos\varphi$，负载消耗的总功率 P 可以写成

$$P = 3 U_P I_P \cos\varphi$$

式中，U_P 是负载的相电压，单位为 V；I_P 是流过负载的电流，单位为 A；φ 是负载相电压与相电流间的相位差，单位为 rad 或°。

由上式可知，对称三相电路总有功功率为一相有功功率的 3 倍。

对称负载不论作星形还是三角形联结，总有功功率、无功功率和视在功率也可由下式计算：

$$P = \sqrt{3}\, U_L I_L \cos\varphi$$

$$Q = \sqrt{3}\, U_L I_L \sin\varphi$$

$$S = \sqrt{3}\, U_L I_L$$

例 4-1 某三相对称负载，每相负载的电阻为 6Ω，感抗为 8Ω，电源线电压为 380V，求负载作星形联结和三角形联结时两种接法的有功功率。

解： 每相绕组的阻抗为

$$|Z| = \sqrt{R^2 + X_L^2} = \sqrt{6^2 + 8^2}\,\Omega = 10\,\Omega$$

（1）星形联结时，负载相电压

$$U_{YP} = \frac{U_L}{\sqrt{3}} = \frac{380}{\sqrt{3}}\,V = 220\,V$$

因此流过负载的相电流为

$$I_P = \frac{U_P}{|Z|} = \frac{220}{10}\,A = 22\,A$$

负载的功率因数为

$$\cos\varphi = \frac{R}{|Z|} = \frac{6}{10} = 0.6$$

星形联结时三相总有功功率

$$P = 3 U_P I_P \cos\varphi = 3 \times 220 \times 22 \times 0.6\,W \approx 8.7\,kW$$

（2）三角形联结时，负载相电压等于电源线电压，即

$$U_P = U_L = 380\,V$$

负载的相电流为

$$I_P = \frac{U_P}{|Z|} = \frac{380}{10}\,A = 38\,A$$

三角形联结时三相总有功功率

$$P = 3 U_P I_P \cos\varphi = 3 \times 380 \times 66 \times 0.6\,kW \approx 26\,kW$$

可见，在线电压不变的情况下同样的负载，三角形联结时消耗的有功功率是星形联结时的 3 倍。若每相负载的额定电压为电源线电压的 $1/\sqrt{3}$，则负载应连成星形；若每相负载的定额电压等于电源的线电压，则负载应连成三角形。

技能训练

三相照明电路的安装与调试

一、实训目的

1) 熟悉三相负载星形联结的接线方式。
2) 了解负载不对称时中性线的作用。

二、实训器材

灯座3个，白炽灯4盏（100W的3只，60W的1只），电流插座4个，短路插头4个，交流电流表4个（0.5A/1A），电工工具箱1个，导线若干。

三、实训步骤

1) 核对器材，检查元器件的好坏。
2) 按图4-11所示原理图接好电路。
3) 先将3只100W的白炽灯接入灯座，闭合所有开关观察各灯的亮度，测量并记录电流表读数。
4) 断开中性线开关，观察各灯的亮度变化，测量并记录电流表读数。
5) 断开所有开关，将其中一相（例如U相）中的灯换成60W白炽灯，然后闭合所有开关观察灯的亮度，测量并记录电流表读数。
6) 断开中性线开关，观察各灯的亮度变化，测量并记录电流表读数。
7) 断开电源，整理器材，最后总结。

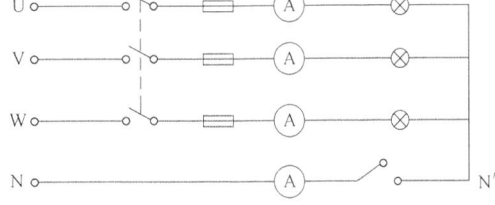

图4-11 三相负载星形联结原理图

模块测评

1. 在三相四线制供电系统中，中性线的作用是什么？在什么情况下可以省去？

2. 图4-12所示为某负载的连接电路图，回答：

1) HL1、HL2、HL3是3个额定电压为220V，功率不同的白炽灯，请正确接入电路中。

2) 现有一照明灯和开关需安装在A、B处，请合理选择照明灯和开关的安装位置。

3. 对称三相负载接到线电压为380V的对称三相电源上，其中每相电阻为60Ω，电抗为80Ω，分别求负载星形联结和三角形联结时的相电压、相电流、线电流、有功功率以及视在功率。

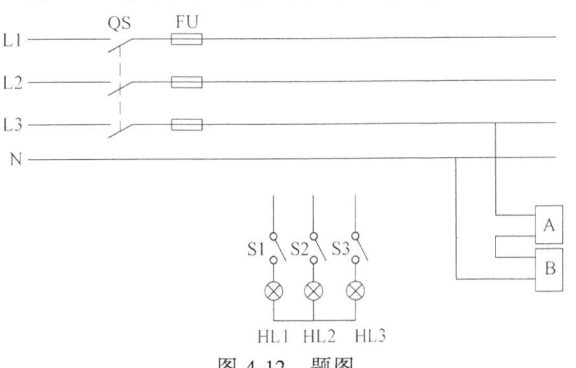

图4-12 题图

单元五 变压器

模块一 磁场及电磁感应

学习目标

1) 了解磁场的特性及磁场的基本概念。
2) 了解电流的磁场,以及电流与磁场的关系。
3) 掌握磁场对电流的作用力及左手定则。
4) 理解电磁感应现象,掌握右手定则和楞次定律。

能力目标

1) 能够用安培定则判定电流周围的磁场。
2) 能够用左手定则判定磁场对电流的作用力方向。
3) 熟练运用右手定则和楞次定律判定感生电流的方向。

知识探究

一、磁场的基础概念

具有吸引铁、钴、镍等物质的性质称为磁性。具有磁性的物质称为磁体。磁体上磁性最强的地方称为磁极。磁体有两个磁极,即 N 极和 S 极。磁极之间具有同名磁极相互排斥、异名磁极相互吸引的特性。磁极之间的相互作用是通过磁场发生的。

磁场是一种看不见又摸不着的特殊物质。在磁场中,小磁针静止时 N 极所指的方向就是该点磁场的方向。如图 5-1 所示,磁感线直观地描述出了磁场分布的情况。

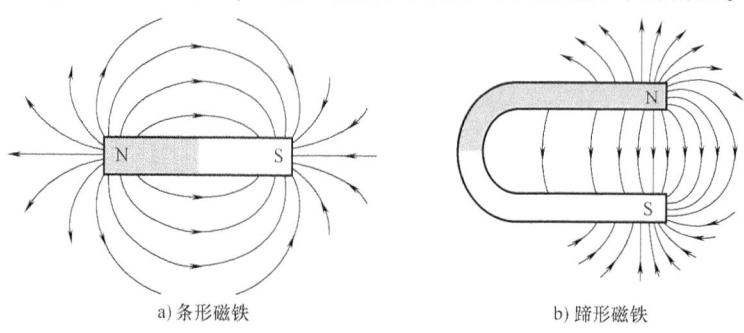

a) 条形磁铁　　　　　　　　　b) 蹄形磁铁

图 5-1　磁体的磁感应线

磁感线上任意一点的切线方向即为该点的磁场方向。磁感线在磁体的外部由 N 极指向 S 极，在磁体内部由 S 极指向 N 极。磁感线越密，磁场越强；反之磁感线越稀疏，磁场越弱。

二、电流的磁场

磁铁并不是磁场的唯一来源，电流也能在周围产生磁场。

1. 通电直导线周围的磁场

通电导体中的电流方向决定了该导线周围磁场的方向。通电直导线中电流的磁感应线方向与电流方向之间的关系用安培定则（也称右手螺旋定则）来判定。即：用右手握住导线，让伸直的大拇指所指的方向与电流方向一致，那么弯曲的四指所指的方向就是磁感应线的环绕方向。如图 5-2a 所示。

2. 通电螺线管产生的磁场

通电螺线管产生的磁场方向与电流之间的方向，也用安培定则来判定。即：用右手握住螺线管，让弯曲的四指所指的方向与电流的方向一致，大拇指所指的方向就是螺线管内部磁感应线的方向。如图 5-2b 所示。

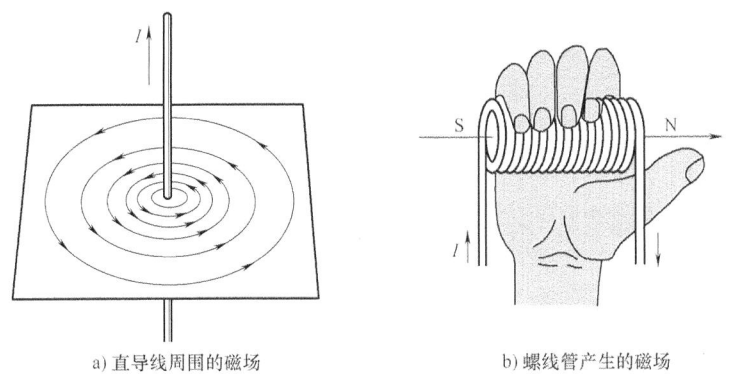

a) 直导线周围的磁场　　　　b) 螺线管产生的磁场

图 5-2　电流的磁场

三、磁场对通电导体的作用力

如图 5-3 所示，导体 ab 处于蹄形磁铁所产生的磁场中，导体所受的作用力（电磁力）大小与导体中的电流和导体的有效长度，以及磁场的磁感应强度成正比，导体所受电磁力的方向，与电流方向、磁感应强度的方向都垂直，可以用左手定则来判定，即：伸开左手，使大拇指与其余四指垂直，并且都跟手掌在同一个平面内，让磁感应线垂直进入手心，使四指指向电流，这时大拇指所指的方向就是通电导体在磁场中所受磁场力的方向，如图 5-4 所示。

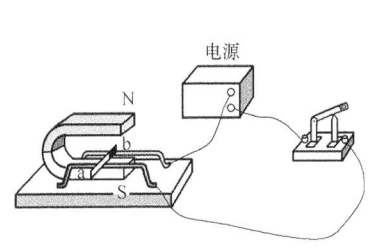

图 5-3　通电导体在磁场中受力

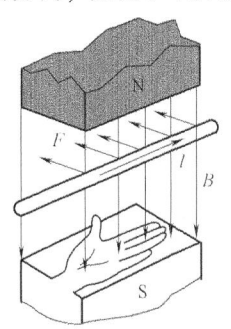

图 5-4　导体受到电磁力的判定

四、电磁感应

1. 电磁感应现象的产生

如图 5-5 所示,让导体 AB 在磁场中向前或向后运动,电流表的指针发生偏转,表明电路中有电流。当导体静止或上下运动时,电流表指针不偏转,即电路中没有电流。可见闭合电路的一部分导体做切割磁感线运动时,电路中就有电流产生。

闭合回路的一部分导体做切割磁感应线时,若穿过闭合电路的磁感应线条数变化,即穿过闭合回路的磁通发生了变化。因此,只要穿过闭合回路的磁通发生变化,闭合回路中就有电流产生。这种现象称为电磁感应现象,产生的电流称为感应电流。

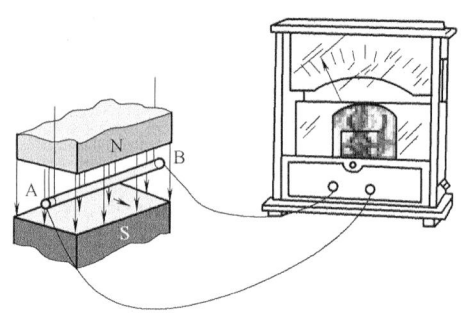

图 5-5 电磁感应现象

2. 感生电流的方向

(1) 右手定则 当导体在磁场中切割磁感线运动时,感生电流的方向与磁感线方向、导体运动方向的关系用右手定则判定。即:伸开右手,使大拇指与其余四个手指垂直,并且都与手掌在同一平面内;让磁感应线从手心进入,并使大拇指指向导体运动方向,这时四指所指的方向就是感应电流的方向。

(2) 楞次定律 当磁铁上下运动时产生感生电流的方向用楞次定律判定。感应电流产生的磁场总要阻碍引起感应电流的磁通量的变化。方法是右手握拳,大拇指指向磁场变化的反方向,则四指方向即为感应电流的方向。

模块测评

1. 感应电流产生的磁场,总是_____原磁通的变化,这就是楞次定律。若线圈中的磁通增加时,感生电流的磁通方向和原磁通方向_____,若线圈中的磁通减少时,感生电流的磁通和原磁通方向_____。

2. 磁感线上任一点的(　　)方向,就是该点的磁场方向。
   A. 指向 N 极　　　B. 切线　　　C. 直线　　　D. 平行线

3. 磁感线的疏密程度反映了磁场的强弱,越密的地方表示磁场(　　)。
   A. 越强　　　B. 越弱　　　C. 越均匀　　　D. 不一定

4. 在匀强磁场中,有一个矩形线圈平面与磁场方向垂直,当线圈在磁场中平移但不离开磁场时,矩形线圈中将(　　)。
   A. 产生感生电动势　B. 产生感生电流　C. 无电磁感应现象　D. 无法确定

5. 左手定则可以判定通电导体在磁场中的(　　)。
   A. 受力大小　　　B. 受力方向　　　C. 运动方向　　　D. 运动速度

模块二　变压器的结构和原理

变压器是根据互感原理工作的电磁装置,它可以根据需要将一种交流电压和电流转变为同频率的另一种电压和电流。

学习目标

1）了解变压器的基本结构、分类和作用。
2）理解变压器的工作原理。
3）掌握变压器的变压、变流计算方法。
4）了解变压器的外特性、损耗及效率。
5）了解单相变压器的极性及判别方法。

能力目标

1）能对变压器变压、变流进行基本运算。
2）能够判别变压器极性。

知识探究

一、变压器的作用和种类

在日常生活和生产中，常常需要各种不同的交流电压。例如：工厂中常用的三相异步电动机需要 380V 或者 220V 电压，照明电路和家用电器需要 220V 电压，机床照明、低压电钻等需要 36V 以下电压，高压输电采用 110kV、220kV 电压等。这些都是通过变压器变换而得到的。

另外，变压器的用途还很多，如测量系统中使用的仪用互感器，可将高电压变换成低电压或将大电流变换成小电流，以隔离高压和便于测量；用于实验室的自耦调压器，则可任意调节输出电压的大小，以适应负载对电压的要求；在电子线路中，除了电源变压器外，变压器还用来耦合电路、传递信号、实现阻抗匹配等。

为了达到不同的使用目的并适应不同的工作条件，变压器可以从不同的方面进行分类。

1）按用途分类：变压器可以分为电力变压器和特种变压器两大类。特种变压器根据不同系统和部门的要求，提供各种特殊电源和用途，如电炉变压器、整流变压器、电焊变压器、仪用互感器、试验用高压变压器和调压变压器等。

2）按铁心结构分类：变压器可分为壳式变压器和心式变压器。

3）按相数分类：变压器可分为单相、三相和多相变压器。

尽管变压器的种类繁多，但它们都是利用电磁感应原理制成的。它们的实际电路图及符号如图 5-6 和图 5-7 所示。

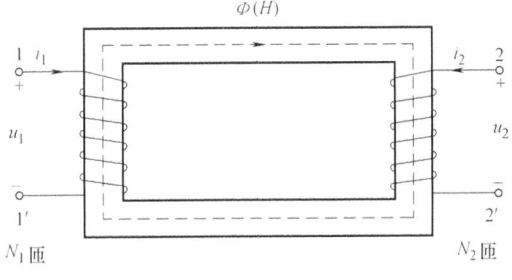

图 5-6 变压器实际电路图

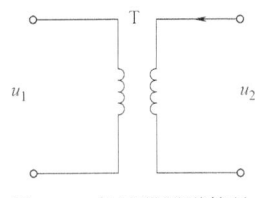

图 5-7 变压器图形符号

二、变压器的基本结构

变压器主要组成构件是线圈和铁心。

1) 铁心是变压器的磁路部分。为了减少铁心内部的涡流损耗和磁滞损耗,铁心是采用磁导率较高而且相互绝缘的硅钢片叠压而成,每片的厚度为 0.35~0.5mm(50Hz 时)。通信用变压器也可以用铁氧体或其他铁磁性材料作为铁心。铁心一般分为心式和壳式两大类,如图 5-8 所示。

2) 线圈是变压器的电路部分,通常称为绕组,一般由绝缘铜线(或铝线)绕制而成。通常有两个或两个以上的绕组,其中接电源的绕组称为一次绕组,与用电设备连接的绕组称为二次绕组。绕组与绕组及绕组与铁心之间都是相互绝缘的。

a) 心式

b) 壳式

图 5-8 变压器的铁心

三、变压器的工作原理

变压器是按电磁原理工作的。如果把变压器的一次绕组接入交流电源,在一次侧中就有交流电流通过,交变电流将在铁心中产生交变磁通,这个变化的磁通经过闭合的磁路同时穿过一次绕组和二次绕组。交变磁通将在绕组中产生感应电动势,即一次侧产生自感电动势,二次侧产生互感电动势。如果在二次侧接上负载,负载就可以工作,这时二次侧相当于电源。这就是变压器的工作原理。

1. 变换交流电压

如图 5-9 所示,设一次绕组的匝数是 N_1,二次绕组匝数为 N_2,穿过它们的磁通量是 Φ,那么一次、二次绕组中产生的感应电动势分别是:

$$E_1 = N_1 \Delta\Phi/\Delta t \quad E_2 = N_2 \Delta\Phi/\Delta t$$

由此可得:

$$E_1/E_2 = N_1/N_2$$

如果一次、二次绕组的电阻忽略不计,则

$$E_1 \approx U_1, \quad E_2 \approx U_2$$

由此得到

$$U_1/U_2 = N_1/N_2 = k$$

式中,k 称为电压比,U_1、U_2 为一次、二次电压。

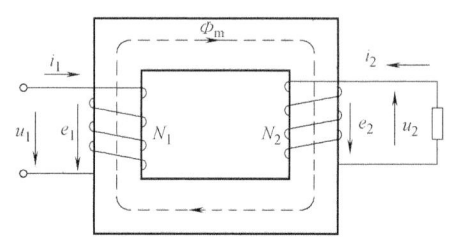

图 5-9 变压器的工作原理

可见，变压器一次、二次绕组的电压比等于绕组的匝数比。当 $N_1 > N_2$ 时，$k>1$，$U_1 > U_2$，变压器使电压降低，这种变压器称为降压变压器；当 $N_1 < N_2$ 时，$k<1$，$U_1 < U_2$，变压器使电压升高，这种变压器称为升压变压器。

2. 变换交流电流

根据能量守恒定律，在不计变压器内部损耗的情况下，变压器输出的功率 P_1 应等于从电网中获得的功率 P_2，即：

$$P_1 = P_2 \text{ 或 } I_1 U_1 = I_2 U_2$$

即

$$I_1/I_2 = U_2/U_1 = 1/k$$

可见，变压器工作时一次、二次绕组中的电流跟绕组的匝数成反比。变压器的高压绕组匝数多而通过的电流小，可用较细的导线绕制；低压绕组匝数少而通过的电流大，应当用较粗的导线绕制。

四、变压器的外特性

当变压器的一次电压 U_1 和负载功率因数 $\cos\varphi_2$ 一定时，二次电压 U_2 与负载电流 I_2 的关系称为变压器的外特性。变压器的外特性曲线如图5-10所示。

一般情况下，变压器的负载大多数是感性负载，为了减小电压的变化，可以在其两端并联电容器，以提高负载的功率因数。电压变化率是变压器的主要性能指标之一，人们总希望电压变化率越小越好，对于电力变压器，一般在5%左右。

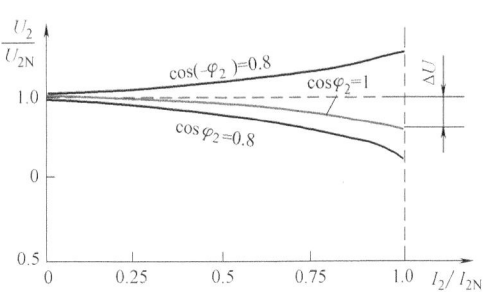

图5-10 变压器的外特性曲线

五、变压器的损耗和效率

1. 变压器的损耗

变压器一次输入功率为

$$P_1 = U_1 I_1 \cos\varphi_1$$

式中，U_1 为一次电压，I_1 为一次电流，φ_1 为一次电压和电流的相位差。

变压器二次输出功率为

$$P_2 = U_2 I_2 \cos\varphi_2$$

式中，U_2 为二次电压，I_2 为二次电流，φ_2 为二次电压和电流的相位差。

输入功率与输出功率之差就是变压器的损耗，即

$$P = P_1 - P_2$$

变压器的损耗包括铁损 P_{Fe}（磁滞损耗和涡流损耗）和铜损 P_{Cu}（绕组导线电阻通电产生的损耗），即

$$P = P_{Fe} + P_{Cu}$$

其中，铁损取决于电压，并与频率有关，铜损与一次、二次电流有关。它们的基本关系是：电流越大，铜损越大；频率越高，铁损越大。

2. 变压器的效率

变压器的效率是指变压器的输出功率和输入功率的百分比，即

$$\eta = P_2/P_1 \times 100\%$$

变压器的效率较高，大容量的变压器效率可达 98%～99%，小型变压器效率为 70%～80%。

六、单相变压器绕组的极性测定

1. 单相变压器的极性

变压器绕组的极性是指变压器一次、二次绕组在同一磁通作用下所产生的感应电动势之间的相位关系，通常用同名端来标记。同名端指在任意瞬间，两绕组中电动势极性相同的两个端钮，用符号"＊"或"．"表示，如图 5-11 所示。

2. 单相变压器绕组极性的判别方法

（1）直观法　绕组的极性是由它的绕制方法决定的，可以用直观法判定它们的极性。如图 5-11 所示，用右手螺旋法则来判定，从绕组的某一端通入电流，产生的磁通方向一致的端即为同名端（图 a 中 1、3 或 2、4，图 b 中 1、4 或 2、3）。同名端的绕向一致。

（2）直流法　如图 5-12 所示，当开关 S 闭合时，如果电流表正偏，则 A、a 为同名端；反之，当开关 S 闭合时，如果电流表反偏，则 A、x 为同名端。

（3）交流法　如图 5-13 所示，将 2、4 两端用导线连接起来，在 1、3 端加一交电压。如果 $U_3 = U_1 - U_2$，则 1、3（2、4）为同名端；如果 $U_3 = U_1 + U_2$，则 1、4（2、3）为同名端。

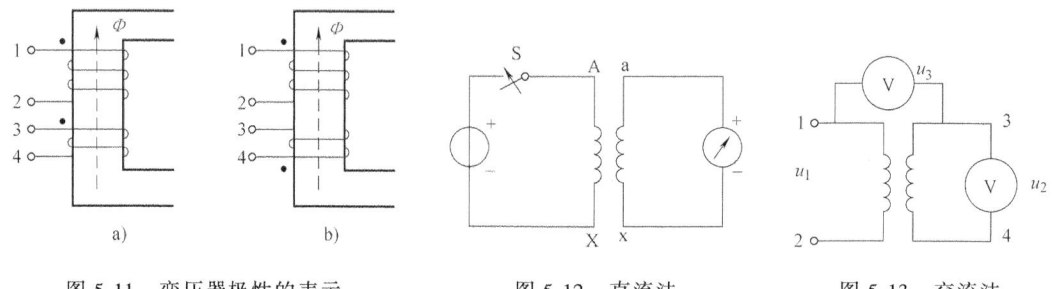

图 5-11　变压器极性的表示　　　图 5-12　直流法　　　图 5-13　交流法

 技能训练

用仪表测定变压器绕组的极性

一、实训目的

1）掌握单相变压器绕组的极性及其判定方法。
2）应用所学知识会进行变压器绕组极性的判定。

二、实训要求

1）利用所提供的器材完成单相变压器绕组极性的判别。
2）熟悉整个检测过程，组员间合作完成训练项目。

三、实训器材

直流电源一组（1.5V），开关一个，单相变压器一个，万用表一只，导线及辅助材料若干。

四、实训步骤

1. 直流（电流表）法测定

用直流法测单相变压器的极性时，为了安全起见，一般采用 1.5V 的干电池和万用表，在变压器高压绕组接通电源瞬间，根据低压绕组电流或者电压方向来确定变压器各出线端的极性。

测定步骤：

（1）设定线端　假定高压端为 A、X，低压端为 a、x，并做好标记。

（2）连接电路　如图 5-14 所示。

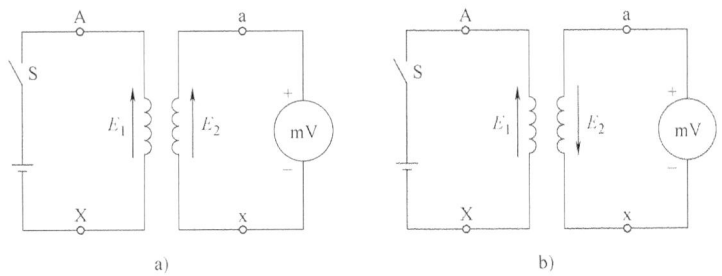

图 5-14　用直流法测定极性

（3）测定并判断　当合上开关 S 时，变压器铁心充磁，根据电磁感应定律，在变压器两绕组中有感应电动势产生，如果万用表指针正偏（右偏），则 A、a（X、x）为同极性端；若指针反偏，则 A、x（X、a）为同极性端。

2. 交流（电压表）法测定

用交流法测定单相变压器的极性时，是将高压绕组的尾端和低压绕组的尾端用导线连接起来，然后在变压器高压绕组首、尾端接入交流低压，如图 5-15 所示，用万用表交流电压档测量被测变压器的高压绕组、低压绕组以及高低压绕组之间的电压，来判定变压器的极性。

测量步骤：

（1）设置线端　假定高压绕组 1、2 端，低压绕组 3、4 端，并做好标记。

（2）连接电路　如图 5-15 所示，将变压器的高压绕组 1 端和低压绕组 3 端连接起来。

（3）测定判断　在高压绕组外施加便于测量的较低的电压，如 110V，用万用表交流电压档测量 U_1、U_2、U_3。若 $U_3 = U_1 + U_2$，则 1、3 或 2、4 为同名端；反之，若 $U_3 = U_1 - U_2$，则 1、4 或 2、3 为同名端。

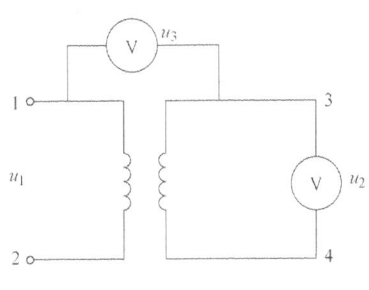

图 5-15　用交流法测定极性

五、注意事项

1) 选择合适的电池盒表的计量程。对于变比较大的电力变压器，应选用较高电压的电源（如6V）和小量程的毫伏级电压表；对变比小的电力变压器，应选用较高电压的电源（如1.5V）和较大量程的毫安级电流表。这样做的目的是为了使仪表上的指示比较明显，指针偏转超过最大刻度值的1/3以上。可用专门生产的中间为零的微安级电流表、毫安级电流表（俗称极性表）判别电力变压器的极性效果最佳。

2) 操作时，为保证人身安全和仪表安全，一般应先接好测量回路，再接通电源，判别清楚电源接通瞬间仪表的指针方向。注意电路接通瞬间仪表的指示方向与断开时的指示方向应相反。

变压器的铭牌及额定值

1. 铭牌

为了使变压器安全、经济、合理地运行，同时让用户对变压器的性能有所了解，制造厂家对每一台变压器都安装了一块铭牌，上面标明了变压器型号及各种参数。只有理解铭牌上各种参数的含义，才能正确地使用变压器。

2. 主要额定值

图 5-16 所示为配电站用的降压变压器铭牌，它将 10kV 的高压降为 400V 的低压，供三相负载使用。铭牌中的主要参数说明如下：

电力变压器

			高压		低压	
产品型号	S7-500/10	标准代号××××				
额定容量	500kV·A	产品代号××××				
额定电压	10kV	出厂序号××××				
额定频率	50Hz 3 相					
联结组标号	Y,yn0	开关位置	电压/V	电流/A	电压/V	电流/A
阻抗电压	4%	Ⅰ	10500	27.5		
冷却方式	油冷	Ⅱ	10000	28.9	400	721.7
使用条件	户外	Ⅲ	9500	30.4		
		××变压器厂		××年××月		

图 5-16 降压变压器的铭牌

3. 型号

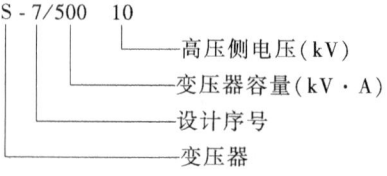

4. 额定电压 U_{1N} 和 U_{2N}

U_{1N} 是指变压器正常工作时加在一次绕组上的电压；U_{2N} 是指变压器空载时二次绕组的

电压值。在三相变压器中，额定电压是指线电压。单位是 V 或者 kV。

5. 额定电流 I_{1N} 和 I_{2N}

额定电流是指变压器一次、二次绕组连续运行时允许通过的满载电流值。在三相变压器中额定电流是指线电流。单位是 A。

6. 额定容量 S_N

额定容量是指变压器在额定工作状态下二次绕组的视在功率。在三相变压器中，S_N 是指三相总容量。单位是 kV·A。

单相变压器 $\qquad S_N = U_{1N} I_{1N} = U_{2N} I_{2N}$

三相变压器 $\qquad S_N = \sqrt{3}\, U_{1N} I_{1N} = \sqrt{3}\, U_{2N} I_{2N}$

模块测评

1. 变压器是一种（　　）的电气设备。
  A. 动态　　　　　B. 静止　　　　　C. 产生能量　　　D. 直接传输能量
2. 变压器铁心采用相互绝缘的硅钢片制造，主要目的是降低（　　）。
  A. 杂质损耗　　　B. 铜损　　　　　C. 涡流损耗　　　D. 磁滞损耗
3. 变压器有载运行时，主磁通由（　　）产生。
  A. 一次绕组的电流 I_1
  B. 二次绕组的电流 I_2
  C. 一次绕组的电流 I_1 与二次绕组的电流 I_2 共同
  D. 负载电流
4. 对于理想变压器来说，下列说法正确的是（　　）。
  A. 变压器可以改变各种电源的电压
  B. 变压器一次绕组的输入功率由二次绕组的输出功率决定
  C. 变压器不仅能改变电压，还能改变电流和频率
  D. 抽出变压器的铁心，互感现象依然存在，变压器仍能正常工作
5. 变压器不能变换交流电的（　　）。
  A. 电压　　　　　B. 电流　　　　　C. 相位　　　　　D. 频率
6. 降压变压器的结构特点是（　　）。
  A. 一次绕组匝数多，线径细　　　　B. 二次绕组匝数少，线径细
  C. 一次绕组匝数少，线径粗　　　　D. 二次绕组匝数多，线径粗
7. 变压器中起传递电能作用的是（　　）。
  A. 主磁通　　　　B. 漏磁通　　　　C. 电流　　　　　D. 电压
8. 变压器在实际运行时，下列各式正确的是（　　）。
  A. $E_1 = E_2 k$　　B. $U_1 = U_2 k$　　C. $I_2 = I_1 k$　　D. $U_1 I_1 = U_2 I_2$
9. 一台 380V/127V 的变压器，在使用时不慎将高压侧和低压侧接反，当在低压侧加上 380V 的电源后，高压侧（　　）。
  A. 有高压输出，绕组严重过热　　　B. 无高压输出，绕组严重过热
  C. 输出 380V 电压　　　　　　　　D. 有高压输出，绕组无过热现象
10. 变压器铁心损耗包括（　　）。

A. 铁损和铜损　　　　　　　　　　B. 可变损耗和不变损耗
C. 热损耗和冷损耗　　　　　　　　D. 磁滞损耗和涡流损耗

11. 变压器的负载电流增加时，其铜损（　　　）。
A. 不变　　　　B. 增大　　　　C. 减小　　　　D. 与负载无关

12. 关于变压器，下列说法正确的是（　　　）。
A. 影响变压器外特性的主要因素是负载的大小和性质
B. 变压器的铜损主要与电源的电压和频率有关
C. 变压器的铁损是不变损耗，所以对变压器的效率影响较小
D. 变压器在空载、轻载时铜损较小，所以空载、轻载状态下运行效率最高

13. 在220V的交流电路中，接入一理想变压器，一次绕组 $N_1 = 1000$ 匝，二次电压 $U_2 = 44V$，负载电阻 $R_L = 11\Omega$，求：（1）二次绕组匝数；（2）一次电流 I_1。

14. 理想变压器的电压比 $k = 2$，HL1、HL2、HL3 和 HL4 是完全相同的白炽灯，判断图 5-17 所示 4 只白炽灯的亮度。

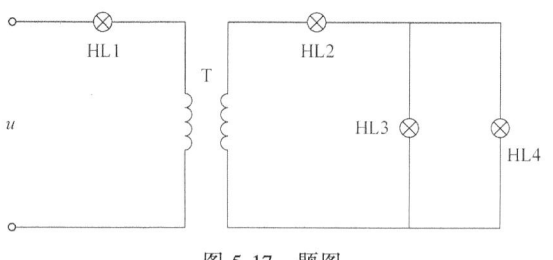

图 5-17　题图

单元六 电动机及其控制

电动机是一种将电能转换成机械能的设备。在机械、冶金、石油、化工及其他很多领域中，电动机都起着不可或缺的作用。本单元主要介绍三相异步电动机的结构、工作原理及绕组的接法。

模块一 三相异步电动机的结构和原理

学习目标

1）掌握三相异步电动机的基本结构。
2）熟知三相异步电动机的绕组接法。
3）理解并掌握三相异步电动机的工作原理。

能力目标

1）能够辨认电动机的各组成部分。
2）能根据需要对电动机三相绕组进行正确连接。

知识探究

一、三相异步电动机的结构

三相异步电动机的种类很多，从不同角度看，有不同的分类方法。若按转子绕组结构分类有：笼型异步电动机和绕线转子异步电动机两类。三相笼型异步电动机由于结构简单、运行可靠，使用维护方便、坚固耐用和价格低廉得到了广泛的应用。

三相异步电动机主要由定子和转子两大基本部分组成，在定子和转子间具有一定的气隙；此外，还有端盖、轴承、接线盒、冷却风扇等其他附件组成。如图6-1所示。

1. 定子

定子主要由定子铁心、定子绕组和机座三部分组成。定子铁心是异步电动机的磁路部分，它由厚度为0.35~0.5mm的硅钢片冲制叠压而成，由于硅钢片较薄而且片与片之间是绝缘的，所以减少了由于通过交变磁通而引起的铁心的涡流损耗。其内表面有许多分布均匀的沟槽，定子绕组就放置在槽内。定子绕组用绝缘铜线或铝线绕制，是电动机的电路部分。

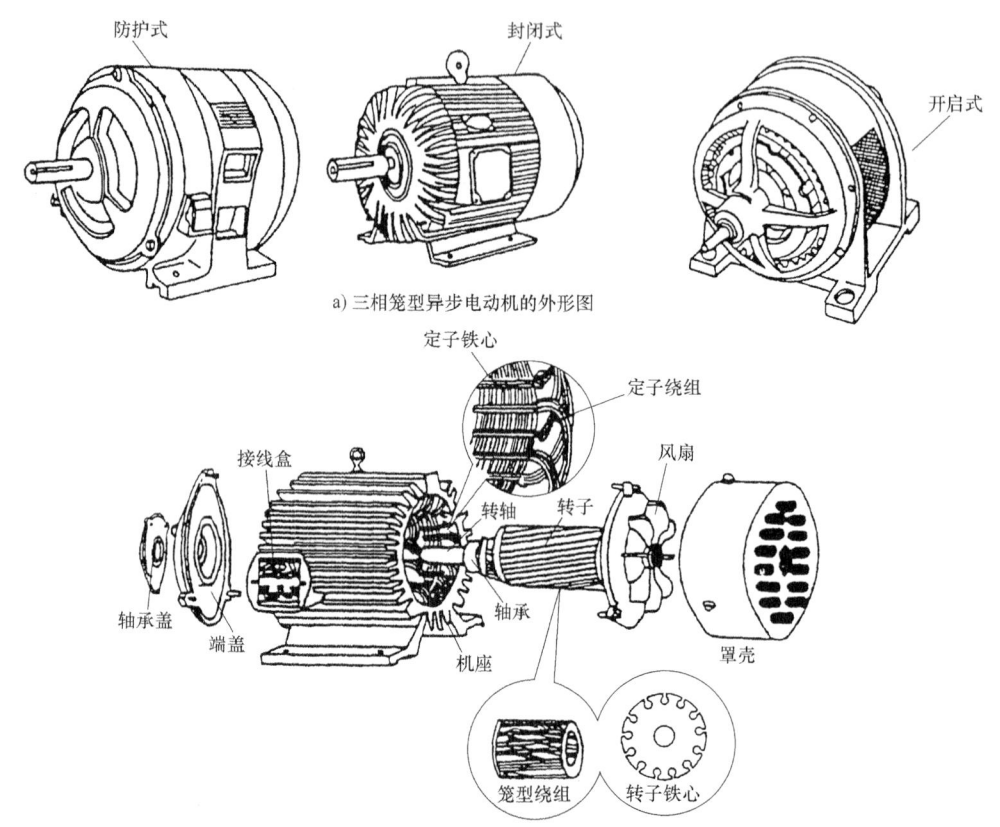

图 6-1 三相笼型异步电动机

定子三相绕组的结构完全对称,三个绕组在空间相互相差 120°电角度。

2. 转子

转子主要由转子铁心、转子绕组和转轴组成。转子铁心是电动机磁路的一部分,使用厚度为 0.35~0.5mm 的硅钢片冲制叠压而成,在外表面上有许多均匀分布的平行沟槽,槽内放置转子绕组。如图 6-2 所示。转子绕组分为笼型和绕线式两类,其作用是产生感生电动势和电磁转矩。笼型转子的每个槽内都有一根裸导体,在伸出铁心两端的槽口处,用两个端环把所有导体连接起来。

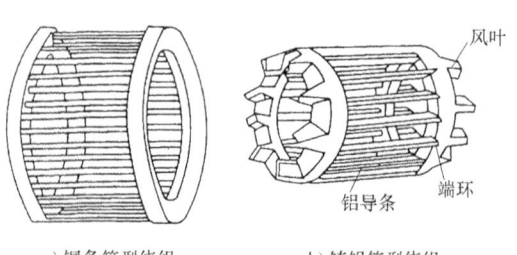

图 6-2 三相异步电动机的转子绕组结构示意图

二、三相异步电动机绕组的接法

三相异步电动机的定子绕组接法有两种,分别是星形(Y)联结和三角形(△)联结,具体采用哪种接法视电动机额定电压和电源电压而定。如图 6-3 所示。

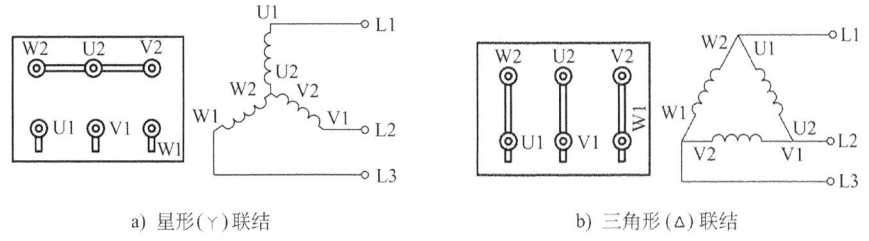

a) 星形(Y)联结　　　　　　　　b) 三角形(△)联结

图 6-3　三相异步电动机的接法

三、三相异步电动机的工作原理

当异步电动机的三相定子绕组通入三相对称的交流电流后，将产生一个旋转磁场，该旋转磁场切割转子绕组，从而在转子绕组中产生感应电流（转子绕组是闭合通路），载流的转子导体在定子旋转磁场作用下将产生电磁力，从而在电动机转轴上形成电磁转矩，驱动电动机旋转，如图 6-4 所示。

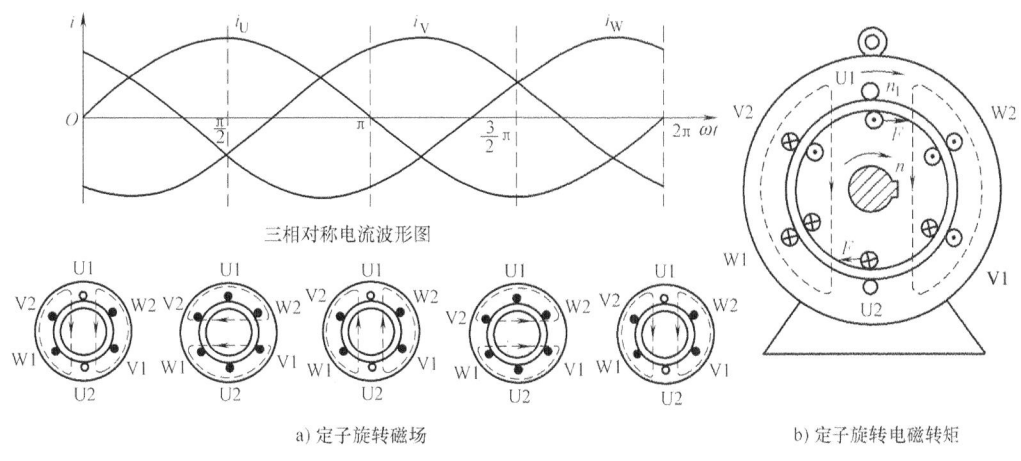

a) 定子旋转磁场　　　　　　　　　　b) 定子旋转电磁转矩

图 6-4　三相异步电动机的工作原理

特别强调：

1）电动机的旋转方向与旋转磁场方向相同。

2）电动机的转速 n 必须小于旋转磁场的转速 n_1（二者相差不大），闭合的转子绕组中才会有感生电流产生，并产生转矩驱使转子旋转；当 $n=n_1$，旋转磁场与转子绕组间就无相对运动，此时闭合的绕组中就不会产生电流，因此，也就不产生转矩驱动转子转动。所以，异步电动机转子转速一定小于旋转磁场转速（又称同步转速），这是异步电动机工作的必要条件。异步电动机的名称也由此而来。由于转子中的电流是电磁感应而产生的，因此，异步电动机又称为感应电动机。

由上分析可知：要使三相异步电动机转动，首要条件是要有一个旋转磁场。

四、旋转磁场的产生

三相绕组间彼此相差 120°（电角度），每一相绕组都由三相交流电源中的一相供电，每一相绕组均产生一个正弦交流磁场。对称的三相交流电流过对称的三相定子绕组所产生的合成磁场是一个旋转磁场。

特别强调：

1）旋转磁场的旋转方向由定子绕组的相序决定，只要改变电流的相序（即将接在定子绕组上三相电源中的任意两根对调），即可改变转向。

2）旋转磁场的极对数 p 与定子绕组的空间排列有关，通过适当的排列，可以制成多对磁极的旋转磁场。

通过分析，电流变化 1 个周期，两极的旋转磁场（$p=1$）在空间旋转 1 周。若定子旋转磁场为 4 极（$p=2$），电流变化 1 个周期，旋转磁场旋转半周（180°），由此可以看出，三相对称交流电流过三相对称绕组产生的旋转磁场，转速为

$$n_1 = 60f_1/p$$

式中　p——定子绕组的磁极对数；

　　　f_1——三相交流电的频率，单位为 Hz；

　　　n_1——旋转磁场的转速，单位为 r/min。

通常将同步转速 n_1 与转子转速之差称为转差，它反映了转子导体切割磁力线的快慢程度。将转差 n_1-n 与同步转速 n_1 的比值称为转差率，用 s 表示，即

$$s = n_1-n/n_1$$

电动机起动瞬间，由于 $n=0$，所以 $s=1$，此时转差率最大；随着转速的上升，转差率减小，理论上，当 $n=n_1$ 时，$s=0$；实际上在电动机正常工作时，$n \neq n_1$，因此 $0<s \leq 1$。额定负载时，中小型电动机转差率的范围一般在 0.01~0.05。

例 6-1　一台三相四极异步电动机，额定转速为 1440r/min，额定频率为 50Hz，计算该电动机的旋转磁场转速 n_1 和转差率 s。

解：

旋转磁场转速 $n_1 = 60f_1/p = 60×50/2\text{r/min} = 1500\text{r/min}$

转差率 $s = n_1-n/n = (1500-1440)/1500 = 0.04$

技能训练

三相异步电动机定子绕组首末端的判定

一、实训目的

1）会判别三相异步电动机定子绕组的首末端。
2）理解三个首端和三个尾端的极性关系。

二、实训要求

1）利用所提供的器材完成三相异步电动机定子绕组首末端的判定。
2）熟悉测量过程，同学合作完成训练项目。

三、实训器材

万用表一只，尖嘴钳一把，按钮一个，电池一套，三相异步电动机一台，导线等辅料

若干。

四、实训步骤

1）分清三相定子绕组各相的两个接线端，并进行编号。

2）将一相绕组接万用表的电流最小档，另一相绕组接直流电源和开关，如图 6-5 所示。

3）合上开关瞬间，若万用表指针右偏，则接电源正极的线端与万用表黑表笔所接的线端同为首端或末端；若指针反偏，则接电源的线端和万用表红表笔所接线端同为首端或末端。

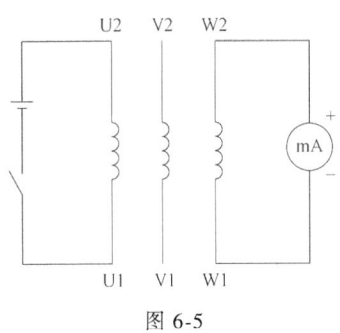

图 6-5

4）再将开关和电源接另一相两个线端进行测试，可以正确判定各相绕组的首末端。

五、注意事项

1）判断过程中，仔细观察开关合上瞬间的现象，得出结论。
2）首末端判定好之后，做好标记。

六、思考与拓展

查阅资料，分析三相异步电动机定子绕组的首末端的判定还有哪些方法？进行交流。

三相异步电动机的铭牌

如图 6-6 所示，电动机的铭牌安装在电动机外壳上，铭牌标明了电动机的型号和技术数据，供正确使用电动机时参考。

三相异步电动机					
型号	Y90L-4	电压	380V	接法	Y
容量	1.5kW	电流	3.7A	工作方式	S1
转速	1400r/min	功率因数	0.79	温升	80K
频率	50Hz	绝缘等级	B	出厂年月	×年×月
×××电机厂		产品编号		重量	24kg

图 6-6 三相异步电动机的铭牌示例

（1）型号　Y90L-4：

其中，Y——异步电动机。

　　90——中心高度（单位为 mm）。

　　L——机座类别（L 表示长机座、M 表示中机座、S 表示短机座）。

　　4——磁极数。

（2）额定功率 P_N　它指电动机在额定状态下运行时电动机转轴输出的机械功率，单位为 W 或 kW。

(3) 额定电压 U_N 它指电动机在额定状态下运行时加在定子绕组上的线电压,单位为 V 或 kV。

(4) 额定电流 I_N 它指电动机在额定状态下运行时,流入定子绕组中的线电流,单位为 A。

(5) 额定转速 n_N 它指电动机在额定状态下运行时转子的转速,单位为 r/min。

(6) 额定频率 f_N 它指电动机所用交流电源的频率,我国规定工频为 50Hz。

(7) 接法 它指电动机三相定子绕组的连接方法,有丫联结和△联结。铭牌上写△联结、额定电压 380V,表明电动机的额定电压为 380V 时应接成△联结。若铭牌上写着 380V/220V、丫/△联结,表明电源线电压为 380V 时应接成丫联结,电源线电压为 220V 时应接成△联结。

模块检测

1. 电动机属于(　　)的电气设备。
   A. 产生电能　　　　B. 消耗电能　　　　C. 储存电能　　　　D. 转移电能
2. 三相异步电动机的定子铁心及转子铁心均采用硅钢片叠成的原因是(　　)。
   A. 减小铁损　　　　B. 减小铜损　　　　C. 价格低廉　　　　D. 制造方便
3. 三相异步电动机的定子铁心及转子铁心冲片均涂有绝缘的目的是(　　)。
   A. 减小磁滞损耗　　B. 减小涡流损耗　　C. 减小铜损　　　　D. 制造方便
4. 不属于三相异步电动机磁路组成部分的是(　　)。
   A. 定子铁心　　　　B. 机座　　　　　　C. 转子绕组　　　　D. 气隙
5. 三相异步电动机的三相定子绕组在空间位置上彼此相差(　　)电角度。
   A. 60°　　　　　　B. 120°　　　　　　C. 180°　　　　　　D. 360°
6. 国产小型三相笼型异步电动机的转子绕组结构最广泛采用的是(　　)。
   A. 铜条结构转子　　B. 铸铝转子　　　　C. 绕线式转子　　　D. 双笼转子
7. 三相异步电动机工作时与电源直接相连的是(　　)。
   A. 定子铁心　　　　B. 定子绕组　　　　C. 转子铁心　　　　D. 转子绕组
8. 三相 4 极异步电动机,当定子电流变化 1 个周期,其磁场在空间旋转(　　)。
   A. $\frac{1}{2}$ 周　　　　B. 4 周　　　　　　C. 2 周　　　　　　D. $\frac{1}{4}$ 周
9. 只看三相异步电动机型号中的最后一个数字,能估算出该电动机的(　　)。
   A. 转矩　　　　　　B. 转速　　　　　　C. 转差率　　　　　D. 输出功率
10. 某三相异步电动机 $p=3$,接在工频 380V 的三相交流电源上,其转子转速为(　　)。
    A. 1000r/min　　　B. 1500r/min　　　C. 2950r/min　　　D. 970r/min
11. 升高交流电的频率,则三相异步电动机的同步转速(　　)。
    A. 升高　　　　　　　　　　　　　　B. 降低
    C. 保持不变　　　　　　　　　　　　D. 以上说法都不对
12. 常用的三相异步电动机在额定状态下的转差率 s 为(　　)。
    A. 0.2~0.6　　　　B. 0.01~0.05　　　C. 1~1.5　　　　　D. 0.5~1
13. 三相异步电动机的额定功率是指在额定工作状态下(　　)。

A. 定子绕组输入的电功率　　　　　　　　B. 转子中的电磁功率
C. 转轴上输出的机械功率　　　　　　　　D. 额定电压与额定电流的乘积

14. 三相对称电源的线电压为220V，三相异步电动机每相定子绕组的额定电压为220V，则应采用（　　）。

A. △联结　　　　B. Y联结　　　　C. 先Y联结，再△联结　　　　D. 无法确定

15. 某台三相笼型异步电动机的额定电压为220V/380V，接法为△/Y，若采用Y-△减压起动，则起动时每相定子绕组的电压是（　　）。

A. 110V　　　　B. 127V　　　　C. 220V　　　　D. 380V

16. 用直流法判别三相异步电动机首末端时，除导线外，用到的器材有（　　）。

A. 直流电源、电流表、开关　　　　　　B. 直流电源、电流表、万用表
C. 电流表、万用表、开关　　　　　　　D. 直流电源、开关、万用表

模块二　三相异步电动机控制电路及使用、维护和故障处理

电动机带动生产机械的系统称为电力拖动，其主要任务是实现对电动机的各种控制和保护。

学习目标

1）掌握常用电器的外形、结构、原理、符号、型号及安装使用方法。
2）熟练识读三相异步电动机控制电路图、接线图和布置图，并理解工作过程。
3）熟练掌握三相异步电动机手动、点动、接触器自锁控制电路的构成和工作原理。
4）熟练掌握三相异步电动机正反转控制电路的构成和工作原理。
5）掌握三相异步电动机Y-△减压起动控制电路的构成和工作原理。

能力目标

1）能绘制电气电路的接线图。
2）能按原理图熟练安装电气电路。
3）能用万用表对电路进行检测。
4）能排除电路常见故障。

知识探究

一、三相异步电动机的起动控制

电动机接通电源后，从开始转动到正常运行的过程称为起动。一般情况下，三相异步电动机起动瞬间的电流可达额定值的5~7倍。如此大的起动电流会使电网电压产生波动，影响其他电器的正常工作。因此，为了减小起动电流，产生合适的起动转矩，应采用适当的起动方法。

三相笼型异步电动机的起动方法有直接起动与减压起动两种，可根据电源变压器容量、电动机容量、电动机起动频繁程度和电动机拖动的机械设备等来分析是否可以采用直接起

动，也可用下面经验公式来确定：

$$\frac{I_{st}}{I_N} \leq \frac{3}{4} + \frac{S}{4P}$$

式中 I_{st}——电动机直接起动时的起动电流，单位为 A；

I_N——电动机额定电流，单位为 A；

S——电源变压器容量，单位为 kVA；

P——电动机额定功率，单位为 kW。

一般情况下，功率在 7.5kW 以下的异步电动机可以采用直接起动的方式。减压起动广泛应用于功率较大的三相异步电动机空载或轻载起动的场合。

二、三相异步电动机单向直接起动控制电路

1. 低压开关

低压开关一般作为手动切换电器，常用的类型有刀开关、组合开关和低压断路器，其外观及图形符号如图 6-7～图 6-9 所示。在电力拖动控制电路中，低压开关多用作机床电路的电源开关和局部照明电路的控制开关。有时也可用来控制小容量电动机的起动、停止和正反转。

低压断路器又称为自动低压断路器或自动空气断路器，简称断路器。它集控制和多种保护于一身，在电路工作正常时，它作为电源开关接通或分断电路；当电路中发生短路、过载或失电压等故障时，它能自动跳闸切断电路，起到保护作用。

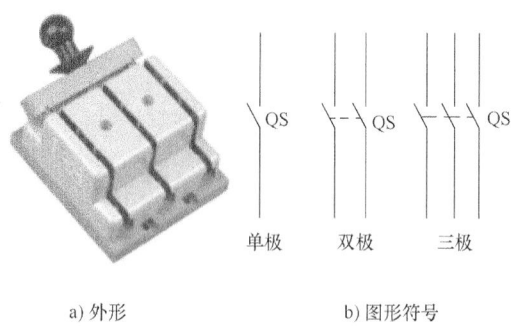

图 6-7 刀开关

2. 熔断器

（1）作用 它用在电路中做短路保护。使用时，熔断器应串联在被保护的电路中。当电路发生短路故障时，熔体迅速熔断分断电路，起到保护电路和电气设备的作用。

（2）结构 它主要有熔体、安装熔体的熔管和熔座三部分组成。熔体是熔断器的核心，有片状、丝状和栅状，制作熔体的材料一般有铅锡合金、锌、铜、银等。熔管是熔断器的保护壳，用耐热绝缘材料制成，在熔体融化时兼有灭弧作用。熔座是熔断器的底座，用于固定熔管和外接引线，如图 6-10 所示。

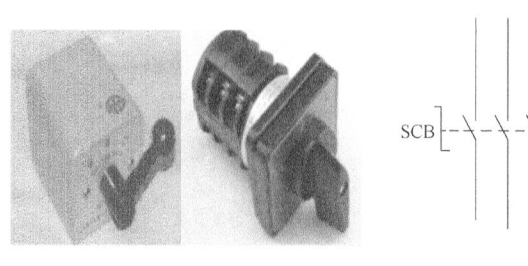

图 6-8 组合开关

（3）主要参数 包括额定电压和额定电流。熔断器的额定电压必须大于或等于被保护电路的额定电压，熔断器的额定电流必须大于或等于熔体的额定电流。普通的电路中熔体电流等于或稍大于负载电流即可。对于电动机而言，熔体电流应等于电动机额定电流的 1.5~2.5 倍。

单元六 电动机及其控制

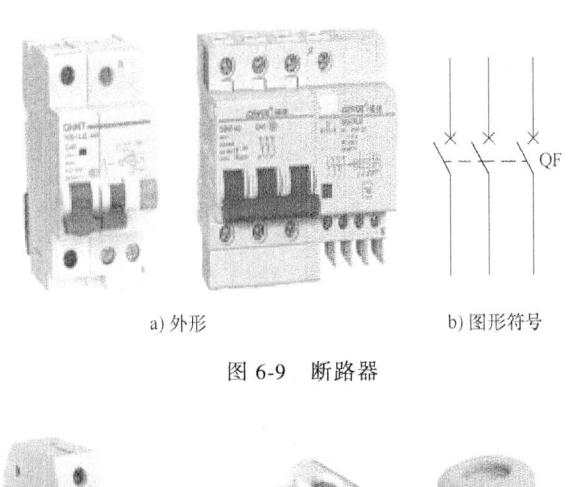

a) 外形　　　　b) 图形符号

图 6-9　断路器

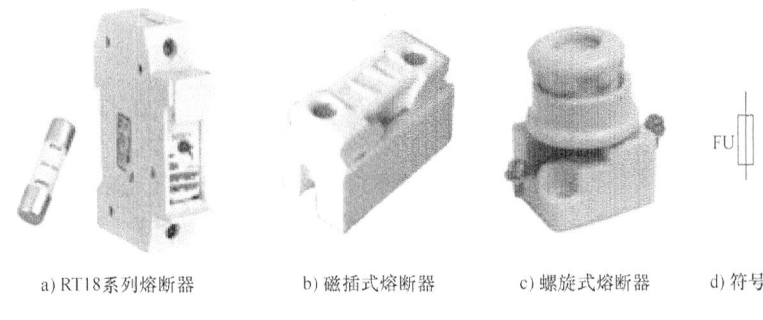

a) RT18系列熔断器　　b) 磁插式熔断器　　c) 螺旋式熔断器　　d) 符号

图 6-10　断路器外形示例及符号

3. 电路图

直接起动控制电路电气原理图如图 6-11 所示。

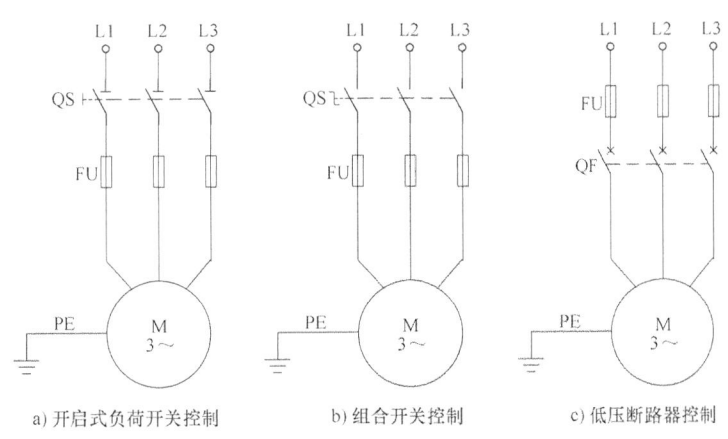

a) 开启式负荷开关控制　　b) 组合开关控制　　c) 低压断路器控制

图 6-11　直接起动控制电路电气原理图

三、三相异步电动机自锁正转控制电路

1. 按钮

按钮是一种手动操作接通或分断小电流控制电路的主令电器,允许通过的电流一般不超

过 5A。它不直接控制主电路通断，而是在控制电路中发出指令，通过控制接触器、继电器等电器去控制主电路的通断、功能转化或电气联锁。按钮具有复位功能。为了避免误操作，通常按钮上涂以不同颜色加以区分，停止按钮用红色，起动按钮用绿色。

按钮一般有按钮帽、复位弹簧、桥式动触头、静触头、支柱连杆及外壳等部分组成，如图 6-12 所示。

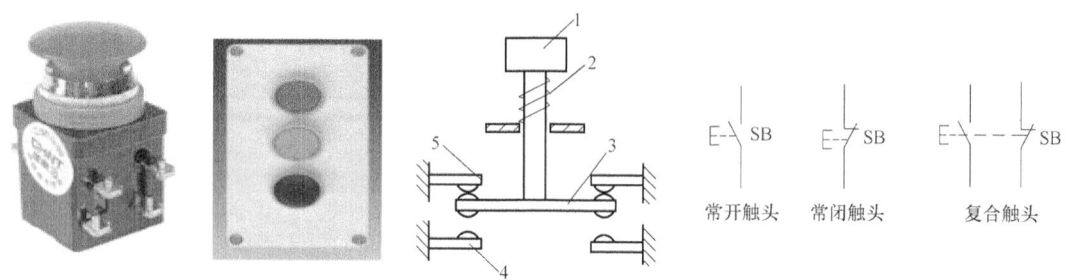

图 6-12　按钮外形、结构与符号

1—按钮帽　2—复位弹簧　3—动触头　4—常开（动合）静触头　5—常闭（动断）静触头

2. 交流接触器

接触器是一种用来自动接通或断开大电流电路并可实现远距离控制的电器。它不仅具有欠电压和失电压保护功能，而且还具有控制容量大、过载能力强、寿命长、设备简单经济等特点，在电力拖动控制电路中得到了广泛应用。接触器类似于一个电磁开关。图 6-13 所示是交流接触器的外形及符号。

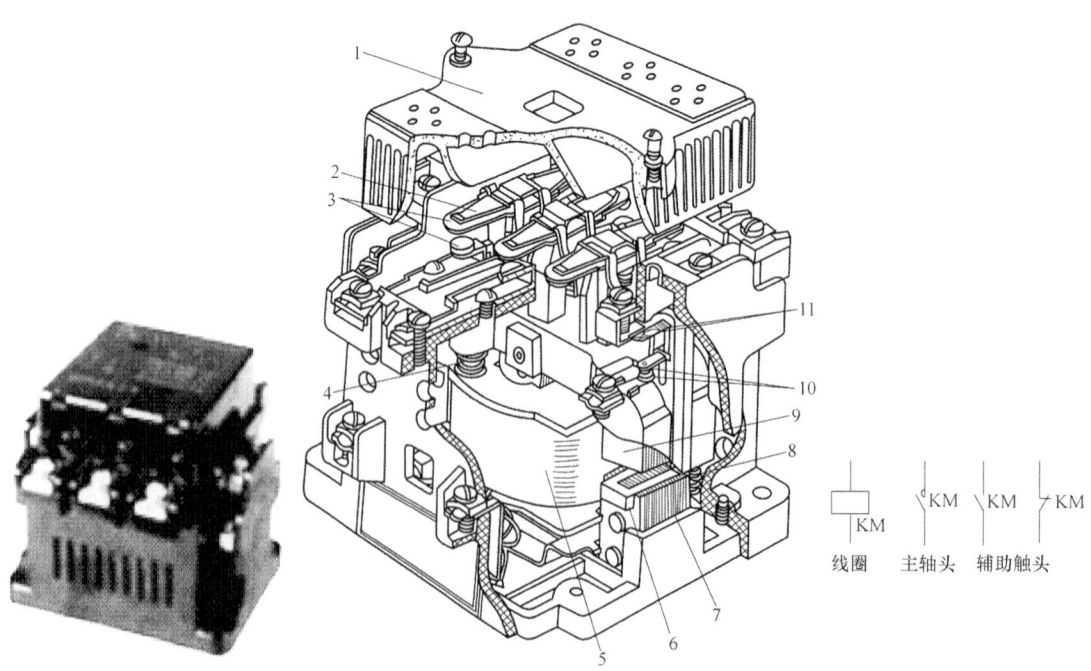

图 6-13　交流接触器的外形、结构及符号

1—灭弧罩　2—静触头压力弹簧片　3—主触头　4—反作用弹簧　5—线圈　6—短路环
7—静铁心　8—弹簧　9—动铁心　10—辅助常开触头　11—辅助常闭触头

（1）电磁系统 主要有线圈、静铁心和动铁心（衔铁）三部分组成。铁心是交流接触器发热的主要部件，动、静铁心一般有 E 形硅钢片叠压而成，以减少铁心的磁滞损耗和涡流损耗，避免铁心发热。另外，在铁心的中柱端面留有 0.1~0.2mm 的气隙，以减小剩磁影响。静铁心的两个端面上嵌有短路环，用以减少电磁系统的振动和噪声，如图 6-14 所示。

（2）触头机构 按通断能力可分为主触头和辅助触头。主触头用于通断电流较大的主电路，一般由三对常开触头组成；辅助触头用于通断电流较小的控制电路，一般由两对常开触头和两对常闭触头组成。所谓的常开和常闭，是指电磁系统未通电动作前触头的状态。常开触头和常闭触头是联动的。当线圈通电时，常闭触头先断开，然后常开触头才闭合，中间有个很短的时间差。当线圈断电时，常开触头先恢复分断，随后常闭触头恢复闭合，中间也有个很短的时间差。这个时间差虽然很短，但对分析电路的控制原理却很重要。

交流接触器的触头按接触情况可分为点接触式、线接触式和面接触式三种。按触头的结构形式可分为桥式触头和指式触头。CJ10 和 CJ20 系列交流接触器的触头一般采用双断点桥式触头。

（3）灭弧装置 在断开大电流或高电压的电路时，会在动、静触头之间产生很强的电弧。电弧是触头间气体在强电场作用下产生的放电现象。它一方面会灼伤触头，缩短触头寿命；另一方面会使电路切断的时间延长，甚至造成弧光短路或引起火灾事故。因此，触头间的电弧应尽快熄灭。对于较小容量的接触器，一般采用双断口结构的电动力灭弧装置；对于较大容量的交流接触器，多采用纵缝灭弧或栅片来灭弧。

（4）辅助部件 主要有反作用弹簧、触头压力弹簧、传动机构、底座及接线柱等。它们的作用是辅助电磁系统和触头系统的动作。

（5）接触器的工作原理 线圈通电后，在铁心中产生磁通及电磁吸力。此电磁吸力克服弹簧反力使得衔铁吸合，带动触头机构动作，使得常闭触头断开、常开触头闭合。当线圈断电或线圈两端电压显著降低时，电磁吸力小于弹簧反力，使得衔铁释放，触头机构恢复常态。

3. 热继电器

热继电器是利用电流的热效应工作的一种保护类电器，它用作电动机的过载保护、断相保护、电流不平衡运行的保护及其他电器设备发热状态的控制。热继电器有多种形式，如双金属片式、热敏电阻式、易熔合金式，其中双金属片式应用最多；按极数不同，分为单极、两极和三极；按复位方式不同，可分为自动复位式和手动复位式。热继电器可以安装在底座上，然后固定到导轨上，也可以和接触器直接连接。图 6-14 所示为热继电器的外形示例和符号。

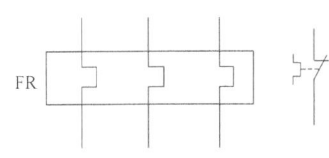

图 6-14 热继电器的外形示例和符号

（1）内部结构 图6-15所示为一种三极式双金属片式热继电器的结构图。它主要由热元件、传动机构、常闭触头、电流整定装置和复位按钮组成。热继电器的热元件由主双金属片和绕在外面的电阻丝组成，主双金属片由两种热膨胀系数不同的金属片复合而成。

（2）热继电器的工作原理 当主电路电流过大超过允许值时，双金属片5发热弯曲，推动传动机构使静触头8和动触头9分断，从而切断电路。

4. 电动机点动正转控制电路

按下按钮电动机得电运转，松开按钮电动机失电停转的控制方法称为点动控制，如图6-16所示。

点动正转控制电路的优点是所用电气元器件少、电路简单；缺点是操作强度大、安全性差，且不易实现远距离控制和自动控制。生产中车床、升降机等的控制多采用按钮点动控制来实现电动机的通断电。它是通过按钮—主令电器和自动控制电器—接触器来实现电路的自动控制。

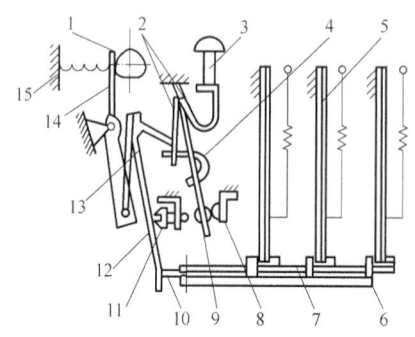

图6-15 热继电器的结构示意图
1—电流调节凸轮 2—片簧 3—复位按钮
4—弓簧 5—双金属片 6—外导板
7—内导板 8—静触头 9—动触头
10—杠杆 11—复位调节螺钉 12—补偿双金属片
13—推杆 14—连杆 15—压簧

工作原理如下：

合上电源开关QS。

1）起动：按下按钮SB→KM线圈得电→KM常开主触点闭合→电动机M起动运转。

2）停止：松开按钮SB→KM线圈失电→KM常开主触点断开→电动机M失电停转。

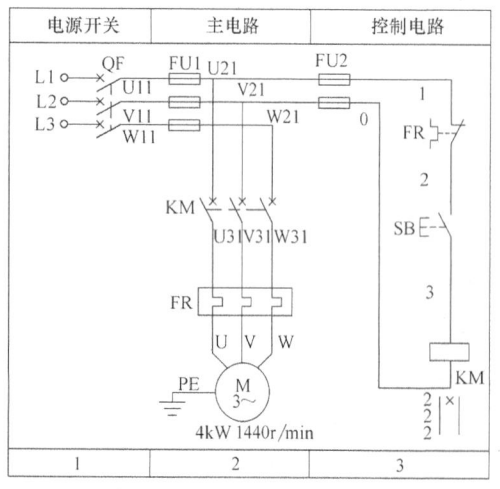

图6-16 电动机点动控制电路

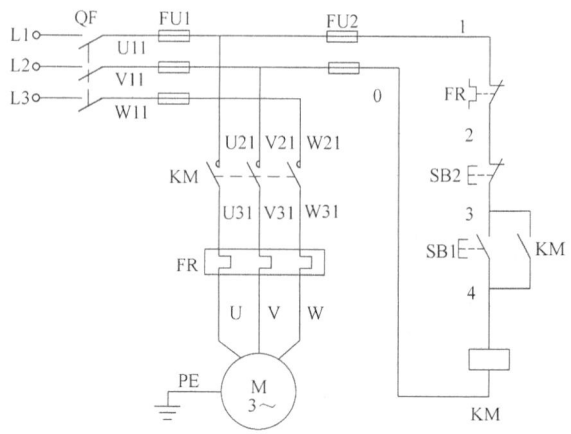

图6-17 电动机自锁正转控制电路

5. 电动机自锁正转控制电路

如图 6-17 所示，其主电路与图 6-16 相同，只是在控制电路中串联了一个停止按钮，在起动按钮两端并联了接触器的一个常开辅助触点。

（1）工作原理

合上电源开关 QF。

1) 起动：按下按钮SB1 → KM线圈得电 → KM主触点闭合 → 电动机M起动运转。
   → KM常开辅助触点闭合

2) 松开 SB1：由于 KM 常开辅助触点闭合，KM 线圈仍得电，电动机 M 继续运转。

3) 停止：按下按钮SB2 → KM线圈失电 → KM主触点断开 → 电动机M失电停转。
   → KM自锁触点断开

（2）自锁 当起动按钮松开后，接触器 KM 通过自身常开辅助触点而使线圈保持得电的作用称为自锁。与起动按钮 SB1 并联起自锁作用的常开辅助触点称为自锁触点。如图 6-17 所示的电路称为接触器自锁控制电路。

（3）电路的保护功能 在图 6-17 所示的接触器自锁正转控制电路中，具有以下保护功能：

1) 短路保护：由熔断器 FU1、FU2 分别实现对主电路与控制电路的短路保护。

2) 过载保护：由热继电器 FR 实现电动机的长期过载保护。

3) 欠电压保护：是指当电路电压下降到某一数值时，电动机能自动脱离电源而停转，避免电动机在欠电压下运行的一种保护。

4) 失电压保护：是指电动机在正常运行中，由于某种原因引起突然断电时，能自动切断电动机电源的保护；当重新供电时，保证电动机不自行起动的保护。

四、识读电气控制系统图

电气控制系统图是采用统一的图形符号和文字符号来表达电气设备控制系统的组成结构、工作原理及安装、调试和检修等技术要求，一般包括电气原理图、电器布置图和电气接线图。

1. 电气原理图

电气原理图一般由主电路、控制电路、辅助电路、保护及联锁环节以及特殊控制电路等部分组成，如图 6-16 和图 6-17 所示。

2. 电器布置图

电器布置图是根据电气元件在控制板上的实际安装位置，采用简化的外形符号（如正方形、矩形、圆形等）绘制的一种简图，如图 6-18 所示。

3. 电气接线图

电气接线图是根据电气设备和电气元件的实际位置和安装情况绘制的，用于表示电气设备和电气元件的位置、配线方式和接线方式，如图 6-18 所示。

4. 绘制电气接线图

（1）电气接线图的绘制规则

1) 电气元件的图形符号、文字符号应与电气原理图标注完全一致。

2) 各电气元件各端子的标号必须与电气原理图上的标号一致。

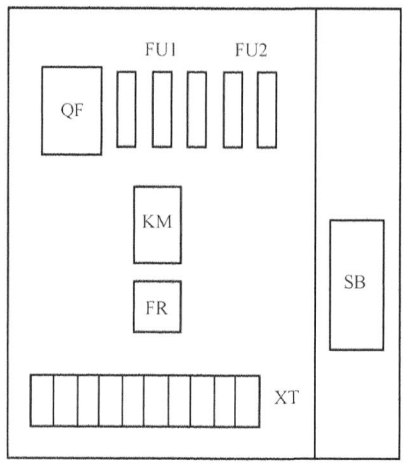

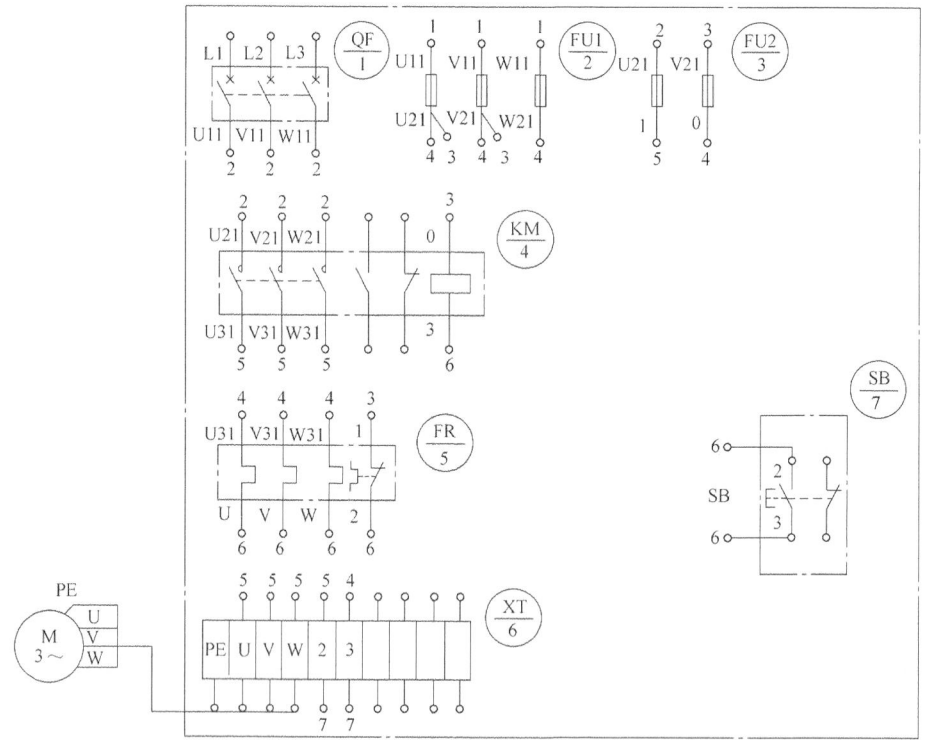

图 6-18 布置图和接线图

3）走向相同的多根导线可用单线或线束表示。
4）接线图中应标明连接导线的规格、型号、根数、颜色和穿线管的尺寸等。
(2) 电气接线图绘制的简要步骤
1）标线号。
2）画元器件框及符号。
3）分配元器件编号。
4）填充连线的走向和线号。

五、三相异步电动机点动与连续混合控制电路

机床设备在正常工作时,一般需要电动机处在连续工作状态。但在试车或调整刀具与工件的相对位置时,又需要电动机能点动控制。点动与连续混合控制电路电路图如图 6-19 所示。

图 6-19a 所示电路是在具有过载保护的接触器自锁单向运转控制电路的基础上,把手动开关 SA 串接在自锁电路中。当把开关 SA 闭合或打开时,就可实现电动机的连续或点动运转。

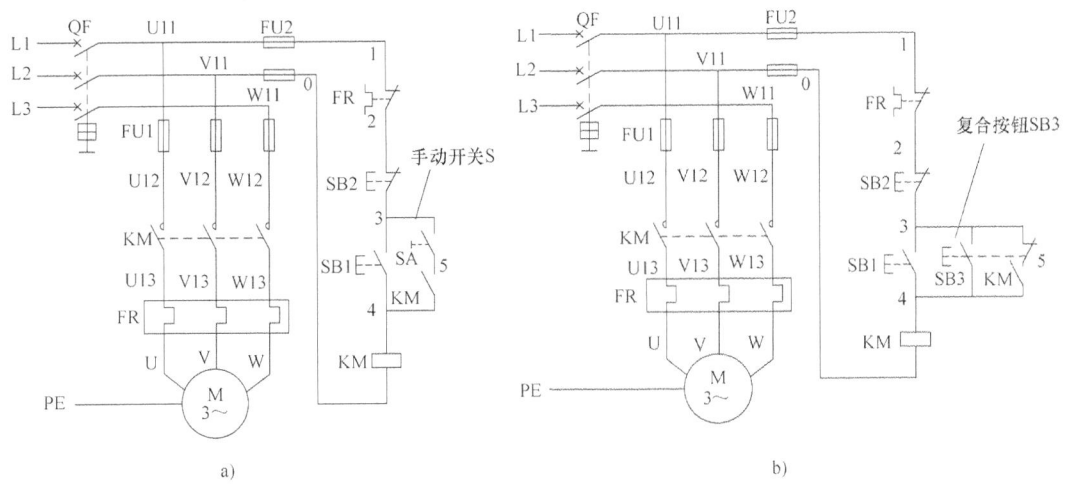

图 6-19 点动与连续混合控制电路图

图 6-19b 所示电路是在具有过载保护的接触器自锁单向运转控制电路的基础上,增加了一个复合按钮 SB3 来实现连续与点动混合单向运转控制。按下按钮 SB1 即为连续运转,按下按钮 SB3 即为点动运转。

工作原理如下:

1. 连续控制

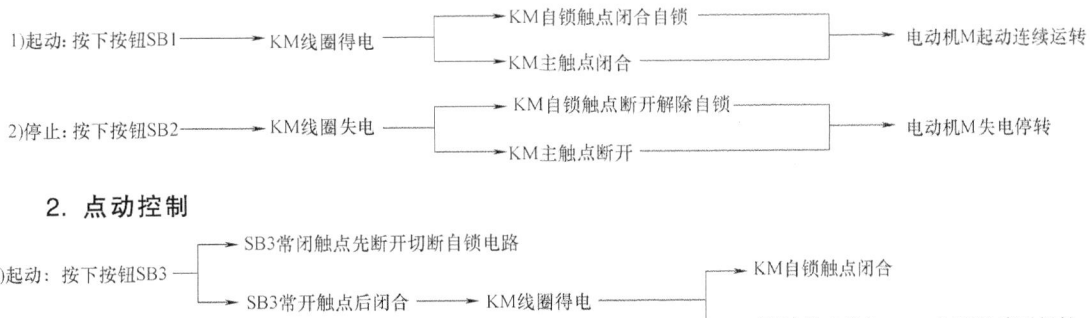

2. 点动控制

六、三相异步电动机正反转控制电路

一般生产机械往往要求运动部件能向正反两个方向运动,如机床工作台的前进与后退、主轴的正转与反转、起重机的上升与下降等,这些生产机械要求电动机能实现正反转控制。当改变通入三相异步电动机定子绕组的三相电源相序,即将接入电动机三相电源进线中的任意两相对调时,就可以使三相异步电动机实现反转。

1. 倒顺开关正反转控制电路

倒顺开关也称为可逆转换开关,常见的有 HZ3-132 型和 QX1-13N1/4.5 型,它属于组合开关类型,但与一般的组合开关不同。倒顺开关的外形结构如图 6-20b 所示,开关有顺、停、倒三个位置,倒顺开关正反转控制电路一般用于额定电流 10A 以下、功率在 4.5kW 以下的小功率电动机控制。

应该注意的是,倒顺开关的手柄只能从"停"位置左转 45°或右转 45°。当电动机处于正转状态时,要使它反转,应先把手柄扳到"停"的位置,使电动机先停转,然后再把手柄扳到"倒"的位置,使电动机反转。若直接将手柄由"顺"扳到"倒"的位置,电动机的定子绕组会因为电源突然反接而产生很大的反接电流,容易因过热而损坏。

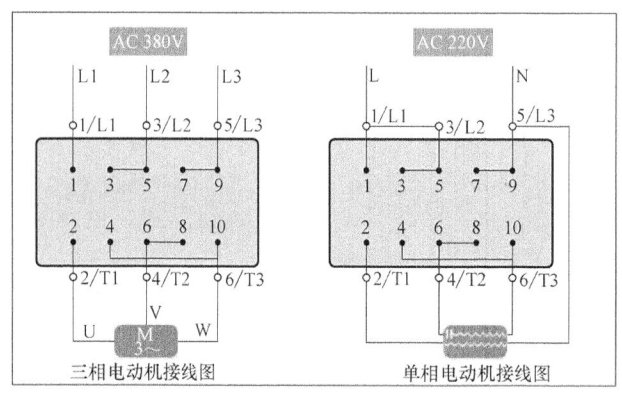

a) 倒顺开关接线图   b) 外形结构图

图 6-20 倒顺开关

2. 接触器联锁正反转控制电路

倒顺开关正反转控制电路适用于较小容量电动机的正反转控制,在生产实践中常用的是接触器正反转控制电路。如图 6-21a 所示电路用到的低压电气元件有转换开关、熔断器、按钮、交流接触器、热继电器。其中 QS 为电源总开关,FU1 为主电路短路保护,FU2 为控制电路短路保护,FR 为过载保护,KM1 控制电动机 M 正转时电源的通断,KM2 控制电动机 M 反转时电源的通断,SB1 为电动机正转的起动按钮,SB2 为电动机反转的起动按钮,SB3 为电动机的断电按钮。

当 KM1 的 3 个主触点接通时,三相电源按 L1—L2—L3 的相序接入电动机;而当 KM2 的 3 个主触点接通时,三相电源按 L3—L2—L1 的相序接入电动机。所以当两接触器分别工作时,电动机的旋转方向相反。这种控制电路不允许接触器 KM1 和 KM2 同时通电,否则它们的主触点同时闭合,将造成 L1 和 L3 两相电源短路。为此,在其控制电路中分别串联了对方接触器的常开触点。这样,当一个接触器得电动作时,其常闭触点断开,使另一个接触器不能得电动作。接触器间这种相互制约的作用称为接触器联锁（或互锁）。实现联锁作用的常闭辅助触点称为联锁触点（或互锁触点）。图 6-21b 所示电路操作安全可靠，应用非常可靠。

接触器联锁正反转控制电路的工作原理如下。

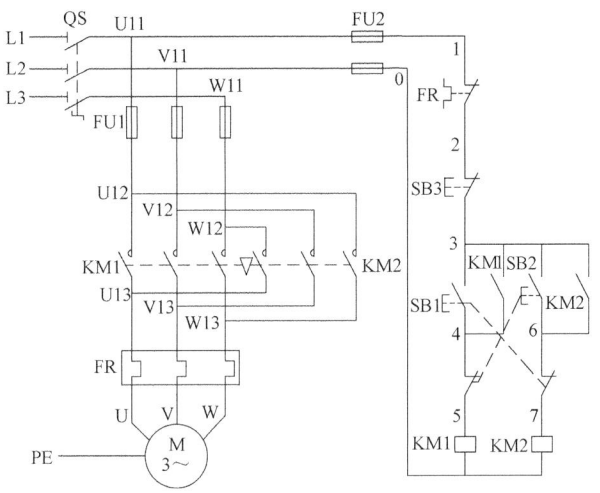

a) 按钮联锁正反转控制电路

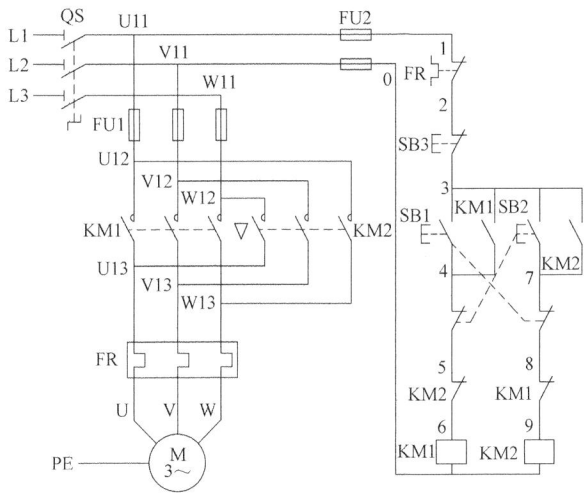

b) 按钮、接触器双联锁控制电路

图 6-21 接触器正反转控制电路

合上电源开关 QS。

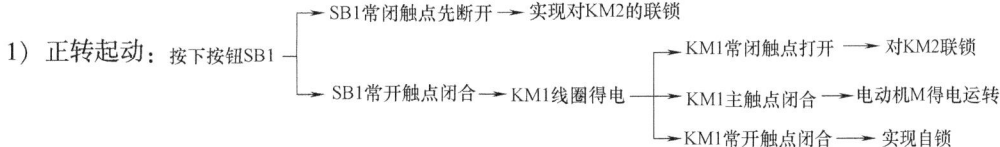

2）反转起动：按下按钮SB2
- SB2常闭触点先断开 → 实现对KM2的联锁
- SB2常开触点闭合 → KM2线圈得电
  - KM2常闭触点打开 → 对KM1联锁
  - KM2主触点闭合 → 电动机M得电运转
  - KM2常开触点闭合 → 实现自锁

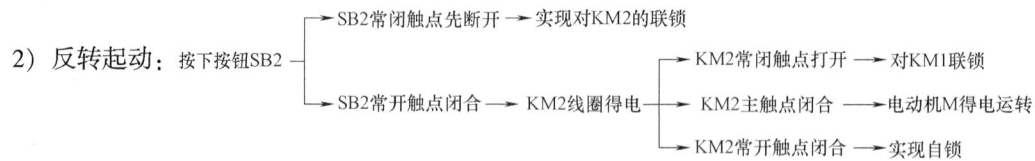

3）若要停止，按下按钮SB3，整个控制电路断电，主触头断开，电动机M失电停转。

七、三相异步电动机 Y-△ 减压起动控制电路

减压起动是利用起动设备将电源电压降低后加在电动机定子绕组上进行起动，起动结束后再将其电压恢复到额定值。减压起动的目的在于减小起动电流，但起动转矩也将降低，因此减压起动仅适用于电动机轻载或空载起动。

常见的减压起动方法有：定子绕组串电阻或电抗器减压起动、自耦变压器减压起动、Y-△ 减压起动等。

1. 时间继电器

时间继电器种类很多，常用的有空气阻尼式、电磁式、电动式和电子式。

图 6-22 所示是电子式时间继电器的外形。它是一种使用在较低的电压或较小电流的电路上，用来接通或切断较高电压、较大电流的电路的电气元件。

电子式时间继电器采用晶体管或集成电路和电子元件等构成，具有体积小、重量轻、延时准确度高、延时范围广、抗干扰能力强、可靠性好、寿命长等特点，适用于各种要求高精度、可靠性高的自动控制场所。图 6-23 所示是时间继电器的电路图形符号和文字符号。

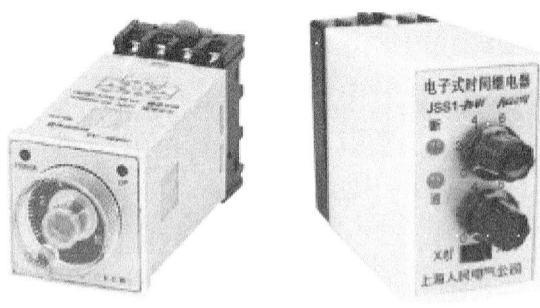

图 6-22 电子式时间继电器

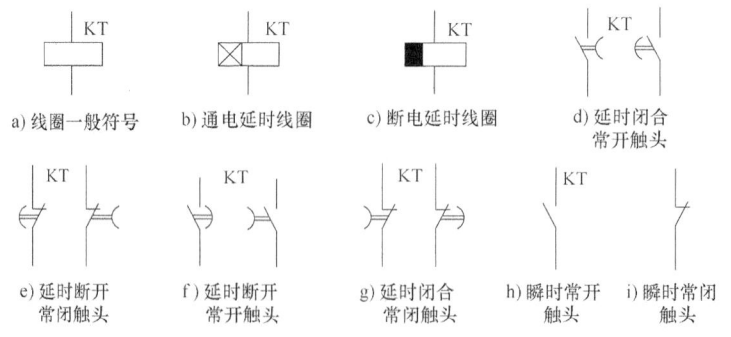

a) 线圈一般符号　b) 通电延时线圈　c) 断电延时线圈　d) 延时闭合常开触头
e) 延时断开常闭触头　f) 延时断开常开触头　g) 延时闭合常闭触头　h) 瞬时常开触头　i) 瞬时常闭触头

图 6-23 时间继电器的符号

使用时间继电器时，应根据延时方式、延时精度、延时范围、触点形式及工作环境因素确定采用何种形式的时间继电器，然后再选择线圈的额定电压。

2. Y-△ 减压起动控制电路分析

Y-△ 减压起动是指电动机起动时，把定子绕组 Y 联结，以降低起动电压、限制起动电

流，待电动机起动后，再把定子绕组改成△联结。只有定子绕组正常运行时是△联结的异步电动机才可以采用丫-△减压起动的方法。Y 系列笼型异步电动机的功率在 4.0kW 以上的定子绕组一般可以采用丫-△减压起动的方法。

图 6-24a 所示为定子绕组丫-△接线示意图，U1、V1、W1 为三相绕组首端，U2、V2、W2 为三相绕组尾端；当 KM丫的常开主触点闭合、KM△的常开主触点断开时，三相绕组采用丫联结，如图 6-24b 所示；当 KM丫的常开主触点断开、KM△的常开主触点闭合时采用△联结，如图 6-24c 所示。

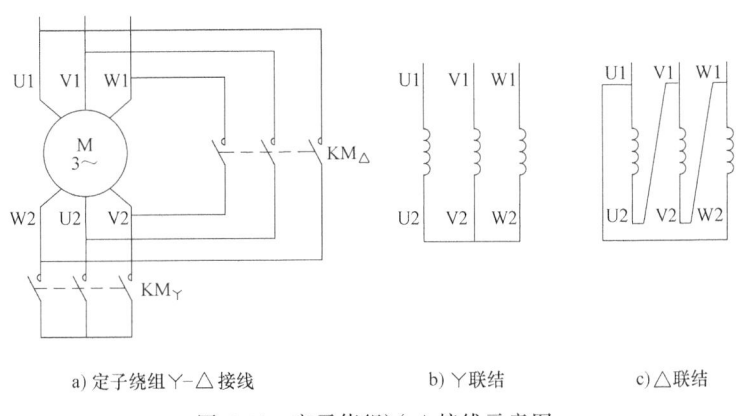

a) 定子绕组丫-△接线　　　　b) 丫联结　　　　c) △联结

图 6-24　定子绕组丫-△接线示意图

常用的丫-△减压起动器有 QX3-13、QX3-30、QX3-55、QX3-125 等型号，其中 QX3 后面的数字是指额定电压为 380V 时，起动器可控制电动机的最大功率值（以 kW 计）。

图 6-25 所示为采用 QX3-13 型降压起动器的丫-△减压起动的电路。图中主电路通过 3 个接触器 KM、KM丫、KM△ 主触点的通断配合，将电动机的定子绕组分别采用丫联结或△联结。当 KM、KM丫 线圈通电吸合时，定子绕组采用丫联结；当 KM、KM△ 线圈通电吸合时，定子绕组采用△联结。时间继电器 KT 用来控制电动机绕组丫起动时的时间和△运转状态的改变。

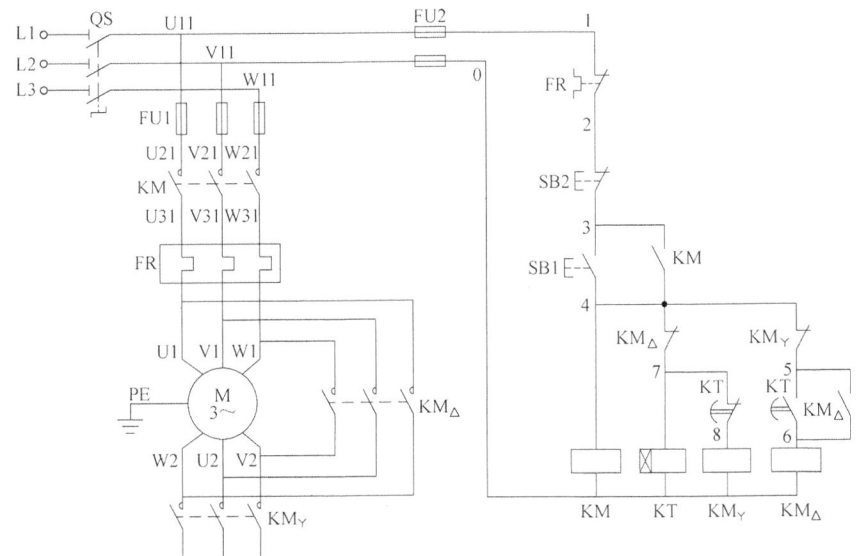

图 6-25　丫-△减压起动控制电路

电路工作原理如下。

合上电源开关 QS，起动：

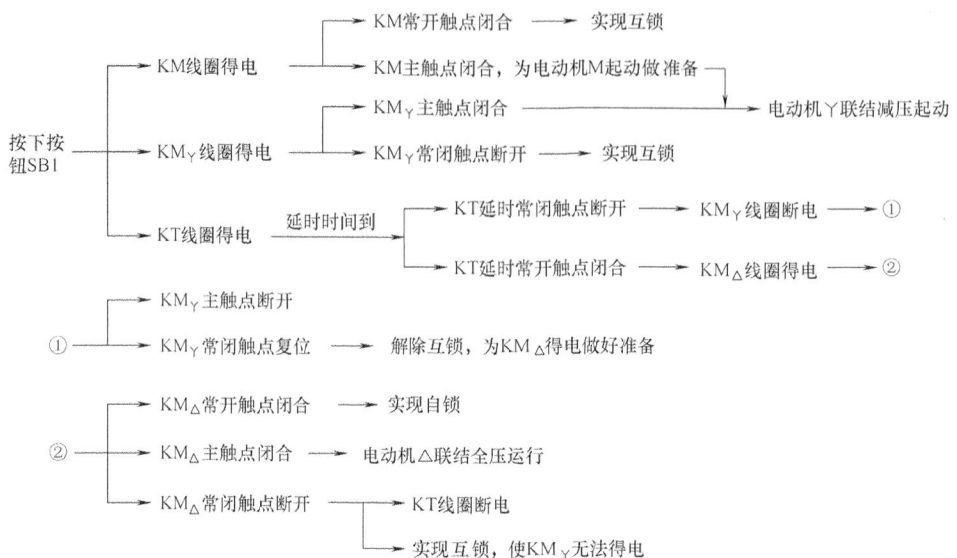

三相异步电动机手动正转电路的安装

一、实训目的

1）识读三相异步电动机手动正转电路图。
2）能正确安装和检修电路。

二、实训要求

1）根据原理图进行电路分析、器件选择、布线设计、导线制作等项目，完成三相异步电动机手动正转电路网孔板的配线及安装。

2）能通过用眼观察、仪表检测学会对电路检修及排除故障。
3）安装过程中要仔细认真，走线要规范，符合电工配线工艺要求。

三、实训器材

按材料明细配齐本任务所用元器件，并认识和熟悉器件的正确选择使用，如图 6-26 所示。
1）电工通用工具，如验电笔、螺钉旋具、剥线钳、尖嘴钳、电工刀等。
2）万用表。
3）三相异步电动机 1 台、熔断器、低压断路器、端子排、木螺钉、导线、接地保护线（PE）。

四、实训步骤及工艺要求

1. 明确该电路所用电器及作用，熟悉电路的工作过程

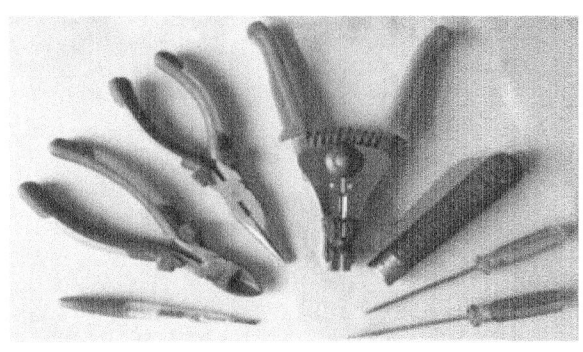

图 6-26 电工工具及仪表

2. 检查所用的电气元件

工艺要求如下：

1）根据电动机规格选配低压开关、熔断器、导线。
2）所选元器件的外观应完整无损，附件、备件齐全。
3）用万用表、绝缘电阻表检测电气元器件及电动机的相关数据。

3. 安装元器件

按图 6-27 所示，根据工艺要求布置、安装元器件。电气元器件的安装应牢固，布置应合理。安装组合开关和熔断器时，在电源进线侧装熔断器。

4. 布线

按电路原理图连接电路，接线时必须先接负载端后接电源端；先接地线，后接三相电源线。

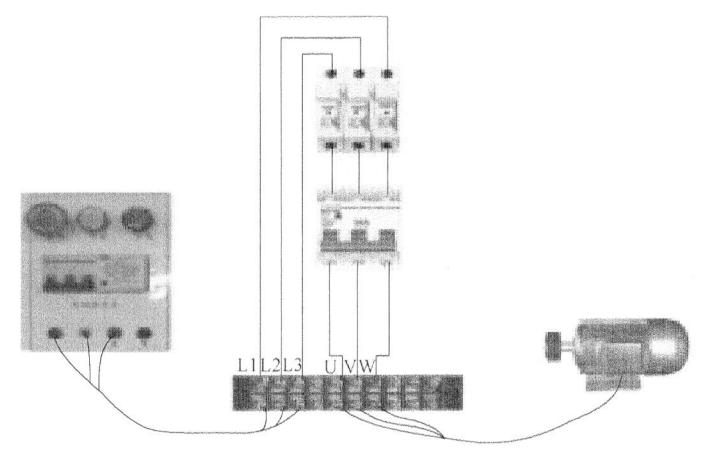

图 6-27 三相异步电动机手动正转电路接线图

五、自检排除故障

安装完毕的电路板，必须经过认真检查后，才能通电试车。

（1）接线检查　从外观检查接线有无漏接、错接，压接是否牢固，有无漏铜和毛刺。
（2）用万用表检测　用万用表欧姆档，选择合适档位，用指针表时应进行欧姆调零。断开开关 QF，检查 L1-U1、L2-V1、L3-W1 之间的电阻值为无穷大；合上开关 QF，万用表的上述读数应为零。否则，要检查开关 QF 和熔断器 FU。

六、装接电动机

1）电路板必须安装在操作时能看到电动机的地方，以保证操作安全。
2）电动机的固定必须牢固。
3）电动机使用的电源电压和绕组的接法必须和铭牌上规定的要求一致。

七、通电试车

1）为保证人身安全，在通电试车时，要认真执行安全操作规程的相关规定，一人监护，一人操作。试车前，应检查与通电试车有关的电气设备是否有不安全的因素存在，若有，应立即整改，然后方能试车。

2）通电试车前，必须征得指导教师同意，并有教师在场监督。学生接通三相交流电源，依次合上电源开关，观察电路是否正常，元器件动作是否灵活，有无卡阻及噪声过大等现象。观察过程中若发现异样，立即停车检修。

3）若带电检修，指导教师必须在场监护。检修完毕，再次试车，并做好记录。

4）试车完毕，切断电源，待电动机停止转动后，先拆三相交流电源线，再拆除电动机接线。

5）训练必须在规定的时间内完成。

八、清理现场

实训结束后清理现场，收好工具、仪表，整理实训台。

[课后思考] 电动机不能起动的原因有哪些呢？

模块检测

1. 交流接触器在电力拖动控制电路中的保护作用为（　　）。
   A. 短路保护　　　B. 欠电压、失电压保护　　　C. 过载保护　　　D. 过电流保护
2. 交流接触器的线圈电压过低将导致（　　）。
   A. 线圈电流显著减小　　　　　　　　　B. 线圈电流显著增大
   C. 线圈电流不变　　　　　　　　　　　D. 铁心涡流显著减小
3. 低压断路器的热脱扣器的作用是（　　）。
   A. 过载保护　　　B. 短路保护　　　C. 欠电压保护　　　D. 失电压保护
4. 按下复合按钮时（　　）。
   A. 常开触点先闭合　　　　　　　　　　B. 常开触点先断开
   C. 常闭触点先断开　　　　　　　　　　D. 常开、常闭触点同时动作
5. 交流接触器中铁心端面上的短路环的作用是（　　）。
   A. 增大铁心中的磁通　　　　　　　　　B. 熄灭电弧
   C. 削弱铁心中的磁通　　　　　　　　　D. 减小铁心振动和噪声
6. 熔断器的额定电流应（　　）熔体的额定电流。
   A. 大于　　　B. 小于　　　C. 大于或等于　　　D. 小于或等于
7. 三相异步电动机减压起动的目的是（　　）。
   A. 增大起动转矩　　　　　　　　　　　B. 降低起动电流
   C. 减小电动机起动时的振动　　　　　　D. 防止起动时损坏电动机
8. 一般情况下功率在（　　）以下的三相异步电动机可直接起动。
   A. 7.5kW　　　B. 5.5kW　　　C. 3.5kW　　　D. 10kW
9. 关于绘制安装接线图下面说法错误的是（　　）。

A. 各电气元器件必须采用国家标准规定的图形和文字符号绘制

B. 同一元器件的不同组成部分为便于识读可不画在一起

C. 走向相同的多根导线可用单线表示

D. 不在同一控制柜上的电气元器件必须通过端子板进行连接

10. 两个接触器控制电路的联锁保护一般采用（　　）。

A. 串接对方控制电器的常开触点　　　　B. 串接对方控制电器的常闭触点

C. 串接接触器的常开触点　　　　　　　D. 串接接触器的常闭触点

11. 在操作接触器、按钮双重联锁的正反转控制电路中，要使电动机从正转变为反转，正确的操作方法是（　　）。

A. 直接按下反转起动按钮　　　　　　　B. 直接按下正转起动按钮

C. 必须先按下停止按钮，再按下反转起动按钮　　D. 以上答案都可以

12. 三相异步电动机正反转控制电路中，性能最佳的联锁控制电路是（　　）。

A. 按钮联锁　　　　　　　　　　　　　B. 接触器联锁

C. 按钮和接触器双重联锁　　　　　　　D. 都一样

13. 按照三相异步电动机双重联锁正反转控制电路（图6-28），将实际接线图补画完整。

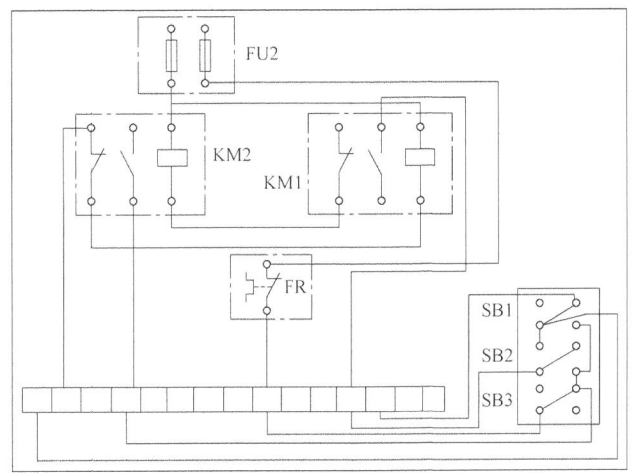

图 6-28　题图

14. 图 6-29 所示为既可以点动又可以连续运行的三相异步电动机单向连续运转控制电路实物接线图（电源及主电路部分已接好），其中 SB1 为连续运行起动按钮，SB2 为点动按钮，SB3 为停止按钮。

（1）将按钮与接线端子连接好。

（2）若按下按钮 SB1 后，接触器衔铁吸合，电动机运转；松开按钮 SB1 后，电动机停转，说明这种故障的一般原因。

（3）若发现按下按钮 SB2 后，电动机起动，松开按钮 SB2 后电动机不停止，说明不能实现点动控制的原因。

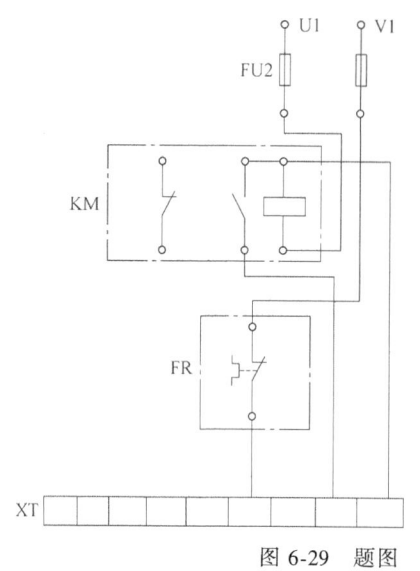
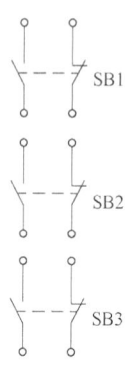

图 6-29 题图

模块三　绝缘电阻表、钳形电流表的使用

学习目标

1) 了解绝缘电阻表的外观结构。
2) 掌握绝缘电阻表的正确使用方法。
3) 了解钳形电流表的工作原理。
4) 掌握钳形电流表的正确使用方法。

能力目标

1) 能够用绝缘电阻表测量三相异步电动机的绝缘电阻。
2) 能够用钳形电流表测量三相异步电动机的空载电流。

知识探究

一、绝缘电阻表

绝缘电阻表（Megger）俗称兆欧表，传统的类型采用手摇发电机供电，故又称其为摇表。如图 6-30 所示，它是以兆欧（MΩ）为单位的。绝缘电阻表是电工常用的一种测量仪表，适用于测量各种绝缘材料的电阻值，用来检查电气设备、家用电器或变压器、电动机、电缆及电气电路对地及相间的绝缘电阻，以保证这些设备、电器和电

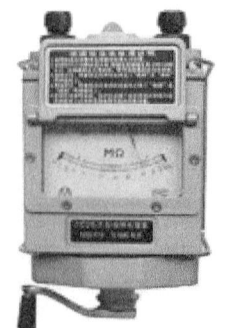

图 6-30　绝缘电阻表

路正常工作，避免发生触电伤亡及设备损坏等事故。

1. 绝缘电阻表的种类和原理

（1）种类　主要有数字绝缘电阻表、指针绝缘电阻表、数字高压绝缘电阻表、高压绝缘电阻测试仪、绝缘电阻测量仪、绝缘特性测试仪、电子式绝缘电阻测试仪、大功率高压绝缘电阻表等。

（2）工作原理　绝缘电阻表通过用一个电压激励被测装置或网络，然后测量激励所产生的电流，利用欧姆定律测量出电阻。

2. 绝缘电阻表的使用方法

1）测量前必须将被测设备电源切断，并对地短路放电。绝不能让设备带电进行测量，以保证人身和设备的安全。对有可能感应出高压电的设备，必须消除这种可能性后，才能进行测量。

2）被测物表面要清洁，以减少接触电阻，确保测量结果的正确性。

3）测量前应将绝缘电阻表进行一次开路和短路试验，检查绝缘电阻表是否良好。即在绝缘电阻表未接入被测物之前，摇动手柄使发电机达到额定转速（120r/min），观察指针是否指在标尺的"∞"位置。然后将接线柱"线（L）"和"地（E）"短接，缓慢摇动手柄，观察指针是否指在标尺的"0"位。如指针不能指到该指的位置，表明绝缘电阻表有故障，应检修后再用。

4）绝缘电阻表使用时应放在平稳、牢固的地方，且远离大的外电流导体和外磁场。

5）必须正确接线。绝缘电阻表上一般有三个接线柱，其中"L"端接在被测物和大地绝缘的导体部分，"E"端接在被测物的外壳或大地，"G"端接在被测物的屏蔽上或不需要测量的部分。测量绝缘电阻时，一般只用"L"和"E"端，但在测量电缆对地的绝缘电阻或被测设备的漏电流较严重时，就要使用"G"端，并将"G"端接屏蔽层或外壳。电路接好后，可沿顺时针方向转动摇把，摇动的速度应由慢而快，当转速达到120r/min左右时（ZC-25型），保持匀速转动，1min后读数，注意要边摇边读数，不能停下来读数。

6）摇测时将绝缘电阻表置于水平位置，摇把转动时其端钮间不许短路。摇动手柄应由慢渐快，若发现指针指零说明被测绝缘物可能发生了短路，这时就不能继续摇动手柄，以防表内线圈发热损坏。

7）读数完毕，将被测设备放电。放电方法是将测量时使用的地线从绝缘电阻表上取下来与被测设备短接一下即可。

注意事项：

1）禁止在雷电时或高压设备附近测绝缘电阻，只能在设备不带电、也没有感应电的情况下测量。

2）摇测过程中，被测设备上不能有人工作。

3）绝缘电阻表线不能绞在一起，要分开。

4）绝缘电阻表未停止转动之前或被测设备未放电之前，严禁用手触及。拆线时，也不要触及引线的金属部分。

5）测量结束时，对于大电容设备要放电。

6）绝缘电阻表接线柱引出的测量软线绝缘应良好，两根导线之间和导线与地之间应保持适当距离，以免影响测量准确度。

7) 为了防止被测设备表面泄漏电阻，使用绝缘电阻表时应将被测设备的中间层（如电缆壳芯之间的内层绝缘物）接于保护环。

8) 要定期校验其准确度。

二、钳形电流表

通常用普通电流表测量电流时，需要将电路切断停机后才能将电流表接入进行测量，这是很麻烦的，有时正常运行的电动机不允许这样做。此时，使用钳形电流表就显得方便多了，可以在不切断电路的情况下来测量电流。如图6-31所示为钳形电流表外形结构示例。

1. 钳形电流表的构成及工作原理

钳形电流表是由电流互感器和电流表组合而成。电流互感器的铁心在捏紧扳手时可以张开；被测电流所通过的导线可以不必切断就可穿过铁心张开的缺口，当放开扳手后铁心闭合。穿过铁心的被测电路导线就成为电流互感器的一次绕组，其中通过电流便在二次绕组中感应出电流，从而在与二次绕组相连接的电流表上显示出被测电路的电流。

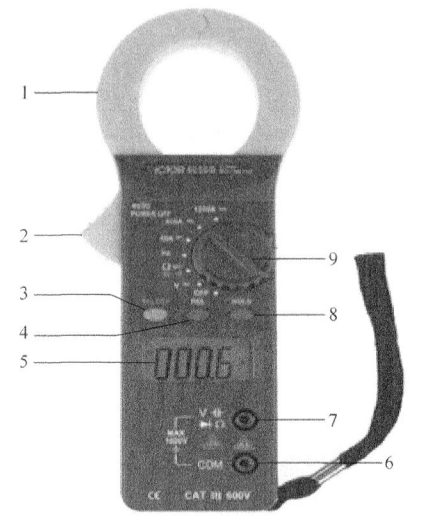

图6-31 钳形电流表示例

外观结构说明：1—钳头 2—钳头扳机 3—功能选择（SELECT）按键 4—清零（REL）按键 5—LED显示屏 6—COM输入孔：负输入端，插入黑表笔 7—VΩ输入孔：测量电压、电阻、电容、频率、二极管以及通断测试的正输入端，插入红表笔 8—数据保持（HOLD）按键 9—功能/量程选择旋钮：用于选择各种测量功能和量程

钳形电流表通过转换开关的拨档，更换不同的量程。拨档时不允许带电操作。钳形电流表准确度不高，通常为2.5~5级。

2. 钳形电流表的使用方法

1) 钳形电流表每次只能测量一根导线电流，被测导线应置于钳口中央，不可以将多根导线夹入钳口进行测量。

2) 在检查家电产品的耗电量时，使用电路分离器比较方便，可将检测电流放大10倍，因此，1A以下的电流可放大后再检测。

3) 用直流钳形电流表检测直流电流（DCA）时，如果电流的流向相反，则显示为负数，可使用该功能检测汽车的蓄电池是充电状态还是放电状态。

技能训练

三相异步电动机空载电流的测量

一、实训目的

1) 掌握正确使用钳形电流表的方法。

2) 会正确使用钳形电流表测量三相异步电动机的空载电流。

二、实训要求

1）用所提供的器材测量三相异步电动机的空载电流。

2）分组实训，合作完成实训项目。

三、实训器材

三相异步电动机一台，钳形电流表一只。

四、实训步骤

1）熟悉钳形电流表。

2）起动三相异步电动机，检查有无振动和异常声响，确认运转正常后，将万用表的旋钮旋至大于或等于工作电压的交流电压档，然后测试三相电源电压。

3）将钳形电流表的量程开关旋至与额定电流相应的量程，将钳口张开，让被测导线处于钳口中央，以免产生误差。

五、注意事项

1）用钳形电流表测量小电流时，为了得到较准确的读数，可把导线多绕几圈放进钳口进行测量，但实际电流值应为读数除以导线根数。

2）拨动量程转换开关时，应将导线从钳口退出。

3）钳形电流表不使用时，应将量程转换开关旋至交流电压最高档。

模块检测

1．用钳形电流表测量额定电流为 6A 的三相对称负载，当钳口分别钳入一相、两相和三相电源线时，钳形电流表的读数分别是（　　）。

A．6A、12A、18A　　B．0A、6A、6A　　C．6A、6A、6A　　D．6A、6A、0A

2．将正常工作的"220V、100W"照明灯两根电源线放入钳形电流表钳口内，读数应为（　　）。

A．0.45A　　B．0　　C．0.9A　　D．0.23A

3．一被测电流导线在钳形电流表钳口内侧绕上 3 圈，若被测电流实际值为 0.6A，则电流表的示数为（　　）。

A．0.2A　　B．1.8A　　C．0.6A　　D．5A

4．钳形电流表使用时，视被测电流的大小变换量程，此时应（　　）。

A．直接转动转换开关　　　　　　　　B．先将钳口打开，再转动量程开关

C．先选用小量程　　　　　　　　　　D．以上都不正确

5．关于钳形电流表的使用，下列说法错误的是（　　）。

A．被测小电流的实际值应为读数除以绕进钳口内的导线根数

B．拨动量程转换开关时，必须将导线从钳口中退出，再拨动量程转换开关

C．一般不允许测量裸导线或高压导线的电流

D．钳形电流表不使用时，应将量程转换开关旋至电压最高档

6. 用绝缘电阻表测量电动机的相间绝缘电阻时，L 接线柱接绕组，E 接线柱应接（ ）。

    A. 该相绕组另一接线柱   B. 电动机外壳

    C. 大地   D. 另外一相绕组接线柱

7. 用绝缘电阻表测量绝缘电阻时，若发现绝缘电阻表指针指零，则说明该被测电阻（ ）。

    A. 断路   B. 短路   C. 漏电   D. 良好

8. 电动机大修更换绕组后的相间绝缘电阻不应低于（ ）。

    A. 0.5MΩ   B. 1.5MΩ   C. 3MΩ   D. 5MΩ

9. 用绝缘电阻表测量电动机绕组与铁心之间的绝缘电阻时，接电动机铁心的接线柱是（ ）。

    A. L   B. E   C. G   D. L 和 G

10. 关于绝缘电阻表的使用，下列说法错误的是（ ）。

    A. 应根据被测设备的额定电压选择绝缘电阻表的电压等级

    B. 测量前对绝缘电阻表进行短路试验时，应以 120r/min 的速度摇动手柄

    C. 测量电动机绝缘电阻时应使用 L 端和 E 端

    D. 严禁测量带电设备的绝缘电阻

11. 要测量 380V 交流电动机的绝缘电阻，绝缘电阻表应选用的电压档是（ ）。

    A. 250V   B. 500V   C. 1000V   D. 1500V

12. 用绝缘电阻表测量电动机绕组与铁心的绝缘电阻时，下列描述正确的是（ ）。

    A. 绕组接绝缘电阻表的 L 端，铁心接 E 端，均匀摇动手柄，指针稳定后再读数

    B. 绕组接绝缘电阻表的 L 端，铁心接 E 端，均匀摇动手柄，指针无需稳定即可读数

    C. 铁心接绝缘电阻表的 L 端，绕组接 E 端，均匀摇动手柄，指针稳定后再读数

    D. 铁心接绝缘电阻表的 L 端，绕组接 E 端，均匀摇动手柄，指针无需稳定即可读数

13. 用绝缘电阻表测量△联结的三相异步电动机的绝缘电阻时，下列描述正确的是（ ）。

    A. 测 U 相对地绝缘电阻时，只需将 L 端接 U 相引线端，E 端接外壳即可

    B. 测 U 相与 V 相绝缘电阻时，只需将 L 端接 U 相引线端，E 端接 V 相引线端即可

    C. 测 U 相对地绝缘电阻时，应先断开绕组两端连接点，再将 L 端接 U 相引线端，E 端接外壳

    D. 可用 1000V 绝缘电阻表测量

单元七 常用半导体器件

模块一 半导体及半导体二极管

学习目标

1) 掌握半导体导电机理。
2) 了解二极管结构、特性及命名方法。
3) 掌握二极管特性和主要参数。

能力目标

1) 能分析导体导电与半导体导电的差异性原理。
2) 能目测二极管极性。
3) 能用万用表电阻档检测二极管。

知识探究

一、半导体的基本概念

（一）什么是半导体

物质根据导电能力强弱可分为导体、半导体和绝缘体三大类。由于半导体的特殊原子结构使得其导电能力介于导体和绝缘体之间，它有很多特点，而其最突出的特点就是其导电能力随外界条件的变化而变化，有时像导体，有时像绝缘体。半导体导电与导体导电的能力不同，区别是半导体有两种载流子参与导电，而导体只有一种载流子参与导电。目前，制造半导体器件用得最多的是硅和锗两种材料。由于硅和锗的原子排列为单晶体结构，因此用半导体材料制成的半导体管通常称为晶体管。

（二）半导体的导电特性

半导体具有不同于导体和绝缘体的导电特性，见表7-1。

（三）杂质半导体

纯净的半导体称为本征半导体，其导电能力较弱。为增强其常温下的导电能力，可利用半导体的掺杂特性，在纯净的半导体中掺入不同的微量元素后，制成 N 型和 P 型两种杂质半导体。它们是制作 PN 结的基础。

表 7-1　半导体的导电特性

半导体的导电特性	特性	应用
热敏特性	大多数半导体对温度比较敏感，且随温度的升高导电能力增强，电阻减小	利用热敏特性可以制成各种半导体器件，如热敏电阻器
光敏特性	许多半导体在受光照射后，导电能力增强，电阻减小	利用光敏特性可以制成各种半导体器件，如光敏电阻、光电二极管等
掺杂特性	在纯净的半导体中掺入微量的某种杂质元素，导电能力会增强很多，电阻急剧减小	二极管、晶体管都是利用掺杂特性制成的

二、PN 结及其单向导电性

（一）PN 结

把 P 型材料和 N 型材料用特殊的工艺使它们结合在一起，在它们的交界面处就会形成一个特殊的空间电荷区，这个电荷区称为"PN 结"。它是一个电荷阻挡层，具有变阻、变容等多种特性，最主要的特性就是单向导电性，如图 7-1 所示。PN 结是制造二极管、晶体管、场效应管等各种半导体器件的最基本结构。

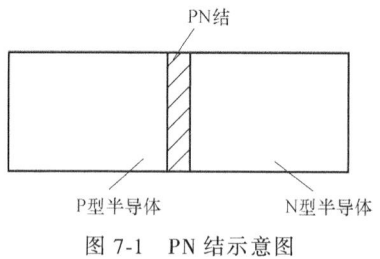

图 7-1　PN 结示意图

（二）PN 结的单向导电性

PN 结的最基本特性是单向导电性。利用这种特性可制造出多种性能的电子器件，使半导体得到了广泛的应用。PN 结的单向导电性只有在外加电压时才会显示出来。

1. PN 结加正向电压——正向导通

在图 7-2a 中，电源正极接 P 区，负极接 N 区，此时的外加电压称为正向电压，或称正向偏置，简称正偏。开关 S 闭合后指示灯泡 HL 亮，这种现象称为正向导通。在一定范围内，外电场越强，正向电流越大，此时所呈现的正向电阻很小，一般在几欧到几百欧之间。

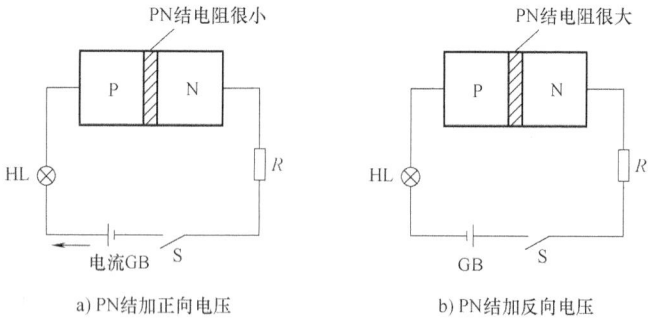

a) PN结加正向电压　　b) PN结加反向电压

图 7-2　PN 结单向导电性实验电路图

2. PN 结加反向电压——反向截止

在图 7-2b 中，电源负极接 P 区，正极接 N 区，此时的外加电压称为反向电压，或称反向偏置，简称反偏。开关 S 闭合后指示灯泡 HL 不亮，说明此时 PN 结电阻很大，像绝缘体一样不能导电，这种现象称为反向截止。

必须注意的是由于半导体的热敏特性，在一定温度下反向电流不仅很小，而且基本不随外加反向电压而变化。但是它将随温度上升而显著增加，因此在使用半导体器件时，必须考虑到环境温度的影响。

三、二极管的结构、符号和分类

(一) 结构和符号

半导体二极管简称二极管，它的内部由一个PN结构成，从P区引出一个电极称为二极半导体管的正极，又称为阳极；从N区引出一个电极称为二极管的负极，又称为阴极。然后再将其封装在管壳内，其主要特性是单向导电性。其结构、电路图形符号如图7-3所示，文字符号用VD表示。

图形符号中箭头的方向表示二极管正向导通时电流的方向，正常工作时电流由正极流向负极。二极管是电子电路经常使用的器件，图7-4所示为常见二极管的外形图。

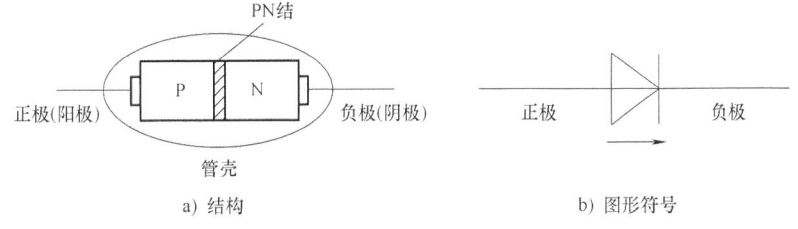

图 7-3 二极管的结构和图形符号

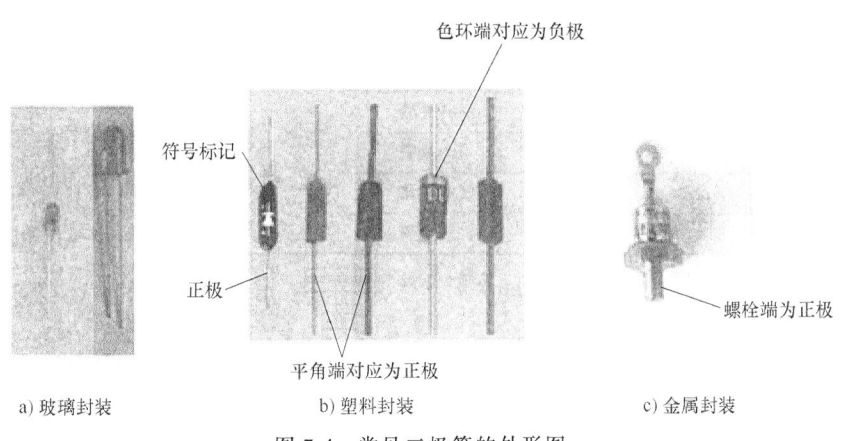

图 7-4 常见二极管的外形图

(二) 类型

二极管根据外形、结构、材料、功率和用途可以分成各种类型，见表7-2。

表 7-2 二极管的种类

	种类	说明
按材料不同分	硅二极管	硅材料二极管，常用二极管
	锗二极管	锗材料二极管
按用途不同分	普通二极管	常用二极管
	整流二极管	主要用于整流
	稳压二极管	常用于直流电源

(续)

	种类	说明
按用途不同分	开关二极管	专门用于开关的二极管,常用于数字电路
	发光二极管	能发出可见光,常用于指示信号
	光电二极管	对光有敏感作用的二极管
	变容二极管	常用于高频电路
按外壳封装的不同材料分	玻璃封装二极管	检波二极管采用这种封装材料
	塑料封装二极管	大量二极管采用这种封装材料
	金属封装二极管	大功率整流二极管采用这种封装材料

四、二极管的伏安特性

二极管两端所加的电压（U）与通过它的电流（I）之间的特性称为二极管的伏安特性，伏安特性曲线如图 7-5 所示，第一象限的曲线表示二极管的正向特性，第三象限的曲线表示二极管的反向特性。

（一）正向特性

所谓正向特性是指给二极管加正向电压（二极管正极接高电位，负极接低电位）时的特性。当正向电压小于某一数值时，外电场不足以克服内电场，通过二极管的电流很小，几乎为零，此时称二极管工作于死区。该电压称为死区电压，硅管约为 0.5V，锗管约为 0.2V。当正向电压超过死区电压时，电流随电压的升高而明显增加，此时二极管进入导通状态。二极管导通后，二极管两端的电压几乎不随电流的变化而变化，此时二极管两端的电压称为导通管压降，硅管约为 0.7V，锗管约为 0.3V。

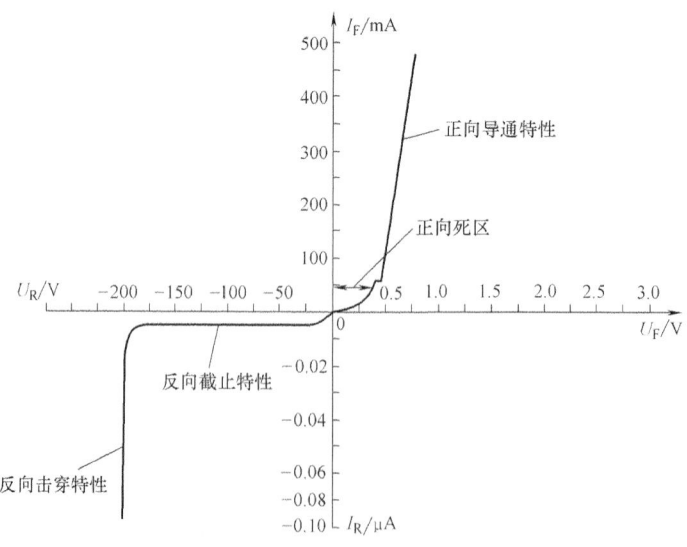

图 7-5 二极管的伏安特性曲线

（二）反向特性

所谓反向特性是指给二极管加反向电压时的特性。当反向电压小于某值时，反向电流很小，并且几乎不随反向电压而变化，该反向电流称为反向饱和电流，简称反向电流。反向饱和电流的数值很小,硅管的反向饱和电流比锗管更小,一般为 μA 级。在应用时,反向电流越小,二极管的热稳定性越好,质量越高。当反向电压增加到某一数值时,反向电流会急剧增大,这种现象称为反向击穿。击穿分两种,一是电击穿,这个过程一般是可逆的;二是热击穿,这是不可逆的,会造成二极管永久性损坏。发生击穿的电压称为反向击穿电压,用字母 U_{BR} 表示。无论硅管还是锗管,即使工作在最大允许电流下,二极管两端的电压降一般在 0.7V 以下,这是由二极管的特殊结构所决定的。所以,在使用二极管时,电路中应该串联限流电阻,以免因电流过大而损坏二极管。

不同材料、不同结构的二极管伏安特性曲线虽有一定差别,但形状基本相似,均是非线性的,所以称二极管是非线性元件。

五、二极管的主要参数

在实际电路中,应根据二极管的主要参数合理正确地选择二极管,避免不必要的损坏并降低电路成本。二极管的主要参数有三个,见表 7-3。

表 7-3 二极管的主要参数

参数名称	符号	说明
最大整流电流	I_{FM}	允许通过二极管平均电流的最大值。正常工作时通过二极管电流应小于 I_{FM},否则二极管可能会因过热而损坏
最高反向工作电压	U_{RM}	允许加在二极管两端的反向电压的最大值(一般情况下 $U_{RM} = 1/2 U_{RR}$)。正常工作时二极管两端所加电压最大值应小于 U_{RM},否则二极管将会反向击穿而损坏
反向电流	I_R	在规定的反向电压($<U_{RM}$)和环境温度下的反向电流。此值越小,二极管的单向导电性能越好,工作越稳定。对温度很敏感,使用时应注意环境温度不宜过高

例 7-1 二极管电路如图 7-6 所示,判断各电路中二极管 VD 的工作状态,求二极管为硅管时的 U_{AB}。

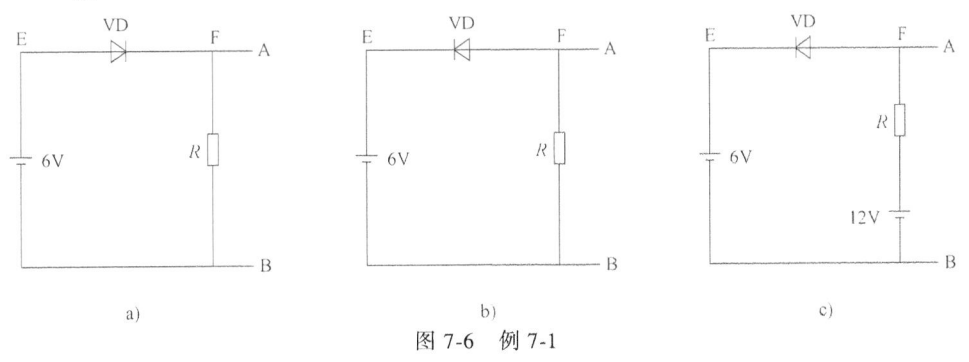

图 7-6 例 7-1

分析:根据电路确定二极管的工作状态,从而判断输出电压。

解:二极管为硅管,死区电压 0.5V,导通电压 0.7V。

图 7-6a:设 B 点为参考点,假设断开二极管,因 $U_E = 6V$,$U_F = 0V$,二极管正极的电位大于负极的电位,且 $U_{EF} = 6V > 0.5V$,所以二极管正偏导通,二极管两端的电压 U_V 为 0.7V,$U_{AB} = 6V - 0.7V = 5.3V$;图 7-6b:设 B 点为参考点,假设断开二极管,因 $U_E = 6V$,$U_V = 0V$,二极管负极的电位大于正极的电位,二极管反偏截止,通过二极管的电流为零,所以 $U_{AB} = U_R = 0V$;图 7-6c:设 B 点为参考点,假设断开二极管,因 $U_E = 6V$,$U_F = 12V$,二极管正极的电位大于负极的电位,且 $U_{FE} = 12V - 6V > 0.5V$,所以二极管正偏导通,二极管两端的电压

U_γ 为 0.7V，$U_{AB} = 0.7\text{V} + 6\text{V} = 6.7\text{V}$。

请同学们自行分析二极管分别为锗管和理想情况下的 U_{AB} 分别是多少？

技能训练

二极管的识别与检测

一、二极管的识别

一般可根据二极管的外部标志或封装形状来识别二极管的管脚极性。

二、二极管的检测

将万用表置于 R×100 档和 R×1k 档，用黑表笔和红表笔分别接触二极管的一个电极，测出二极管的电阻值；然后对调表笔再测，如果两次测的阻值差别较大，则表明二极管是好的；而且阻值较小时黑表笔所接为二极管的正极（阳极），红表笔所接为二极管的负极（阴极）。较小阻值的称为正向电阻，锗管一般在 100Ω～1kΩ 之间，硅管为 1kΩ～10kΩ 之间。较大阻值的称为反向电阻，其阻值一般在 50kΩ 以上，甚至达几百 kΩ 以上。在测定时，要求表笔摆动幅度很小。

如果测出的两次结果阻值均小，则说明二极管内部 PN 结已被击穿，造成短路。反之，若两次阻值均很大，则说明二极管内部已断路。如果正向、反向电阻比较接近，差别不大，则说明二极管失效。这三种情况都说明二极管已损坏，不能使用。

需要注意的是，尽量不要用 R×1 档（电流较大）和 R×10k 档（电压较高）来检测二极管，否则易造成损坏。由于二极管是非线性元件，用不同量程的电阻档或不同的万用表检测时，所得结果会有一定差别，这是正常现象。但是，二极管的正向、反向电阻相差很大的这一特点是不变的。

知识拓展

一、稳压二极管

稳压二极管是一种特殊的二极管，简称稳压管，它工作在 PN 结的反向击穿区，其特点是反向电流在一定范围内变化时稳压管两端的电压几乎不变。稳压管的型号有 2CW、2DW 等系列，它的文字符号为 VS，其外形和符号如图 7-7 所示。

a) 外形　　　　　　　　b) 符号

图 7-7　稳压二极管

二、发光二极管

发光二极管通常由砷化镓、磷化镓等半导体材料制成，它在通过正向电流时会发光。发光二极管根据所用的发光材料不同,可以发出红、绿、黄、蓝、橙等不同颜色的光。由于其具有亮度高、电压低、体积小、可靠性高、使用寿命长、响应速度快、颜色鲜艳等特点,常被用来作为电路通断及工作指示。发光二极管广泛应用于数码显示、电气设备的指示灯等,红外发光二极管主要用于光电传感技术。

发光二极管的型号有 2EF31、2EF201 等。发光二极管通常用透明的塑料封装,管脚长的一端为正极,管脚短的一端为负极。其符号和外形如图 7-8 所示。

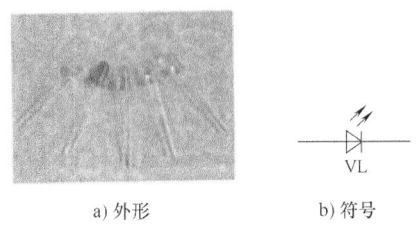

a) 外形　　　　b) 符号

图 7-8　发光二极管

三、光敏二极管

光敏二极管又称光电二极管,它能将光信号转化为电信号。其工作时需加反向电压,在光照时能产生电流,且电流大小随着光照强度的增强而上升。它的管壳上开设一个玻璃窗口,以便接收光线的照射。若光敏二极管加上反向电压,无光照时,二极管不导通;受到光线照射时,光敏二极管导通。面积较大的光敏二极管可制成光电池。光敏二极管常用于可见光接收、红外光接收及光电转换的自动控制、报警、计数等。

光敏二极管的型号通常有 2CU、2AU、2DU 等系列。光电池的型号有 2CR、2DR 等系列。其符号和外形如图 7-9 所示。

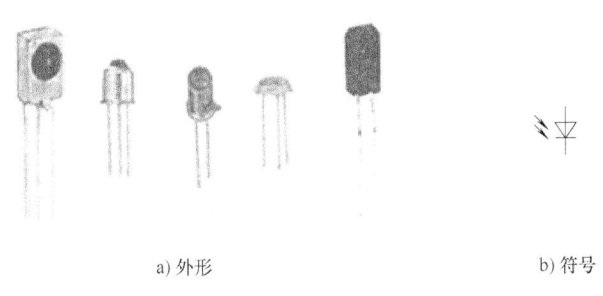

a) 外形　　　　　　　　　b) 符号

图 7-9　光敏二极管

四、变容二极管

变容二极管具有显著的变容效应,当其加上反向电压时,其 PN 结的结电容会随着反向电压的变化而变化。当电压增高时,结电容减小,反之增加;此外还与它本身的工艺有关。变容二极管常用于高频振荡电路中。

变容二极管的型号有 2AC、2CC、2CE 等系列。其符号和外形如图 7-10 所示。

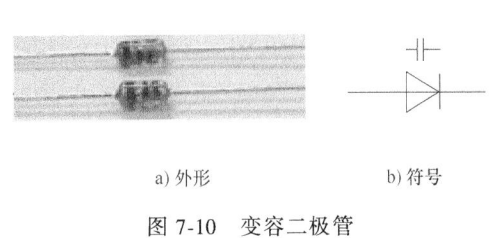

a) 外形　　　　b) 符号

图 7-10　变容二极管

五、开关二极管

开关二极管和前述普通二极管的导电特性相同，即正偏导通、反偏截止。二极管的这一特性可以起到接通或关断的作用。开关二极管和普通二极管的不同之处在于通过特殊的工艺使开关二极管的开关时间非常短（硅管仅几 ns），即它的

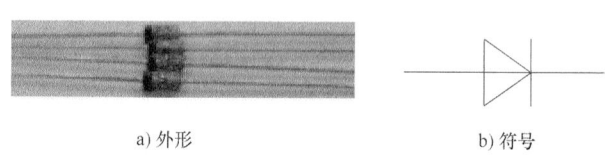

图 7-11　开关二极管

开关速度非常高，因而被广泛应用于脉冲电路和自动控制电路中。开关二极管的型号有 2CK、2AK 等系列，其符号和外形如图 7-11 所示。

模块检测

1. 半导体最主要的导电特性是什么？
2. PN 结的主要特性是什么？
3. 硅二极管和锗二极管的特性有何异同？
4. 在图 7-12 所示电路中，哪一个灯泡不亮？（　　）

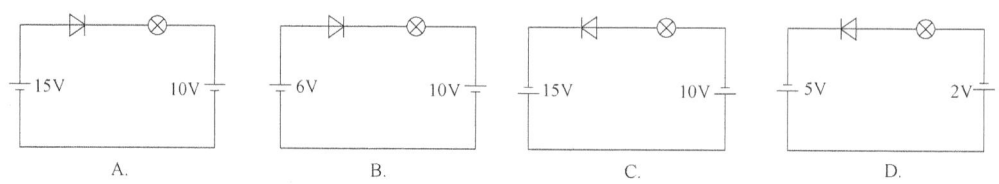

图 7-12　题图

5. 在图 7-13 所示电路中，设二极管是理想器件，判断各二极管是导通还是截止？并求 U_{AB} 值。

6. 在图 7-14a 中二极管为硅管，图 7-14b 中二极管为锗管，分别求电压 U_{AB}。

7. 如图 7-15 所示，已知输入电压为正弦波，设二极管为理想器件，画出 u_o 的波形。

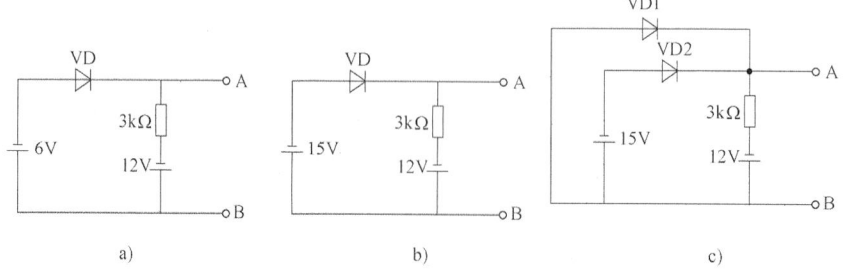

图 7-13　题图

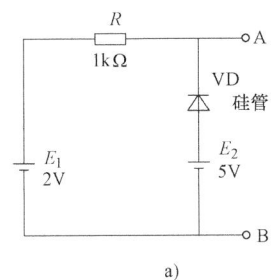 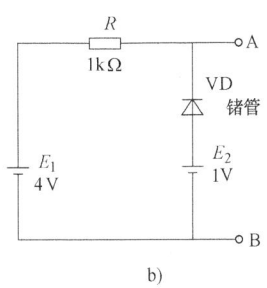

图 7-14 题图

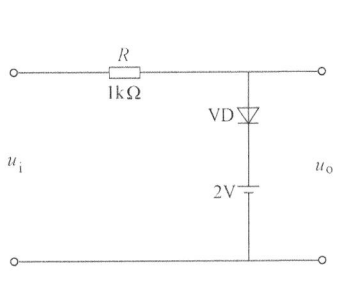 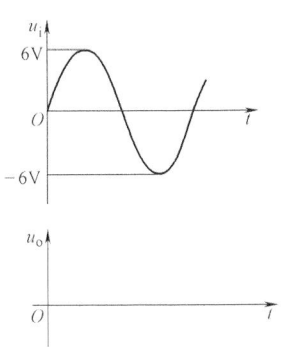

图 7-15 题图

模块二 晶体管的基本原理分析与检测

学习目标

1）掌握晶体管工作导电特性。
2）了解晶体管结构、特性及命名方法。
3）掌握晶体管基本作用和主要参数。

能力目标

1）能够分析和判断晶体管工作状态。
2）能目测晶体管管脚极性。
3）能用万用表电阻档检测晶体管。

知识探究

一、晶体管的结构、符号和类型

（一）结构和符号

按照两个 PN 结的组合方式不同，晶体管分为 NPN 型和 PNP 型两大类，晶体管的结构和电路符号如图 7-16 所示，箭头方向表示发射结正向偏置时发射极电流的方向，箭头朝外的是 NPN 型晶体管，箭头朝内的是 PNP 型晶体管。发射极和集电极不能互换。

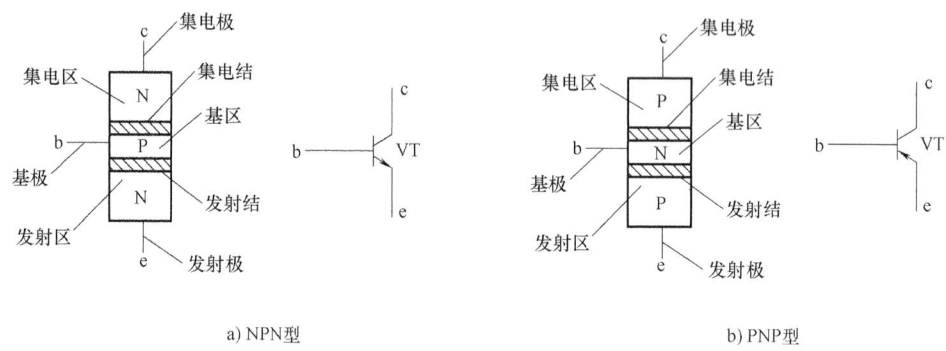

a) NPN型　　　　　　　　　　b) PNP型

图 7-16　晶体管的结构示意图和电路符号

晶体管的功率大小不同，它们的体积和封装形式也不一样。常见的晶体管外形见表 7-4。

表 7-4　常见的晶体管外形

类型	小型塑封式晶体管	小型金属封装的晶体管	中功率晶体管	大功率晶体管

（二）类型

国产晶体管的型号由五部分组成，以 3CG53B 为例，各部分含义如下。

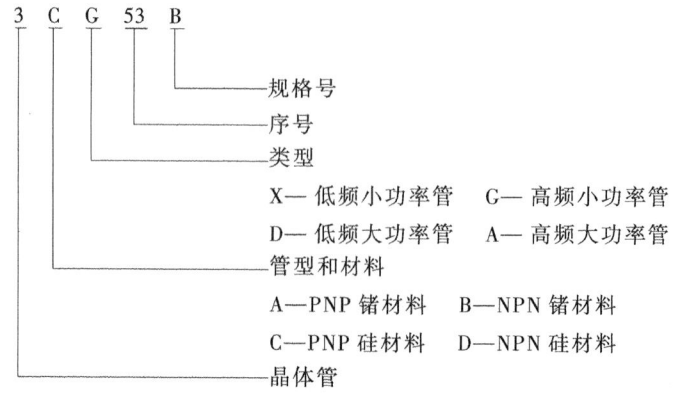

1）依据制造材料的不同，分为锗管和硅管。硅管受温度影响小，性能稳定，用得较广泛。

2）依据晶体管内部结构的不同，分为 NPN 型和 PNP 型两类。硅管多数是 NPN 型，且采用平面工艺制造；锗管多数是 PNP 型，且采用合金工艺制造。

3）依据工作频率不同，分为高频管（工作频率≥3MHz）和低频管（工作频率<3MHz）。

4）依据功率不同，分为小功率管（耗散功率和<1W）和大功率管（耗散功率和≥1W）。

5）依据用途的不同，分为普通管和开关管。

二、晶体管的电流放大作用

（一）晶体管的工作电压

要使晶体管具有正常的电流放大作用，必须在其发射结上加正向电压，在集电结上加反向电压。由于 NPN 型和 PNP 型晶体管极性不同，所以外加电压的极性也不同，如图 7-17 所示。对于 NPN 型晶体管，c、b、e 三个电极的电位必须符合：$U_C>U_B>U_E$；对于 PNP 型晶体管，电源的极性与 NPN 型晶体管相反，c、b、e 三个电极的电位必须符合：$U_C<U_B<U_E$。

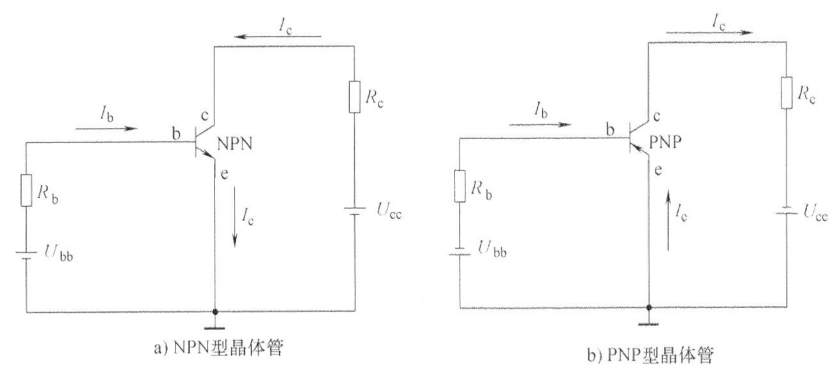

图 7-17 晶体管的工作电压

（二）晶体管内电流分配关系

根据基尔霍夫定律，将晶体管用假想的封闭曲面包围起来，则流进封闭曲面的电流应等于流出封闭曲面的电流。在 NPN 型晶体管中，I_B、I_C 是流进的，在 PNP 型晶体管中 I_B、I_C 是流出的。无论是 NPN 型还是 PNP 型，晶体管发射极电流等于基极电流和集电极电流之和，即 $I_E = I_B + I_C$。

正常情况下，因为 I_B 比 I_C 小很多，所以为了计算方便，常常近似认为：$I_E \approx I_C$。

（三）晶体管的电流放大作用

适当改变晶体管发射结的正向偏置电压，使基极电流发生一微小变化 $\Delta I_B = \Delta I_{B2} - \Delta I_{B1}$，同时测得相应的集电极电流的变化 $\Delta I_C = \Delta I_{C2} - \Delta I_{C1}$，那么晶体管的电流放大倍数 β 为

$$\beta = \Delta I_C / \Delta I_B$$

电流放大作用是晶体管的主要特征，β 值的大小表示晶体管的电流放大能力，不同晶体管 β 值差别比较大，一般在 20～200 之间，最常用的在 60～100 之间较为合适。β 值太小，晶体管的电流放大作用减弱，反之太大，晶体管性能不稳定。

综上所述：晶体管电流放大作用的条件是：反射结加正向电压，集电结加方向反向电

压。晶体管电流放大的实质是：用较小的基极电流控制较大的集电极电流。

三、晶体管的特性曲线

晶体管的特性曲线有输入特性曲线和输出特性曲线两种，它可以用晶体管特性图示仪直接观察，也可以通过图 7-18 所示实验电路来测试。

（一）输入特性

输入特性是指在 U_{CE} 一定的条件下，加在晶体管基极与发射极之间的电压 U_{BE} 和发射极电流 I_B 之间的关系特性。输入特性曲线如图 7-19 所示。

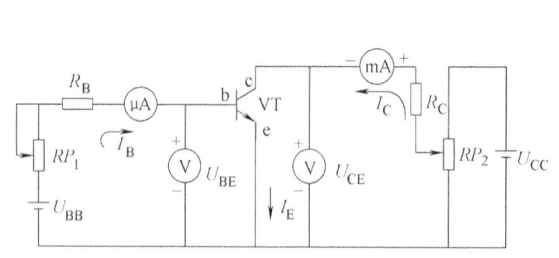

图 7-18　晶体管特性曲线测试电路

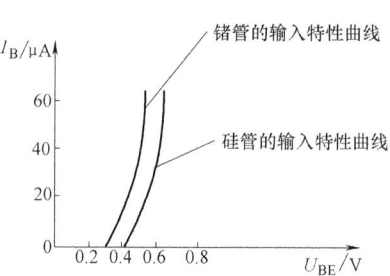

图 7-19　晶体管的输入特性曲线

从晶体管的输入特性曲线可以看出，加在发射结上的正向电压只有大于死区电压时晶体管才出现基极电流。硅管的死区电压约为 0.5V，锗管的死区电压约为 0.2V，因此晶体管处在正常状态发射结两端电压 U_{BE} 约为 0.7V（硅管）或 0.3V（锗管）。

（二）输出特性

输出特性是指 I_B 在一定的情况下，晶体管集电极与发射极之间的电压 U_{CE} 与集电极电流 I_C 之间的对应特性。输出特性曲线如图 7-20 所示。

晶体管的输出特性曲线分为三个区域：截止区、放大区和饱和区，这三个区域对应着晶体管的三种工作状态。

1. 截止区

$I_C \approx 0$，此时晶体管处于截止状态，集电极与发射极之间相当于断路。

2. 放大区

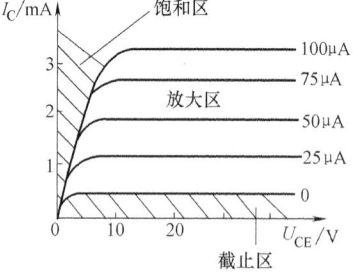

图 7-20　晶体管的输出特性曲线

$I_B \neq 0$ 且 $U_{CE} > U_{BE}$，为平直部分的线性区域，几乎与横轴平行。需要的条件是发射结正偏，集电结反偏。这个区域的特点是 I_B 一定时，I_C 的大小不变，具有恒流特性；当 I_B 改变时，I_C 也随着改变，I_C 受 I_B 的控制，具有电流放大作用。

3. 饱和区

$U_{CE} \leq U_{BE}$，为左侧阴影部分，包括曲线的上升和弯曲部分，此时发射结和集电结都处于正偏状态，特点是 U_{CE} 很低，I_C 不受 I_B 控制，晶体管失去放大作用，集电极和发射极相当于一个接通的开关。

四、晶体管的主要参数

(一) 电流放大系数

1. 共发射极交流电流放大系数 β

它表示在共发射极电路中晶体管集电极电流的变化量与基极电流变化量的比值,即 $\beta = \Delta I_C / \Delta I_B$,反映晶体管的交流电流放大能力。

2. 共发射极直流电流放大系数 h_{FE}

它表示在共发射极电路中,U_{CE} 为规定值且无交流信号输入时,集电极电流和基极电流的比值 $h_{FE} = I_C / I_B$。

(二) 极间反向电流

1. 集电极-基极反向饱和电流 I_{CBO}

它指发射极开路时,c-b 极间的反向饱和电流。此值越小,单向导电性越好。

2. 集电极-发射极反向饱和电流 I_{CEO}

它指基极开路时 ($I_B = 0$),c-e 极间的反向电流,又称为穿透电流。I_{CEO} 和 I_{CBO} 之间有如下关系:

$$I_{CEO} = (1+\beta) I_{CBO}$$

此参数反映了晶体管工作的稳定性。I_{CEO} 越小,晶体管受温度影响越小,工作越稳定。

(三) 极限参数

1. 集电极最大电流 I_{CM}

一般规定 β 值下降到正常值的 2/3 时的集电极电流为集电极最大允许电流。使用时,一般 $I_C < I_{CM}$,否则会使晶体管放大能力明显下降,甚至损坏。

2. 集电极-发射极反向击穿电压 $U_{(BR)CEO}$

它指基极开路时,加在 c-e 极间的最大允许电压。使用时一般要满足 $U_{CE} < U_{(BR)CEO}$。选管时 $U_{(BR)CEO} \geqslant U_{CE}$。

3. 集电极最大允许耗散功率 P_{CM}

它指集电极消耗功率的最大限额,要求 $P_{CM} \geqslant I_C U_{CE}$。$P_{CM}$ 的大小与环境温度有密切关系,温度升高,P_{CM} 减小。对于大功率晶体管,必须带规定的散热器。

 技能训练

晶体管的识别和简单检测

1. 晶体管管脚的识别

一般晶体管管脚的排列是有一定规律的,根据这一规律,可以很方便地识别管脚极性。表 7-5 为常见晶体管的管脚排布规律,供识别时参考。

表 7-5 常见晶体管的管脚排布规律

外形示意图	封装名称	说明
(e b c 示意图)	S-1A S-1B	它们都有半圆形的底面。识别时将引脚朝上,切口朝自己,从左向右依次为 e、b 和 c

(续)

外形示意图	封装名称	说　　明
	C 型 D 型	只有三根引脚（C 型有一个定位销，D 型无定位销）三根引脚呈等腰三角形分布，e、c 脚为底边
	S-6A S-6B S-7 S-8	它们都有散热片，识别时，将印有型号的一面朝向自己，且将引脚朝下，从左向右依次为 b、c 和 e
	F 型	只有两根引脚，识别时管脚朝上，且引脚靠近上安装孔，左面的一根是 b 极，右边的一根是 e 极，外壳为 c 极

2. 使用万用表判别晶体管极性

使用万用表测试小功率管时，一般选用 R×100 档或 R×1k 档；测大功率管时可选用 R×10 档。

首先判别管型找出基极。以黑表笔为准笔，红表笔分别接晶体管的另外两极，如果阻值均小，则该管为 NPN 型，黑表笔所接为基极；以红表笔为准笔，黑表笔分别接晶体管的另外两极，如果阻值均小，则该管为 PNP 型，且黑表笔所接为基极。

模块检测

1. 晶体管的主要功能是什么？放大的实质是什么？放大能力用什么来衡量？
2. 画出 PNP 型和 NPN 型晶体管电源连接图，说明放大状态的外部条件。
3. 晶体管有哪几种工作状态？处于每种状态的条件是什么？特征是什么？
4. 已知晶体管的 $\beta = 60$、$I_B = 15\mu A$，它工作在放大状态，求 I_C。
5. 已知晶体管的发射极电流 $I_E = 3.24\text{mA}$，基极电流 $I_B = 40\mu A$，求集电极电流 I_C。
6. 测得工作在放大状态的某晶体管，其电流如图 7-21 所示，在图中标出各管脚名称，并说明晶体管是 NPN 型还是 PNP 型？
7. 根据图 7-22 所示的各晶体管管脚对地电位数据，分析各管的情况（说明是放大、截止、饱和或者哪个结已经开路或者短路）。

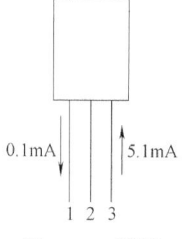

图 7-21　题图

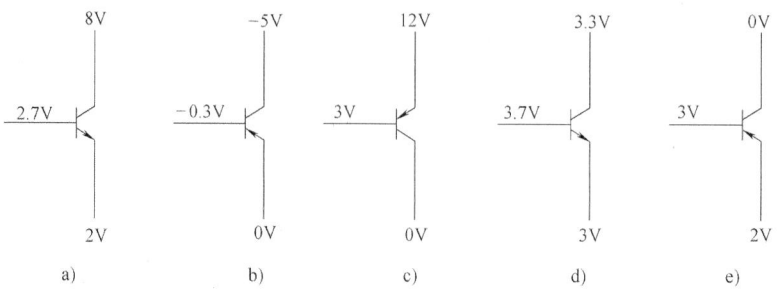

图 7-22　题图

8. 有两只同型号的晶体管，一只 $\beta = 200$，$I_{CEO} = 200\mu A$；另一只 $\beta = 200$，$I_{CEO} = 10\mu A$，其他参数相同。问哪一只晶体管工作较可靠？为什么？

9. 已知某晶体管 $P_{CM} = 120mw$，$I_{CM} = 20mA$，$U_{(BR)CEO} = 15V$。问下列几种情况下，哪种情况能正常工作？哪种情况不能正常工作？为什么？

（1）$U_{CE} = 3V$，$I_C = 10mA$。

（2）$U_{CE} = 2V$，$I_C = 40mA$。

（3）$U_{CE} = 10V$，$I_C = 20mA$。

（4）$U_{CE} = 15V$，$I_C = 10mA$。

单元八 晶体管放大电路

放大电路又称为放大器，是指能把微弱的电压（或电流）信号转变为较强电信号的电子电路，因此在各种家电设备、电子仪器以及其他无线电设备中得到广泛应用。放大器的核心元件主要是半导体晶体管和场效应晶体管等。本单元重点介绍以晶体管为核心元件的放大电路。

模块一　共发射极放大电路原理

学习目标

1）了解共发射极放大电路的结构形式以及组成电路各部分的作用。
2）了解放大电路静态工作点的意义及确定方法。
3）掌握分压式偏置放大电路的结构形式，掌握其静态工作点稳定原理和计算方法。

能力目标

1）能识读基本共射放大电路、分压式偏置共射放大原理图。
2）能用晶体管等元件组成放大电路。
3）能够安装与调试基本共射放大电路。

知识探究

一、概述

放大电路是电子设备中最常用的一种基本模块电路。它在微弱输入信号作用下，把直流电源提供的电能转换为较大能量的电信号，并保持原输入信号的形状。图 8-1 所示为放大器的基本结构图，其中输入端接欲放大的信号源，输出端接负载。

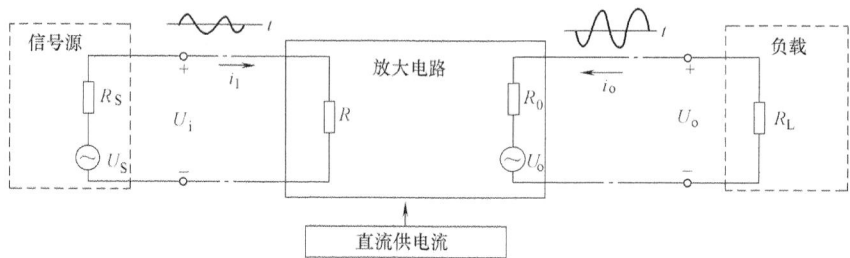

图 8-1　放大器的基本结构图

放大电路中以共发射极放大电路形式最简单,应用最广泛。

二、共射极放大电路的组成及工作原理

基本放大电路是指由一个放大元件所构成的放大电路,也称为单管放大电路。用晶体管组成放大器时,根据公共端(电路中各点电位的参考点)的不同,有三种基本连接方法,即共发射极接法、共集电极接法和共基极接法,分别称为共发射极放大电路、共集电极放大电路和共基极放大电路。

(一) 基本共射放大电路

1. 电路组成

如图 8-2 所示,各元器件的作用如下:

(1) 电源 $+U_{CC}$ 放大电路直流电源,给晶体管提供偏置电压,同时为输出信号提供能量。

(2) 晶体管 VT 放大电路的核心器件,工作在放大状态,起电流或电压放大作用。

(3) 基极偏置电阻 R_B 在电源 $+U_{CC}$ 作用下,满足发射结正向偏置的外部条件,电源 $+U_{CC}$ 通过 R_B 向基极提供合适的偏置电流 I_B。

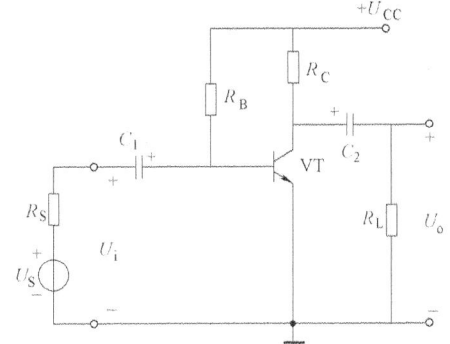

图 8-2 基本共射放大电路

(4) 输出电阻 R_c 集电极偏置电阻,在电源 $+U_{CC}$ 作用下,满足集电结反向偏置的外部条件,为晶体管提供合适的静态集电极电流 I_{CQ};和负载电阻 R_L 配合,使输出功率最大。另一作用是将晶体管电流的变化量转化电压的变化量。

(5) 耦合电容 C_1、C_2 分别连接信号源和负载,起"隔直通交"的作用,避免放大电路的输入端与信号源之间,输出端与负载之间直流分量的互相影响。

2. 静态

静态是指放大电路在没有交流信号输入(即 $u_i = 0$)时的工作状态。这时晶体管的基极电流 I_B、集电极电流 I_C、基极与发射极之间的电压 U_{BE} 和集电极与发射极之间的电压 U_{CE} 的值称为静态值。这些静态值分别在输入、输出特性曲线上对应着一点 Q,称为静态工作点,简称 Q 点,如图 8-3 所示。由于 U_{BE} 基本是恒定的,所以在讨论静态工作点时主要考虑 I_B、I_C 和 U_{CE} 三个量,并分别用 I_{BQ}、I_{CQ} 和 U_{CEQ} 表示。

静态只研究直流,为分析方便起见,可根据直流通路进行分析。直流通路是指直流信号流通的路径。电容具有"通交隔直"作用,在画直流通路时,把电容看作断路。图 8-4 所示为基本共射放大电路的直流通路。

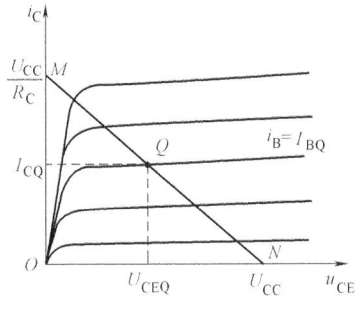

图 8-3 静态工作点

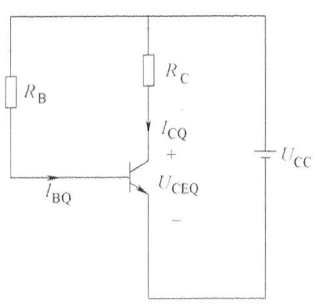

图 8-4 直流电路

由直流通路可推导出有关近似估算放大电路静态工作点的公式，见表 8-1。

表 8-1　静态工作点的估算

序号	项目	静态工作点 (I_{BQ}、I_{CQ}、U_{CEQ})	备注
1	静态基极电流 I_{BQ}	$I_{BQ} = \dfrac{V_{CC} - U_{BEQ}}{R_B} \approx \dfrac{V_{CC}}{R_B}$	U_{BEQ} 比较小（硅管约 0.7V，锗管约 0.3V）
2	静态集电极电流 I_{CQ}	$I_{CQ} \approx \beta I_{BQ}$	电流放大作用
3	静态基—射电压 U_{CEQ}	$U_{CEQ} = U_{CC} - I_{CQ} R_C$	回路电压方程

可见，当电源电压确定后，R_B 对基本共射放大电路的工作点设置起重要作用，选择合适的 R_B 值，可以得到合适的 I_{BQ}，从而确定 I_{CQ}、U_{CEQ}。

3. 动态

（1）放大过程　若有输入信号电压 u_i，即 $u_i \neq 0$ 时，称为动态。通过电容 C_1 送到晶体管的基极和发射极之间，u_i 与直流电压 U_{BEQ} 叠加，这时发射结总电压为 $u_{BE} = U_{BEQ} + u_i$。

这里所加的 u_i 为低频小信号，工作点在特性曲线线性区移动，电压和电流近似为线性关系。在 u_i 的作用下产生基极电流 i_b，基极总电流为 $i_B = I_{BQ} + i_b$。

i_B 经晶体管的电流放大，集电极总电流为 $i_C = I_{CQ} + i_c$。

i_c 在集电极电阻 R_c 上产生电压降 $i_c R_c$（为了便于分析，假设放大电路为空载），使集电极电压 $u_{CE} = U_{CC} - i_C R_C$，经变换得：

$$u_{CE} = U_{CEQ} + (-i_c R)$$

即　　　　　　$u_{CE} = U_{CEQ} + u_{ce}$

由于电容 C_2 的隔直流、通交流的作用，只有交流成分 u_{ce} 才能通过 C_2 并从输出端输出，即输出的交流电压为：$u_o = u_{ce} = -i_c R_C$（负号表示输出的交流电压 u_o 与 u_i 相位相反）。

放大器动态工作时，各电极电压和电流的工作波形，如图 8-5 所示。输出电压 u_o 的幅度比输入电压 u_i 的幅度大，说明放大器实现了电压放大。u_i、i_b、i_c 三者频率相同、相位相同，而 u_o 与 u_i 相位相反，这是共射放大器的"反相"作用。

（2）交流通路　交流通路是指交流信号流通的路径。画交流通路时，电容和直流电源都视为交流短路。图 8-6 所示为交流通路。

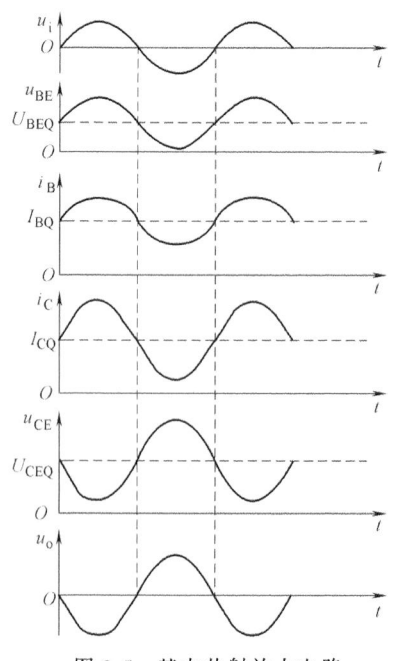

图 8-5　基本共射放大电路各极电压和电流的工作波形

晶体管的 b 极与 e 极之间存在一个等效电阻，称为晶体管的输入电阻 r_{be}。估算公式为

$r_{be} \approx 300 + (1+\beta) \dfrac{26}{I_E}$，一般情况下 r_{be} 为 1kΩ 左右。

（3）动态性能指标

1）输入电阻 R_i：放大电路的输入端可以用一个等效电阻 R_i 来表示，用来衡量放大电路对信号源的影响。$R_i = R_B // r_{be}$（"//" 表示 R_B 与 r_{be} 是并联关系）。

一般 $R_B \gg r_{be}$，上式可近似为 $R_i \approx r_{be}$。

2）输出电阻 R_o：反映了放大电路带负载的能力，输出电阻越小，电路带负载的能力越强。
$$R_o \approx R_C$$

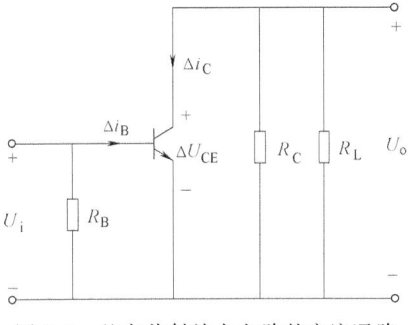

图 8-6 基本共射放大电路的交流通路

3）电压放大倍数 A_u：是指输出电压 u_o 与输入电压 u_i 的比值，它是衡量放大电路放大能力的指标，公式为：
$$A_u = \frac{U_o}{U_i}$$

例 8-1 在基本共射放大电路中，设 $U_{CC} = 12\text{V}$，$R_B = 300\text{k}\Omega$，$R_C = 2\text{k}\Omega$，$\beta = 50$，$R_L = 2\text{k}\Omega$。求静态工作点、输入电阻 R_i、输出电阻 R_o 及空载与带载两种情况下的电压放大倍数。

解：静态偏置电流：$\quad I_{BQ} \approx \dfrac{U_{CC}}{R_B} = \dfrac{12}{300 \times 10^3} = 0.04\text{mA} = 40\mu\text{A}$

静态集电极电流：$\quad I_{CQ} \approx \beta I_{BQ} = 50 \times 0.04\text{mA} = 2\text{mA}$

静态集电极电压：$\quad U_{CEQ} = U_{CC} - I_{CQ}R_C = 12\text{V} - 2 \times 2\text{V} = 8\text{V}$

晶体管的交流输入电阻
$$r_{be} = 300\Omega + (1+\beta)\frac{26}{I_{EQ}}\Omega = 300\Omega + (1+50)\frac{26}{2}\Omega = 963\Omega \approx 0.96\text{k}\Omega$$

放大器的输入电阻 $\quad R_i \approx r_{be} = 0.96\text{k}\Omega$

放大器的输出电阻 $\quad R_o \approx R_C = 2\text{k}\Omega$

空载时，放大器的电压放大倍数
$$A_u = -\beta R_C / r_{be} = -50 \times 2 / 0.96 \approx -104$$

有负载 R_L 时，等效负载电阻 $R'_L = R_L // R_C = \dfrac{R_C R_L}{R_C + R_L} = 1\text{k}\Omega$

放大器的电压放大倍数 $\quad A_u = -\beta \dfrac{R'_L}{r_{be}} = -\dfrac{50 \times 1}{0.96} = -52$

由计算可知，基本共射放大电路的偏置电流 I_B 只与 V_{CC} 和 R_B 有关，一般是固定的，因此具有这种偏置特点的电路称为固定偏置电路。

（二）分压式偏置放大电路

固定偏置放大电路的结构虽然简单，但静态工作点不稳定，当环境温度变化、电源电压波动或更换晶体管时，都会使原来的静态工作点改变，给电路的使用带来不便，严重时会使放大器不能正常工作。而分压式偏置放大电路则能在外界因素变化时，自动调节工作点的位置，使静态工作点稳定。

1．电路组成

图 8-7a 所示为分压式射极偏置放大电路，图 b 为其直流通路，图 c 为其交流通路。

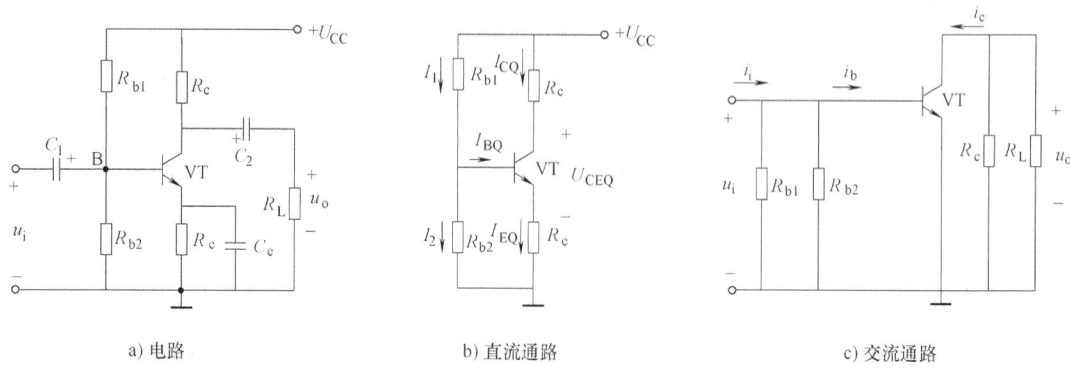

a) 电路　　　　　　　　b) 直流通路　　　　　　　c) 交流通路

图 8-7　分压式共射极偏置放大电路

与基本放大电路的区别在于：晶体管基极接了两个偏置电阻——上偏电阻 R_{B1} 和下偏电阻 R_{B2}，发射极支路串接了电阻 R_E（称为射极电阻）和旁路电容 C_E（称为射级旁路电容）。

2. 稳定过程

当温度升高，Q 点上移，I_{CQ}（或 I_{EQ}）将增加，而 U_{BQ} 是由电阻 R_{b1}、R_{b2} 分压固定的，I_{EQ} 的增加将使外加于晶体管的 U_{BEQ} 减小，从而使 I_{BQ} 自动减小，结果限制了 I_{CQ} 的增加，使 I_{CQ} 基本恒定。以上变化过程可表示为

温度升高 $(t \uparrow) \rightarrow I_{CQ} \uparrow (I_{EQ} \uparrow) \rightarrow U_{BEQ} = (U_{BQ} - I_{EQ}R_E) \downarrow \rightarrow I_{BQ} \downarrow$

$I_{CQ} \downarrow \leftarrow$

三、观察与实验

按图 8-8 所示电路做实验，给信号发生器输入适当的正弦波信号，调整静态工作点，观察示波器输出信号的变化情况。

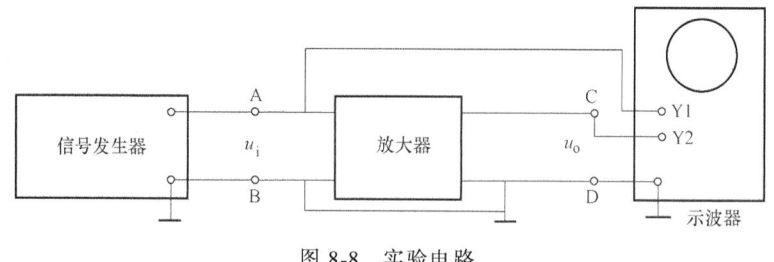

图 8-8　实验电路

1. 饱和失真

当输出信号波形负半周被部分削平，如图 8-9a 所示，这一现象称为"饱和失真"。产生饱和失真的原因是由于 Q 点偏高，输入信号的正半周有一部分进入饱和区，使输出信号的负半周被部分削平。消除失真的方法是适当增大偏置电阻 R_B，减小 I_{BQ}，使 Q 点适当下移。

2. 截止失真

当输出信号的正半周被部分削平，如图 8-9b 所示，这一现象称为"截止失真"。产生截止失真的原因是由于 Q 点偏低，输入信号的负半周有一部分进入截止区，使输出信号的正半周被部分削平。消除截止失真的方法是减小偏置电阻 R_B，增大 I_{BQ}，使 Q 点适当上移。

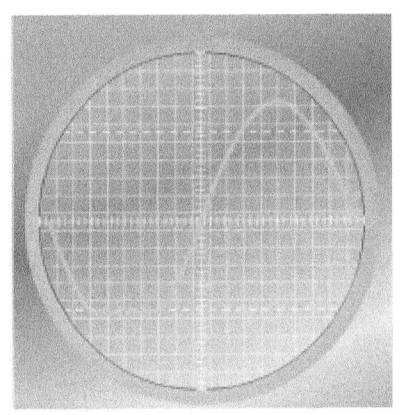

a) 饱和失真波形　　　　　　　b) 截止失真波形

图 8-9　示波器观察到的波形

3. 双向失真

由于输入信号幅值过大造成的双向失真如图 8-10 所示。如果放大电路输出波形出现双向失真,可以通过减小输入信号幅值的方法来消除。

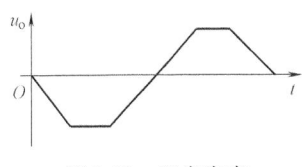

图 8-10　双向失真

饱和失真和截止失真分别是因为工作点进入饱和区和截止区(非线性区)而发生的失真,所以饱和失真和截止失真统称为"非线性失真"。为使输出信号电压最大且不失真,必须使工作点在线性区域内变化。

技能训练

基本共射放大电路的安装与调试

一、实训目的

1)学会安装基本共射放大电路。
2)学会应用电子仪器调试基本共射放大电路。

二、实训要求

1)利用所提供的元器件,搭接基本共射放大电路,并调整静态工作点,使其工作在放大状态。
2)相关实训方法、实训结果等内容依照所学知识,结合实际操作过程进行小组讨论,自主总结。

三、实训器材

基本共射放大电路套件,示波器,低频信号发生器,直流稳压电源,万用表,电烙铁等常用焊接工具。

四、实训步骤

1)核对元器件,检查元器件质量。

2）安装基本共射放大电路。

3）调试。

① 调整静态工作点。

② 调整 R_b 的阻值，观察工作点偏高、偏低对输出波形的影响。

五、注意事项

工作点"偏高"或"偏低"不是绝对的，应视相对信号的幅度而言，若输入信号幅度很小，即使工作点较高或较低也不一定会出现失真。所以，产生波形失真是信号幅度与静态工作点的设置配合不当所致。

六、思考与拓展

在静态工作点的调试过程中，有关电压等参数有哪些经验可谈？

1. 放大电路的种类（表 8-2）

表 8-2　放大电路的种类

序号	分类方法	种类	特点及应用
1	信号的大小	小信号放大器	位于多级放大电路的前级，一般用于小信号的放大
		大信号放大器	位于多级放大电路的后级，一般用于大信号的放大
2	信号的频率	直流放大器	专门用于变化极缓慢和直流信号的放大
		低频放大器	专门用于低频信号的放大
		高频放大器	专门用于高频信号的放大
3	晶体管的接法	共发射极放大器	具有电压、电流和功率放大作用，最常用的放大器之一
		共集电极放大器	具有电流和功率放大作用，无电压放大作用，又称为射极输出器或射随器
		共基极放大器	具有电压和功率放大作用，频率特性好，常用于高频放大电路中
4	电路集约程度	分立元件放大器	由多个分离元器件组成的电子电路
		集成电路放大器	利用集成技术将电子元件集成在半导体基片上，应用范围广、功能多

2. 放大电路中电压、电流符号

在没有信号输入时，放大电路中晶体管各电极电压、电流均为直流。当有信号输入时，电路中两个电源（直流电源和信号源）共同作用，电路中的电压和电流是两个电源单独作用时产生的电压、电流的叠加量（即直流分量与交流分量的叠加）。换而言之，放大电路中每一瞬间的电压、电流都可以分解成直流分量和交流分量两部分。为了清楚地表示瞬时值、直流分量和交流分量等不同的物理量，本书将电路中出现的有关电量的符号做如下规定，见表 8-3。

表 8-3　电压、电流符号的规定

字母＼下标	大写字母		小写字母	
	电压 U	电流 I	电压 u	电流 i
大写	表示电压直流分量。如 U_{BE} 表示直流发射结电压	表示电流直流分量。如 I_B 表示直流基极电流	表示交直流电压叠加的瞬时值。如 u_{BE} 表示发射结电压的瞬时值	表示交直流电流叠加的瞬时值。如 i_B 表示基极电流的瞬时值
小写	表示电压交流分量的有效值。如 U_{be} 表示交流发射结电压的有效值	表示电流交流分量的有效值。如 I_b 表示交流基极电流的有效值	表示电压交流分量。U_{be} 表示发射结交流电压分量	表示电流交流分量。如 i_{be} 表示基极交流电流分量

模块测评

1. 判断图 8-11 所示电路有无正常的电压放大作用？为什么？

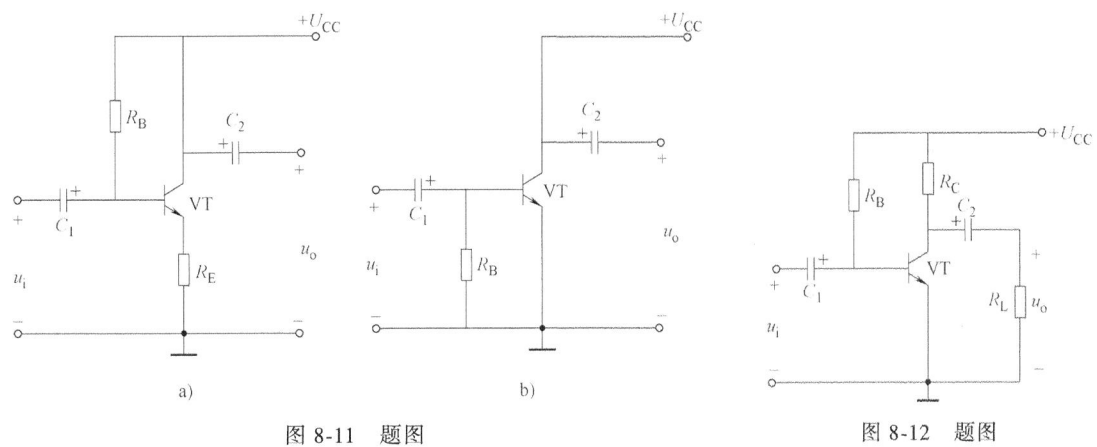

图 8-11　题图　　　　　　　　　　　　图 8-12　题图

2. 放大电路如图 8-12 所示，已知：$U_{CC}=12\text{V}$，$R_B=300\text{k}\Omega$，$R_c=4\text{k}\Omega$，$\beta=60$，$R_L=4\text{k}\Omega$，求：

（1）放大器的静态工作点（忽略 U_{BE} 的大小）。

（2）晶体管的 r_{be}。

（3）输出端未接负载时的电压放大倍数 A_u。

（4）输出端接负载时的电压放大倍数 A_u。

（5）输入电阻 R_i 和输出电阻 R_o。

3. 放大电路如图 8-13 所示，已知：$U_{CC}=12\text{V}$，$R_B=300\text{k}\Omega$，$R_C=3\text{k}\Omega$，$R_L=6\text{k}\Omega$，晶体管的输出特性曲线如图 8-13b 所示。确定静态工作点 Q，并从图中读出 I_{CQ} 和 U_{CEQ} 的数值。

4. 分压式偏置共射极放大器如图 8-14 所示。已知：$U_{CC}=16\text{V}$，$R_{B1}=60\text{k}\Omega$，$R_{B2}=20\text{k}\Omega$，$R_C=3\text{k}\Omega$，$R_E=2\text{k}\Omega$，$R_L=6\text{k}\Omega$，$\beta=60$。

（1）画出放大电路的直流通路和交流通路。

（2）求出静态工作点的数值。

（3）求电压放大倍数 A_u、输入电阻 R_i 和输出电阻 R_o。

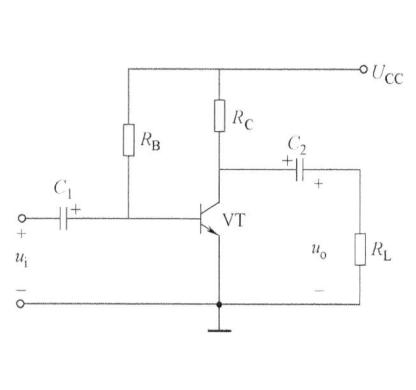
a) 放大电路

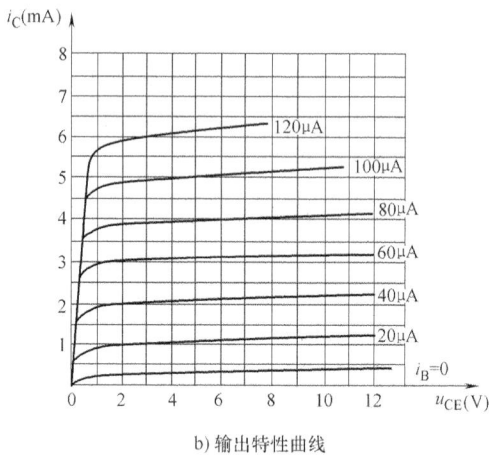
b) 输出特性曲线

图 8-13 题图

（4）假定环境温度升高，表述稳定工作点的过程。

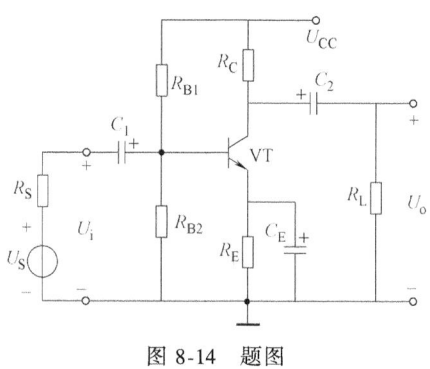

图 8-14 题图

模块二　多级放大电路的原理及应用

学习目标

1) 掌握多级放大电路放大倍数计算方法。
2) 了解多级放大电路的耦合方式及特点。

能力目标

1) 能判断多级放大电路的耦合方式。
2) 能对多级放大电路进行综合分析。
3) 能用分离元件组装、调试多级放大电路。

知识探究

在实际应用中，单管的基本共射放大电路往往不能满足工程实际对电路性能的要求，在信号很微弱时，为得到较大的输出信号电压，必须将若干个单级电压放大电路级联起来，进行多级放大,以得到足够大的电压放大倍数。多级放大电路就是由若干个单级放大器组成的,其组成框图如图 8-15 所示。多级放大电路由输入级、中间级及输出级三部分组成。

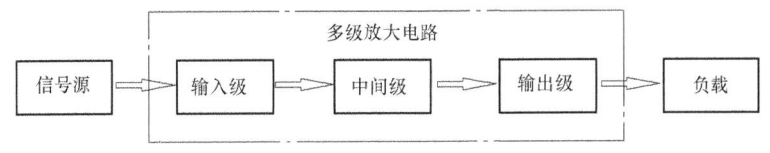

图 8-15 多级放大电路的组成框图

多级放大电路由两个或两个以上的单级放大电路组成,各级放大器之间的连接方式称为耦合。级间耦合电路位于两个单级放大器之间.它的主要作用是将前级放大器输出信号尽可能多地传输到后级放大器中,且相互影响小。放大器级与级之间的耦合方式主要有阻容耦合、变压器耦合、直接耦合和光电耦合 4 种。

一、级间耦合方式

表 8-4 列出 4 种常用的级间耦合方式的电路形式及其特点和应用。

表 8-4 4 种常用的级间耦合方式的电路

序号	耦合方式	电路形式	特 点	应用
1	阻容耦合		用容量足够大的耦合电容进行连接,传递交流信号 前后级放大器之间的直流电路被隔断,静态工作点彼此独立,互不影响	低频特性稍差,不能用于直流放大器中,一般用在低频电压放大电路中
2	变压器耦合		通过变压器进行连接,将前级输出的交流信号传递到后级 电路中的耦合变压器还有阻抗变换作用,有利于提高放大器的输出功率 能够隔离前后级的直流电路,静态工作点彼此独立,互不影响	低频特性差,又由于变压器体积大,无法集成,因此一般应用于高频调谐放大器或功率放大器中
3	直接耦合		低频特性好,可放大直流信号 前后级静态工作点相互影响,给电路的设计和调试增加了难度	低频特性好,且便于电路的集成化,因此广泛用于集成电路中
4	光电耦合		以光电耦合器为媒介实现信号的传递 光电耦合器既可以传输交流信号又可以传输直流信号,而且抗干扰能力强,易于集成	广泛用于集成电路中

二、多级放大器的近似估算

1. 估算多级放大器的电压放大倍数 A_u

多级放大器的电压放大倍数 A_u 等于各级电压放大倍数之积。即对于一个多级放大电路

有 $A_u = A_{u1}A_{u2}\cdots A_{un}$，式中，$A_{u1}$、$A_{u2}$ 和 A_{un} 分别为第一级的电压放大倍数、第二级的电压放大倍数和第 n 级的电压放大倍数。

2. 估算多级放大器的输入电阻 R_i 和输出电阻 R_o

多级放大器的输入电阻 R_i 等于第一级放大器的输入电阻 R_{i1}，即 $R_i = R_{i1}$

多级放大器的输出电阻 R_o 等于最后一级放大器的输出电阻，即 $R_o = R_{on}$

射极输出器

一、电路组成

图 8-16a 所示电路，输出信号是从发射极输出的，该电路称为"射极输出器"。输入信号 u_i 经耦合电容 C_1 加到基极与"⊥"之间，输出信号 u_o 由发射极与"⊥"之间经耦合电容 C_2 输出。由图 8-16c 所示交流通路图可以看出，输入和输出的公共端为集电极，因此，该电路又称为"共集电极放大电路"。

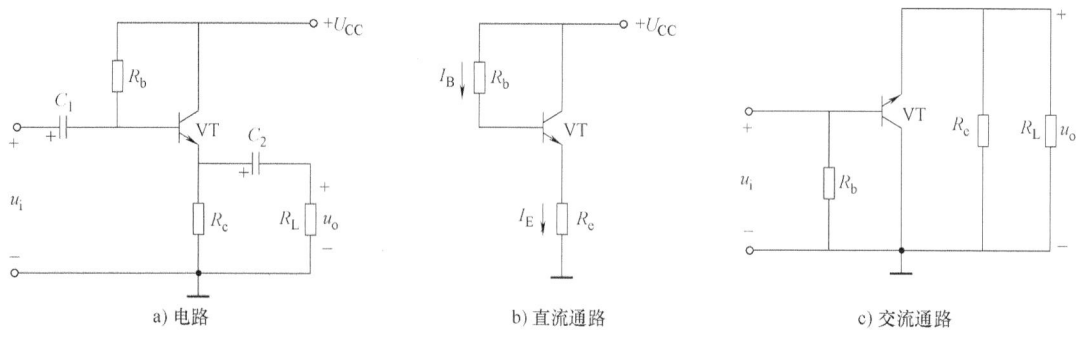

a) 电路　　　　　b) 直流通路　　　　　c) 交流通路

图 8-16　射极输出器

二、电路的特点

1. 电压放大倍数小于 1 且近似为 1

由输入回路可得
$$u_i = u_{be} + u_f \approx u_{be} + u_o$$

故
$$u_o = u_i - u_{be} \approx u_i$$

由此可知，射极输出器输出电压 u_o 总是略小于输入电压 u_i。这表明射极输出器电压放大倍数略小于 1（近似为 1），即没有电压放大能力，但是因射极电流 i_e 仍然是基极电流的 $(1+\beta)$ 倍，所以仍具有电流放大作用。

2. 输出电压与输入电压相位相同

根据瞬时极性法判断，射极输出器输出电压的瞬时极性与输入信号的瞬时极性是相同的，即 u_o 与 u_i 是同相位。由于射极输出器的输出电压 u_o 与输入电压 u_i 相位相同，且近似相等，可近似看作 u_o 随 u_i 的变化而变化，所以射极输出器又称为"射极跟随器"，简称为"射随器"。

3. 输入电阻大

一般 R_i 在几 kΩ 到几十 kΩ 之间。由此可知，射极输出器输入电阻比无反馈的共射基本放大电路输入电阻（$R_i = R_B // r_{be} \approx r_{be}$）要大得多。因此，输入电阻大，使得放大器对信号源的影响减小。

4. 输出电阻小

输出电阻小，使放大器的输出电流稳定，电路带负载的能力增强。射极输出器又称为"阻抗变换器"。

三、电路应用

1）用作多级放大电路的输入级，因输入电阻很大，可减轻放大器对信号源的影响。
2）用作多级放大电路的输出级，因输出电阻很小，可以提高电路带载能力。
3）用作多级放大电路的中间级，因其具有电压跟随作用，且输入电阻大、对前级的影响小，输出电阻小、对后级的影响也小，所以，在多级放大电路中用作中间级起缓冲、隔离作用。

模块测评

1. 多级放大器的耦合方式有哪几种？各有哪些特点？主要应用在什么场合？
2. 射极输出器有什么特点？
3. 如图 8-17 所示电路，已知：$\beta_1 = \beta_2 = 40$，$R_{B1} = R_{B2} = 300\text{k}\Omega$，$R_{C1} = R_{C2} = 2\text{k}\Omega$，$r_{be1} = r_{be2} = 1\text{k}\Omega$。求：（1）输入电阻和输出电阻；（2）空载和有载时的电压放大倍数。

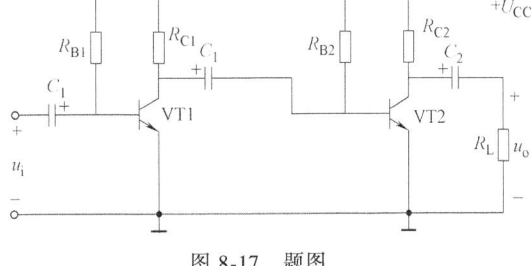

图 8-17　题图

4. 两级阻容耦合放大电路如图 8-18 所示，电路参数分别为：$R_{B11} = R_{B12} = 30\text{k}\Omega$，$R_{E1} = R_{E2} = 3\text{k}\Omega$，$R_{C1} = R_{C2} = 6\text{k}\Omega$，$R_L = 2\text{k}\Omega$，$r_{be1} = r_{be2} = 1.2\text{k}\Omega$，$A_{u1} = -36$，$A_{u2} = -50$。$R_{B21} = R_{B22} = 15\text{k}\Omega$，求：（1）放大电路的输入电阻和输出电阻；（2）放大电路总的电压放大倍数。

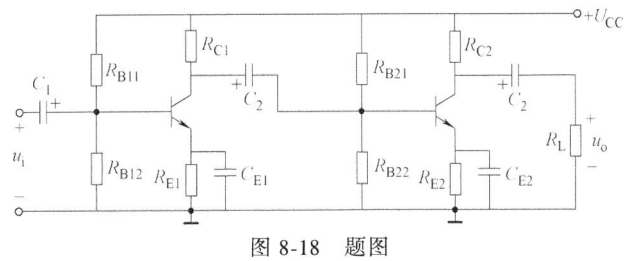

图 8-18　题图

模块三　功率放大电路的原理及应用

学习目标

1）掌握功率放大器的基本要求。

2）了解功率放大器的分类。

3）了解 OCL 电路的结构特点和性能特点。

4）了解集成功放的发展趋势及性能特点。

能力目标

1）能对 OTL 电路进行分析。

2）能认识不同功率放大电路的结构。

知识探究

从能量控制的观点来看，功率放大器和电压放大器没有本质的区别，电压放大器主要是要求向负载提供不失真的电压信号，讨论的主要指标是电压放大倍数以及电路的输入、输出电阻等；而低频功率放大器主要要求输出足够大不失真的功率信号，讨论的主要指标是最大输出功率、电源功率、放大管的极限参数及电路防止失真的措施。

一、低频功率放大器的概念

功率放大电路又称为功率放大器，简称功放。其中晶体管为主要器件，称为功率放大管，简称功放管。

（一）对功率放大器的基本要求

1. 有足够大的输出功率

为了获得足够大的输出功率，要求功率放大器的晶体管的电压和电流都允许有足够大的输出幅度，但又不超过管子的极限参数。

2. 效率要高

放大电路的效率是指负载获得的功率与电源提供的功率之比。功率放大电路输出的功率是由直流电源转换来的，在同样的输出信号功率时，效率越高的功率放大电路，直流电源消耗的功率就越低。

3. 非线性失真要小

要求功率放大器的非线性失真尽量小，特别是高保真的音响及扩音设备对这方面有较严格的要求。

4. 功放管的散热要好

功率放大器有一部分电能以热能的形式消耗于功放管，使功放管温度升高。为了使功放电路既能输出较大的功率，又不损坏功放管，通常功放管的集电极具有金属散热外壳。常见的功放管如图 8-19 所示。

图 8-19 常见的功放管

(二) 功率放大器的分类

功率放大电路的种类很多，按功放管静态工作点的不同，有甲类、乙类和甲乙类三种功率放大器。功率放大器的类型及特点见表 8-5。

表 8-5 功率放大器的类型及特点

类型	特点说明
甲类放大器	1）功放管的静态工作点选择在放大区，工作过程中，功放管始终处于导通状态 2）输入信号全波得到放大，适用于小信号放大电路 3）管耗大、效率低
乙类放大器	1）功放管的静态工作点设置在功放管的截止边缘，工作过程中，功放管仅在输入信号的正半周导通，负半周则截止 2）输入信号仅半波得到放大，失真大 3）适用于大信号放大电路，效率高
甲乙类放大器	1）功放管的静态工作点介于甲类和乙类之间，静态电流不大，波形失真小 2）适用于功率放大电路 3）效率高

二、互补对称功率放大器

甲类功率放大电路输出波形较好，但因管耗大，效率较低，最高只能达到 50%。乙类功率放大电路，虽然管耗较小，有利于提高效率，但存在严重的失真，会使输入信号的半周被削掉。但若采用两个导电性相反的管子，使它们都工作在乙类放大状态，一个在正半周工作，另一个在负半周工作，同时把两个输出波形加到负载上，在负载上得到完整的输出波形，这样就解决了效率与失真的矛盾。由于两只晶体管工作特性对称，互补对方不足，故称为互补对称功率放大器。

1. 电路组成及工作原理

图 8-20 所示为 OTL 功放电路。VT1 和 VT2 为一对导电性能相反的管子，两管接成射极输出形式，由于输出电阻很小，所以无需变压器就能与低阻负载很好的匹配。大容量的电容 C 既是输出耦合电容，同时又充当电源的作用。静态时，由于电路结构对称，所以 $U_K = U_{CC}/2$，因两管均无偏置，两管均处于截止状态，$I_{BQ} = 0$，$I_{CQ} = 0$，工作在乙类状态。

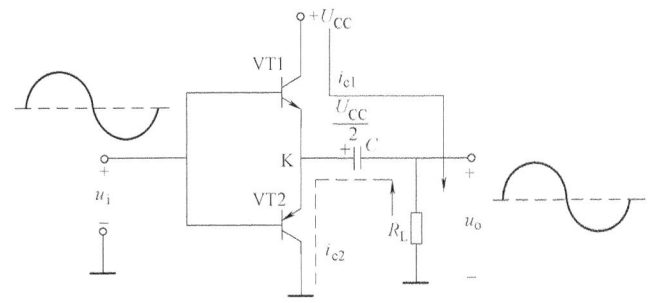

图 8-20 OTL 功放电路

当输入信号为正半周时，VT1 导通，VT2 截止，电源 U_{CC} 通过 VT1 向电容 C 充电，电流 i_{c1} 的方向如图 8-20 中实线所示方向。

当输入信号为负半周时，VT2 导通，VT1 截止，此时电容 C 上的电压（$U_K = U_{CC}/2$）通过 VT2 放电，集电极电流 i_{c2} 流过负载 R_L，此时，流过 R_L 电流的方向与 i_{c1} 方向相反，如图 8-20 中虚线所示方向。

综上所述，功放管 VT1 和 VT2 在一个周期内交替工作，在 R_L 上可获得正、负半周完整的输出信号波形，实现了信号的功率放大。虽然电容 C 在工作中有时充电，有时放电，但因其容量较大，所以，电容两端电压基本维持在 $U_{CC}/2$，起到电源的作用。

2. 实用的 OTL 功放电路

OTL 功放管工作在乙类状态，效率较高。而实际上这种电路的输出波形并不能很好地反映输入信号的变化，而是在正、负半周的交界处出现了与输入不同的失真波形，这种失真称为交越失真。经实验模拟后通过双综示波器可观察到图 8-21 所示的波形。

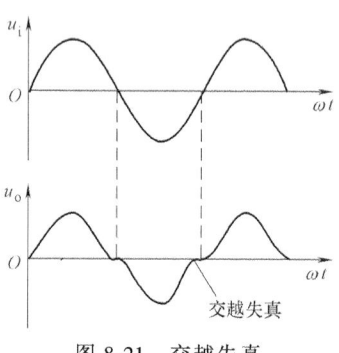

图 8-21 交越失真

 **知识拓展**

集成功率放大器

随着集成技术的不断发展，集成功率放大器产品越来越多，由于集成功放具有输出功率大、频率特性好、非线性失真小、外围元件少、成本低、使用方便的特点，因而被广泛应用在收音机、录音机、电视机及直流伺服系统中。下面简单介绍目前应用较多的小功率音频集成功放 LM386。集成功放 LM386 为 8 脚双列直插塑料封装结构，图 8-22 所示为其外形图，其引脚如图 8-23 所示。

图 8-22 LM386 外形图

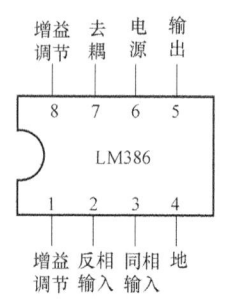

图 8-23 LM386 引脚排列图

集成功放 LM386 是一种通用型宽带集成功率放大器，属于 OTL 功放，适用的电源电压为 4~10 V，常温下功耗在 660MW 左右。

图 8-24 所示为 LM386 的应用电路图。LM386 典型应用电路常用于电话机或袖珍收音机中，作为音频放大电路。

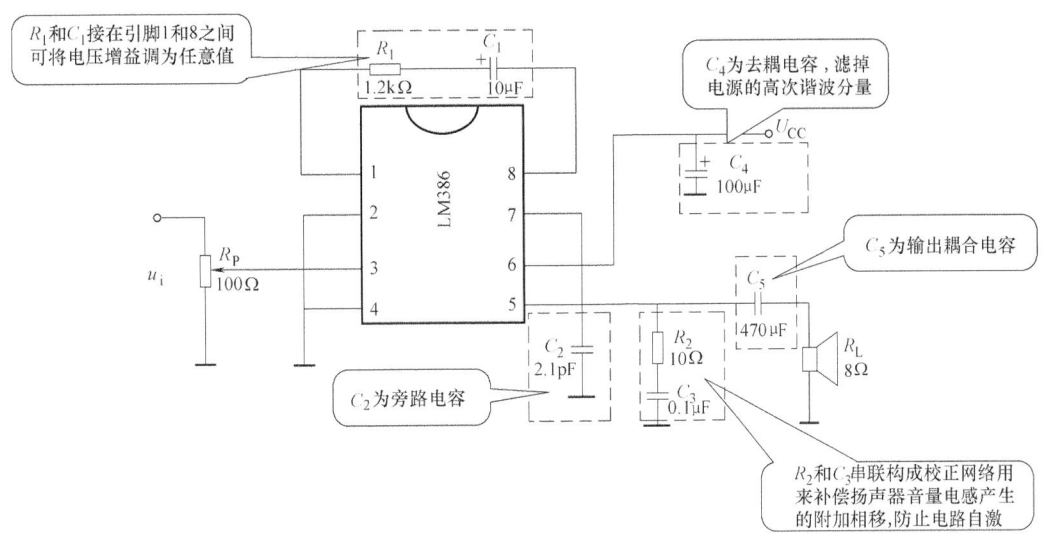

图 8-24 LM386 的应用电路图

模块测评

1. 功率放大器和电压放大器有什么区别？
2. 低频功率放大器的性能有哪些基本要求？
3. 乙类功率放大电路为什么会产生交越失真？如何消除交越失真？
4. OTL 电路和 OCL 电路结构上各有什么特点？
5. 什么是 OCL 电路？OCL 电路是如何工作的？
6. 什么是 OTL 电路？OTL 电路是如何工作的？
7. 乙类工作状态的 OTL 电路会出现什么问题？应采取什么措施来解决问题？

单元九 直流稳压电源

在电子电路设备中,一般需要稳定的直流电源供电,最经济简便的办法就是将电力系统供给的交流电变换成直流电,直流稳压电源就是实现这种转换的电子设备。直流稳压电源由电源变压器、整流电路、滤波电路和稳压电路4部分组成。电源变压器的作用是将交流电变换为直流电源所需的交流电压值。整流电路的作用是将交流电变为单一方向的脉动直流电。滤波电路的作用是将脉动直流电中的交流成分滤掉,转变为平滑的直流电。稳压电路的作用是使直流电源的输出电压稳定,消除由于电网电压波动、负载变化等对输出电压的影响。

模块一 整 流 电 路

学习目标

1) 了解单相半波整流电路的组成和工作原理。
2) 了解单相桥式整流电路的组成和工作原理。

能力目标

1) 能够实际应用单相桥式整流的充电用硅整流装置电路。
2) 能正确搭接桥式整流电路并应用于实际电路。

知识探究

将交流电变换成脉动直流电的电路称为整流电路。根据所需整流的交流电源不同,整流电路主要分为单相整流和三相整流两种;根据整流后输出的波形,又可分为半波整流和全波整流两种。

一、单相半波整流电路

1. 电路组成及工作原理

单相半波整流电路如图 9-1 所示。电源变压器将电压 u_1 变为整流电路所需的电压 u_2。u_1 正半周时,a 端正、b 端负,二极管在正向电压作用下导通,电流由 a 经 VD、R_L 到 b。因二极管正向压降很小,负载电压 $u_L = u_2$;负半周时,a 端负、b 端正,二极管

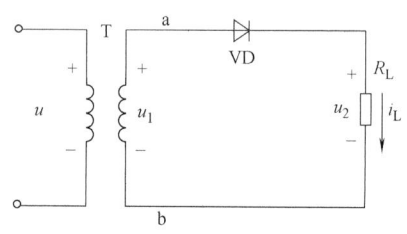

图 9-1 单相半波整流电路

在反向电压作用下截止，负载中的电流 $i_L=0$，负载两端的电压 $u_L=0$。

图 9-2 所示为输出电压、输出电流的理论波形和用示波器实测的波形。

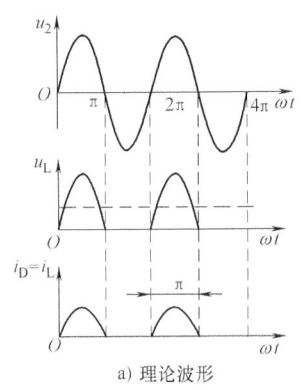
a) 理论波形

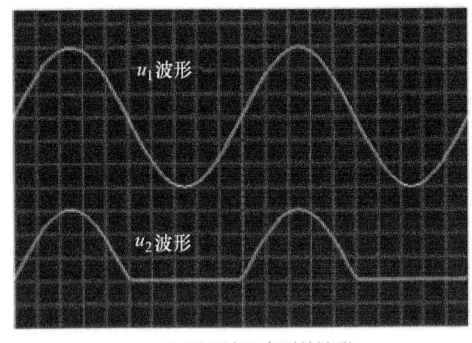
b) 用示波器实测的波形

图 9-2　工作波形

可见，交流电变化一周，正半周二极管导通，负半周二极管截止，负载 R_L 上输出的电压波形为方向不随时间变化、大小随时间变化的脉动直流电。因为输入电压变化一周而负载上仅有半周输出，故称为半波整流。

2. 主要参数计算

单相半波整流电路参数计算公式见表 9-1。

表 9-1　单相半波整流电路主要参数计算公式

电路参数	计算公式	电路参数	计算公式
输出电压的平均值	$U_L = 0.45 U_2$	通过二极管的平均电流	$I_F = I_L$
输出电流的平均值	$I_L = \dfrac{U_L}{R_L}$	二极管承受的最大反向电压	$U_{Rm} = \sqrt{2} U_2$

3. 整流二极管的选择

二极管的最大整流电流应大于二极管正向导通时的电流，即 $I_{FM} \geq I_F$，反向耐压值应大于变压器二次电压的最大值，即 $U_{RM} \geq U_{Rm}$。

4. 电路特点

半波整流电路的优点是结构简单，使用器件少；缺点是输出电压脉动大，且电源利用率低，一般应用在对直流电压波动要求不高的场合，例如蓄电池的充电等。

二、单相桥式整流电路

1. 电路组成和工作原理

单相桥式整流电路如图 9-3a 所示。图 9-3b 所示为习惯画法，图 9-3c 所示为简化画法。

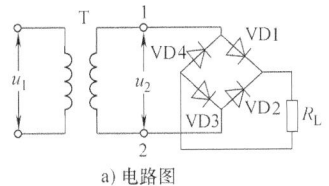
a) 电路图

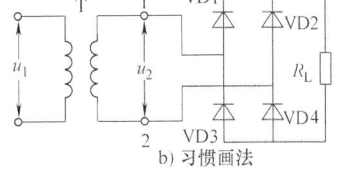
b) 习惯画法

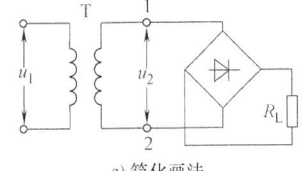
c) 简化画法

图 9-3　单相桥式整流电路

在 u_1 的正半周，a 端正、b 端负，二极管 VD1 和 VD3 在正向电压作用下导通，VD2 和 VD4 在反向电压作用下截止，电流由 a 端，经 VD1、R_L、VD3 流向 b 端，负载 R_L 上得到一个半波电压和半波电流。反向工作过程类似。电流方向如图 9-4b 所示，输出电压 $u_L = u_2$；下一个周期重复上述过程。

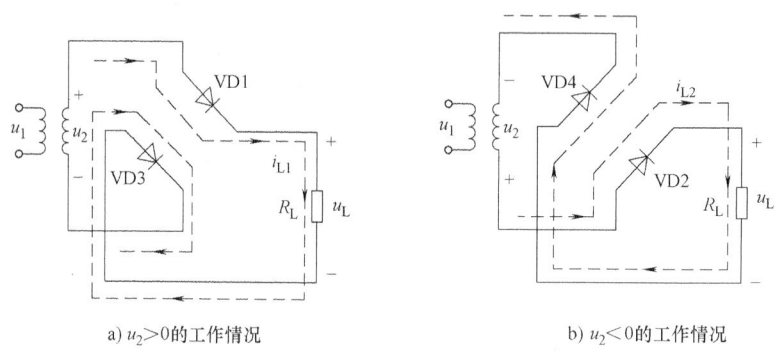

a) $u_2 > 0$ 的工作情况　　　　　　　b) $u_2 < 0$ 的工作情况

图 9-4　单相桥式整流电流通路

图 9-5 所示为输出电压、输出电流的理论波形和用示波器实测的波形。

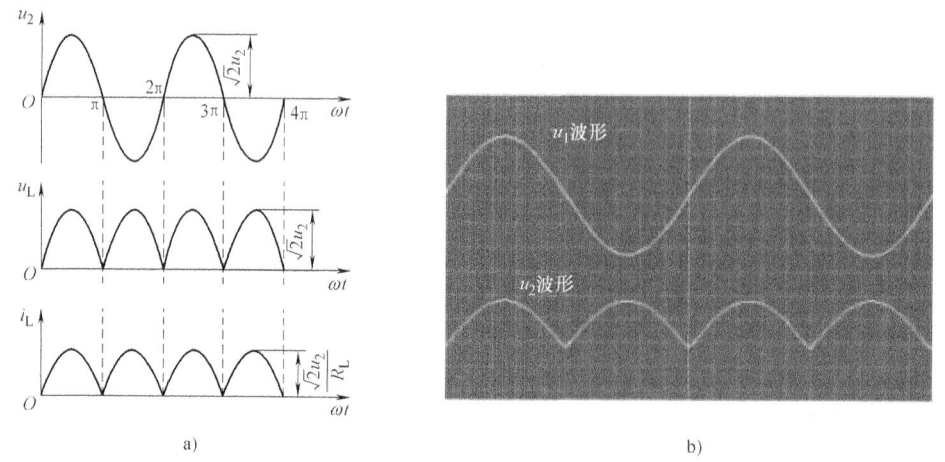

图 9-5　工作波形

可见，单相桥式整流电路在输入交流电压的正、负半周，都有同一方向的电流流过 R_L，4 只二极管两两轮流导通，通过负载的电流 $i_L = i_{L1} + i_{L2}$，在负载上得到全波脉动的直流电压和电流，这种整流电路属于全波整流电路。

2．主要参数计算

单相桥式整流电路主要参数计算公式见表 9-2。

表 9-2　单相桥式整流电路主要参数计算公式

电路参数	计算公式	电路参数	计算公式
输出电压的平均值	$U_L = 0.9 U_2$	通过二极管的平均电流	$I_F = \dfrac{1}{2} I_L$
输出电流的平均值	$I_L = \dfrac{U_L}{R_L}$	二极管承受的最大反向电压	$U_{Rm} = \sqrt{2} U_2$

3. 整流二极管的选择

桥式全波整流电路的二极管中的电流是负载电流的一半，所以选择的二极管 $I_{FM} \geq \frac{1}{2} I_{RL} = 0.45 \frac{U_1}{R_L}$；而二极管最高反向工作电压不低于交流电的峰值电压，即 $U_{RM} \geq \sqrt{2} U_2$。

4. 应用

桥式全波整流电路的脉动性比半波整流输出的直流电压和电流脉动程度要小，而且电能利用率高，所以广泛应用于整流电路中。

目前，小功率桥式整流电路的4只整流二极管被接成桥路后封装成一个整流器件，称为硅桥或桥堆，不但使用方便而且性能稳定可靠。常见整流桥外形如图9-6所示，选用时应注意它们的额定电流和允许的反向电压要符合整流电路的要求，使用时认真阅读使用说明书，清楚它们的安装方式和冷却方式以及外引线的极性等。

图 9-6 常见整流桥外形图

知识拓展

整流器件是整流装置的核心和主体，正确选用整流器件能够使整流装置在保证可靠运行的前提下降低成本。整流器件主要指整流二极管、整流堆以及整流组件等。

一、整流二极管

整流二极管一般采用硅材料制造，常称为硅整流器件。它的反向电流很小，PN结的额定结温高，而且受温度影响小，PN结面积较大，允许通过较大的电流，一般工作在频率为3kHz以下的电路中。

（一）整流二极管的结构及外形

整流二极管的内部结构同普通二极管一样均是一个PN结，常见外形如图9-7所示。

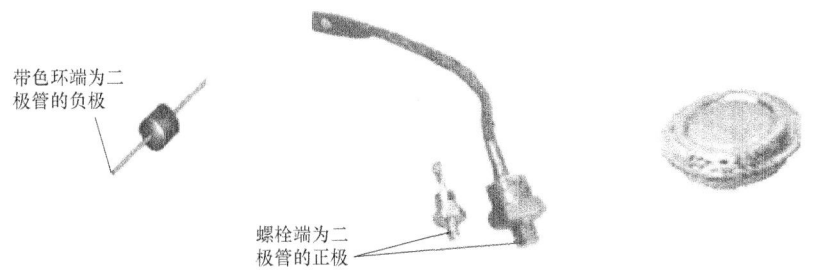

a) 小电流整流二极管　　b) 大电流整流二极管　　c) 200A以上的整流二极管

图 9-7 整流二极管的常见外形

（二）整流二极管的型号

整流二极管的型号大多数按半导体型号命名标准来命名，基本上是2CZ、2DZ系列，此外还有 ZP 系列。ZP 系列整流二极管广泛应用于大电流整流，例如电解、电镀、直流电力拖动等大功率整流设备中。

(三) 整流二极管的主要参数

1. 反向工作峰值电压 U_{RWM}

习惯称作额定电压或最大反向电压。一般规定其值为二极管反向击穿电压的 1/2。

2. 正向平均电流 $I_{F(AV)}$

习惯称作额定电流或最大整流电流。它指在规定环境和标准散热条件下，允许连续通过的工频正弦半波电流的平均值。

二、硅整流堆

将硅整流器件按某种整流方式用绝缘瓷、环氧树脂和外壳封装成一体就组成硅整流堆，习惯上统称为硅堆。它们具有可靠性高、使用方便等特点，广泛应用在各种电子电路或电气设备中，用作工频整流、高频整流和高压整流等。

(一) 硅整流堆的结构及外形

目前，硅整流堆品种较多。在内部结构上，低压小电流硅堆的整流二极管按半桥或全桥方式组合，通常称作桥堆；大电流的硅堆整流模块或整流组件采用特殊的制造工艺，将若干个硅片按桥式整流方式连同外壳等一起制造，电气原理图如图 9-8 所示。高压小电流的硅堆由多只二极管串联封装而成；高压大电流的硅堆采用方形平板式硅模块。

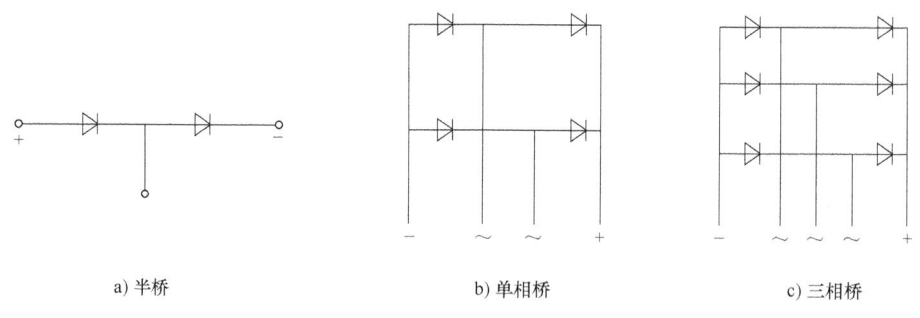

a) 半桥　　　　　b) 单相桥　　　　　c) 三相桥

图 9-8　硅桥堆 (整流模块) 内部电气原理图

通常小电流的硅堆采用环氧树脂、陶瓷和塑料封装；大电流的则用金属封装，有的还直接带有散热器。常见的硅堆外形如图 9-9 所示。

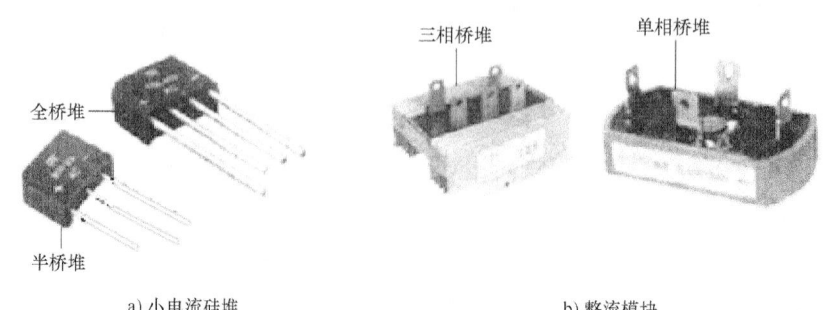

a) 小电流硅堆　　　　　b) 整流模块

图 9-9　常见的硅堆外形

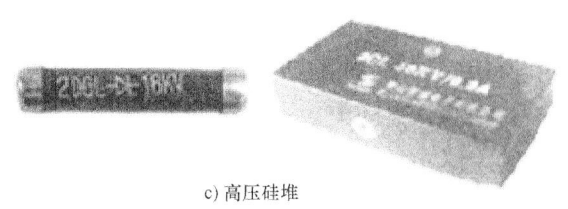

c) 高压硅堆

图 9-9　常见的硅堆外形（续）

（二）硅整流堆的型号

目前对各种硅整流堆尚无完全统一的命名标准，需参考有关生产厂商的产品说明书。高压硅堆的基本型号是 2DL、2CL；高频高压硅堆有 2DGL、2CGL 系列。

（三）硅整流堆的主要参数

1. 额定反向峰值电压
2. 正向平均整流电流

模块测评

1. 图 9-10 所示为单相桥式整流电路，已知 $U_2 = 220\text{V}$，$R_L = 500\Omega$，求：

（1）负载电压 U_L。

（2）二极管承受的最高反向电压 U_{RM}。

（3）现给出 A、B 两种型号（A：$I_{FM} = 3\text{A}$，$U_{RM} = 400\text{V}$；B：$I_{FM} = 2\text{A}$，$U_{RM} = 300\text{V}$）的二极管，计算并选用哪种型号的二极管更适合此电路。

2. 图 9-11 所示为单相桥式整流电路，已知电源变压器一次电压 $U_1 = 220\text{V}$，电压比 $k = 22$，负载电路 $R_L = 1\text{k}\Omega$，在下列各种情况下求输出电压 U_L 和负载电流 I_L。

（1）开关 S1 断开、S2 合上时。

（2）开关 S1 和 S2 都合上时。

（3）开关 S1 合上、S2 断开时。

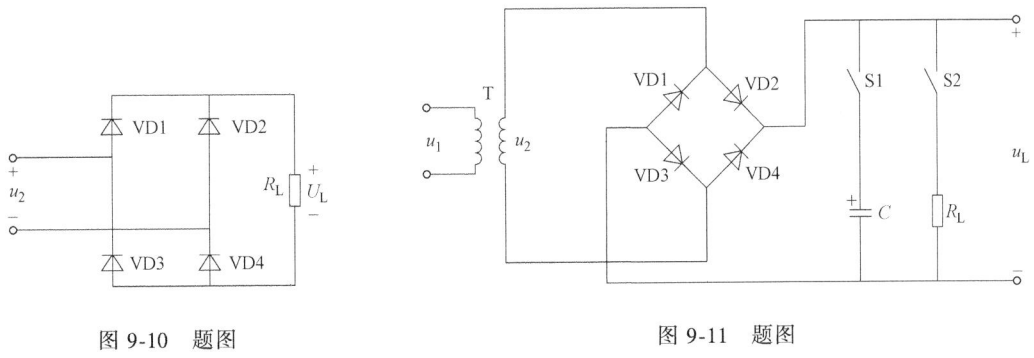

图 9-10　题图　　　　　　图 9-11　题图

3. 把图 9-12 中的电源变压器、4 只二极管和负载电阻连接成桥式整流电路，要求完成的电路简明整齐。

4. 图 9-13 所示电路，电源电压 $U_2 = 220\text{V}$，变压器电压比 $K = 11$，负载 $R_L = 1\text{k}\Omega$，

则电压表 V、V_2 和电流表 A 的读数分别为多少？二极管的平均电流和最高反向电压为多大？

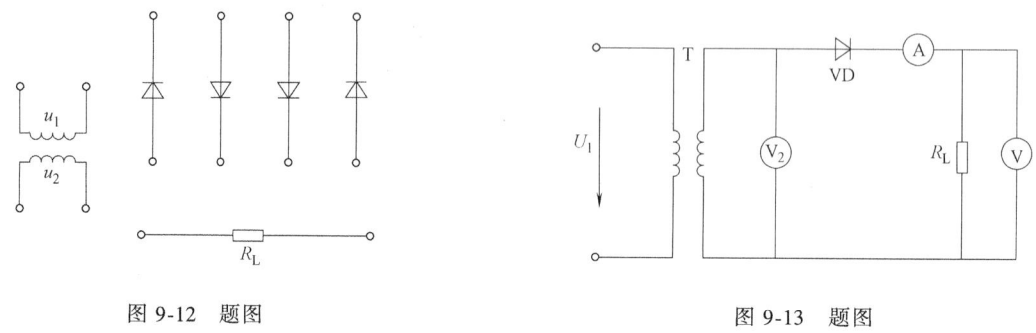

图 9-12 题图　　　　　　　　　　　图 9-13 题图

5. 桥式整流电路中有 4 只整流二极管，所以每只二极管中电流的平均值等于负载电流的 1/4，这种说法对吗？为什么？

6. 在单相桥式整流电路中，4 只二极管极性全部反接，对输出有何影响？若其中 1 只二极管断开、短路或接反时，对输出又有何影响？

模块二　滤　波　电　路

学习目标

1) 掌握电容滤波电路的组成和工作原理。
2) 掌握电感滤波电路的组成和工作原理。
3) 了解复式滤波电路和电子滤波电路的概念。

能力目标

能够根据各种滤波电路的特点与适用条件，选择合适的滤波电路。

知识探究

交流电经整流转变成脉动直流电，含有较大的交流分量，这种不平滑的直流电仅能在电镀、电焊、蓄电池充电等要求不高的设备中使用，不能适应大多数电子电路和设备的需要。为了得到平滑的直流电，一般在整流电路之后需接入滤波电路，把脉动直流电的交流成分滤掉。滤波电路主要由电容、电感等储能元件组成，常用的滤波电路有电容滤波电路、电感滤波电路、复式滤波电路和电子滤波电路。

一、电容滤波电路

（一）电路组成和工作原理

图 9-14a 所示为单相半波整流电容滤波电路，它由容量很大的电解电容器 C 与负载 R_L 并联组成。假设接通电源前，电容 C 两端电压为 0。当 $u_2>0$ 时，二极管 VD 导通，u_2 向电容 C 充电，忽略二极管正向电阻，则充电速度很快到达 u_2 的峰值。此后 u_2 按正弦规律下降

至低于电容两端电压。由于电容两端电压不能突变，仍保持较高的电压，这时因 $u_C > u_2$，二极管 VD 承受反向电压截止，电容 C 通过 R_L 进行放电，由于 C 和 R_L 较大，放电速度很慢，随着放电的进行 u_C 下降，直到下一个周期开始 $u_2 > u_C$ 时，二极管 VD 再次导通，C 再次被充电，如此重复。通过这种周期性充放电，达到滤波的目的。图 9-14b 所示为滤波电路的理论工作波形。

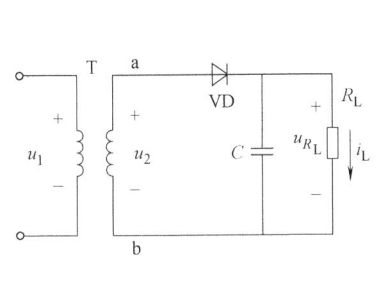
a) 单相半波整流滤波电路

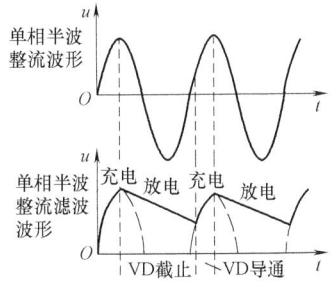
b) 单相半波整流滤波电路波形

图 9-14　单相半波整流电容滤波电路

图 9-15a 所示为单相桥式整流电容滤波电路，由于在 u_2 的一个周期内电容充放电两次，输出更加平滑。

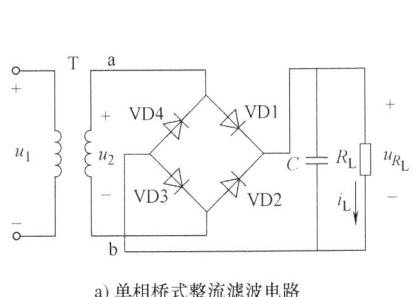
a) 单相桥式整流滤波电路

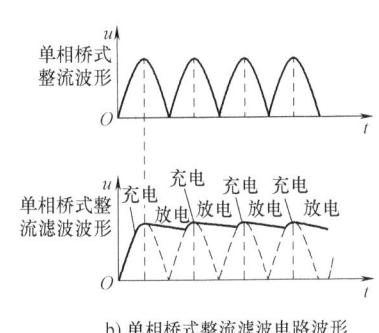
b) 单相桥式整流滤波电路波形

图 9-15　桥式整流电容滤波电路

(二) 有关参数计算

半波整流和桥式整流经电容滤波后，有关电压和电流的估算可见表 9-3。

表 9-3　单相整流电容滤波电路电压和电流的估算公式

整流电路形式	输入交流电压（有效值）	电容滤波电路输出电压 U_L		整流器件上电压、电流	
		负载开路时电压	带负载时的电压（估算值）	最大反向电压 U_{Rm}	通过的电流 I_F
半波整流	U_2	$\sqrt{2} U_2$	U_2	$2\sqrt{2} U_2$	I_L
桥式整流	U_2	$\sqrt{2} U_2$	$1.2 U_2$	$\sqrt{2} U_2$	$0.5 I_L$

滤波电容的选用：
单相半波整流滤波电路：

$$C \geq (3 \sim 5)\frac{T}{R_L}$$

单相全波（桥式）整流滤波电路：

$$C \geq (3 \sim 5)\frac{T}{2R_L}$$

式中 T 为电网电压周期。

（三）电路特点

电容滤波具有电路结构简单、输出电压高、脉动小等优点，一般电容器的容量或 R_L 的越大时，滤波效果越好，但只适用于负载电流较小的场合。

二、电感滤波电路

当一些电气设备需要脉动小、输出电流大的直流电源时，若采用电容滤波电路，则电容容量必定很大，二极管的冲击电流也很大，这就使得二极管和电容器的选择很困难，在此情况下往往采用电感滤波电路。

图 9-16a 所示为电感滤波电路，它由电感 L 与负载 R_L 串联组成。由于通过电感的电流不能突变，电感与负载串联，流过负载的电流不能突变，所以输出电流的波形平滑，输出电压的波形也平滑，图 9-16b 所示为电感滤波后的工作波形。

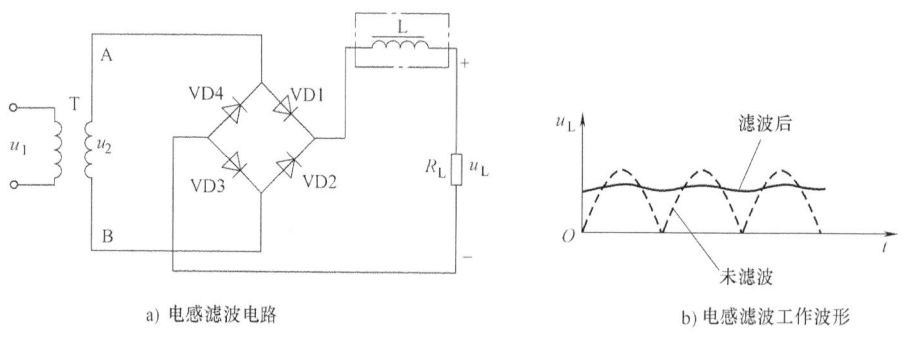

a) 电感滤波电路　　　　　　　　b) 电感滤波工作波形

图 9-16　带有电感滤波的单相桥式整流电路

电感滤波电路对整流二极管没有电流冲击。一般电感量 L 越大，R_L 越小，滤波效果越好，所以，电感滤波电路适用于负载电流较大的场合。一般 L 取几亨到几十亨。为了增大 L 值，电感多用带铁心的线圈，线圈的电感量越大，滤波效果越好，但电感量过大的线圈其体积较大而且笨重，所以电感滤波主要用于电容滤波难以胜任的大电流负载或负载经常变化的场合，在小功率的电子设备中很少使用。

知识拓展

复式滤波电路

复式滤波电路是由两种或两种以上的滤波元件组成的，滤波效果要比单电容或单电感滤波效果好。

图9-17a所示为LC-r型滤波电路，图9-17b所示为LC-π型滤波电路。其中LC-r型滤波电路是经过了电感电容两次滤波，所以其输出的直流电压和电流更平滑。LC-π型滤波电路由于有3个元件进行滤波，所以滤波效果比LC-r型好。

图9-17c所示为RC-π型滤波电路。在负载电流不大的情况下，为降低成本，缩小体积，减小质量，可选用电阻R来代替L。但电阻R对交流和直流成分均产生压降，故会使输出电压下降。一般R取几十到几百欧。

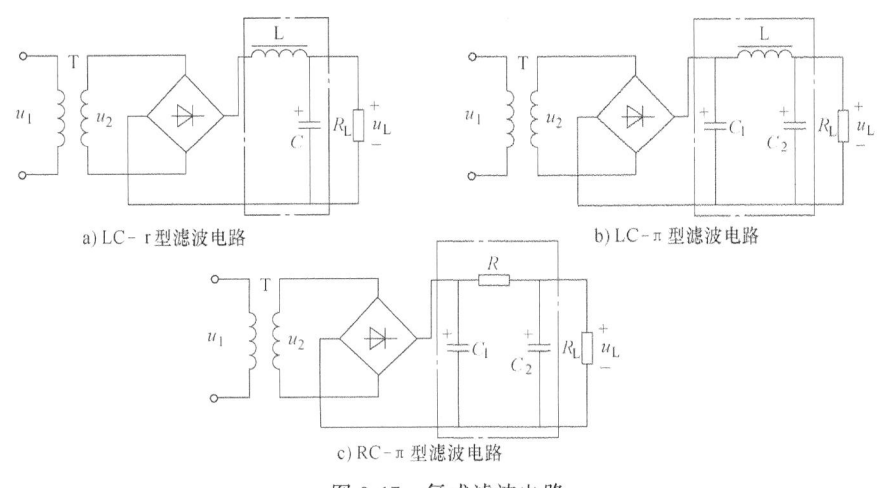

a) LC-r型滤波电路　　b) LC-π型滤波电路

c) RC-π型滤波电路

图 9-17　复式滤波电路

模块测评

1. 滤波电路的作用是什么？采用的滤波电路有哪些形式？

2. 在单相半波、桥式整流电路中，有无滤波电容？二极管承受的最高反相电压有无差异？为什么？

3. 有一单相半波整流电容滤波电路，已知负载电阻 $R_L = 750\Omega$，变压器二次电压 $U_2 = 20V$，求输出电压 U_o 和负载电流 I_o。

4. 图9-18所示电路中，已知 u 为 220V 正弦交流电，如果负载电阻上的直流电压 $U_L = 30V$，完成下列各题：

（1）在桥臂上画出4只整流二极管。

（2）求变压器的电压比。

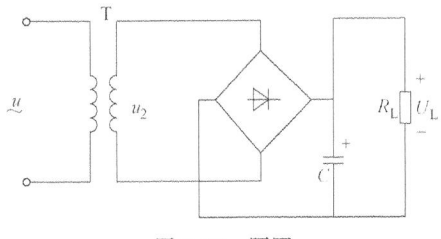

图 9-18　题图

（3）如果电容 C 开路，其他元件正常，则 U_L 为多少？二极管承受的最大反向电压是多少？

（4）如果一只二极管开路，负载上的电压是多少？

5. 单相桥式整流电容滤波电路如图9-19所示，变压器一次电压 $U_2 = 220\sin 314t$，若负载两端电压 $U_L = 24V$，$I_L = 100mA$。求（1）求变压器

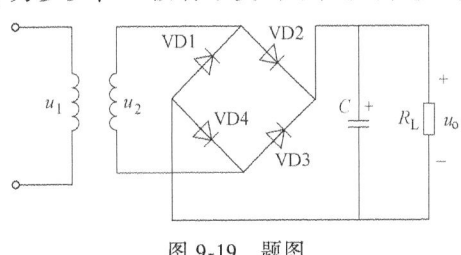

图 9-19　题图

的电压比；（2）选择整流二极管；（3）选择滤波电容的容量。

6. 有一电容滤波的单相桥式整流电路，输出电压为24V，电流为300mA，要求：

（1）画出电路原理图，并标出电容极性和输出电压极性。

（2）选择整流二极管。

（3）选择滤波电容。

模块三　稳压电路的结构原理及应用

学习目标

1) 掌握稳压二极管的工作特性和主要参数。
2) 掌握晶体管串联稳压电路的组成和原理。

能力目标

能够设计并制作一个简单的稳压电路。

知识探究

交流电经整流、滤波后已经变成比较平滑的直流电，但是其幅值往往随电源电压波动或负载电流的变化而变化，还不能满足电子电路的需要，这就需要在整流、滤波后再增加稳压电路，以保持电源电压或负载电流变化时，仍然输出稳定的直流电压。目前，中小功率设备中广泛采用的稳压电路有并联型稳压电路、串联型稳压电路、集成稳压电路和开关稳压电路等。

一、稳压二极管的工作特性和主要参数

（一）工作特性

稳压二极管简称稳压管，是一种特殊的面接触型半导体硅二极管。稳压二极管的图形符号如图9-20a所示。它的伏安特性如图9-20b所示。通过伏安特性曲线，可以看出其正向特性与普通二极管相似，而其反击穿特性曲线比普通二极管更陡峭。

在正常情况下，稳压二极管工作在反向击穿区，由于曲线很陡，反向电流在很大范围内变化时其两端电压却基本保持不变，因而具有稳压作用。只要控制反向电流不超过一定值，管子就不会过热而损坏。

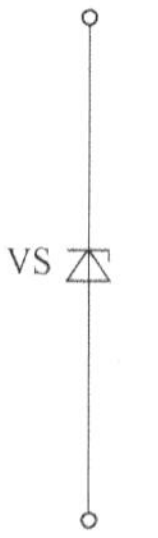

a) 图形符号 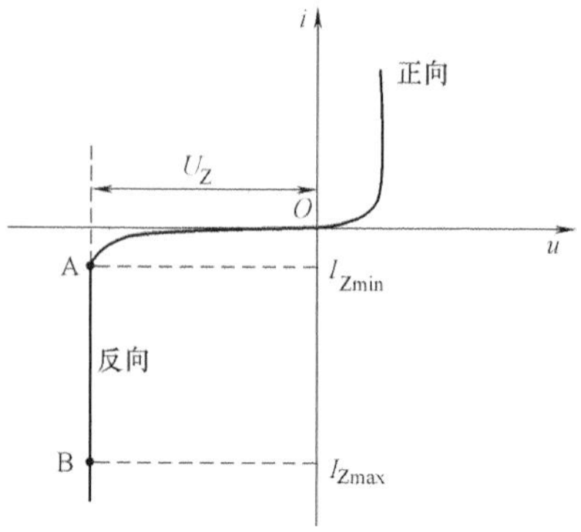　　b) 伏安特性曲线

图9-20　稳压二极管

（二）主要参数

稳压二极管（稳压管）的主要参数见表9-4。

表 9-4　稳压二极管（稳压管）的主要参数

名称	符号	说明
稳定电压	U_Z	稳压管的反向击穿电压，它是稳压管正常工作时两端所呈现的电压
最大稳定电流	I_{Zmax}	稳压管正常工作时允许通过的最大电流，使用时实际电流不得超过此值，否则会损坏
最小稳定电流	I_{Zmin}	稳压管进入正常工作状态所必需的最小电流，使用时，通过稳压管的电流不能小于此值，否则稳压管将截止
稳定电流	I_Z	稳压管正常工作时反向电流的参考数值，一般情况下，稳定电流在最大稳定电流和最小稳定电流之间
最大耗散功率	P_{ZM}	稳压管正常工作时所能承受的最大耗散功率，在数值上等于稳定电压 U_Z 和最大稳定电流 I_{Zmax} 的乘积，即 $P_{ZM} = U_Z I_{Zmax}$ 在实际应用中，由于稳定电压是固定的，为了使稳压管的实际耗散功率小于 P_{ZM}，必须限定通过稳压管的电流，使之不超过最大稳定电流 I_{Zmax}，否则温度过高会影响稳压效果，甚至损坏稳压管。一般情况下大功率稳压管工作时要加装散热装置

二、简单稳压电路

（一）电路组成

图 9-21 所示为简单稳压电路。图中 R 为限流电阻，稳压管 VS 反向并联在负载 R_L 两端，所以又称为并联稳压电路。

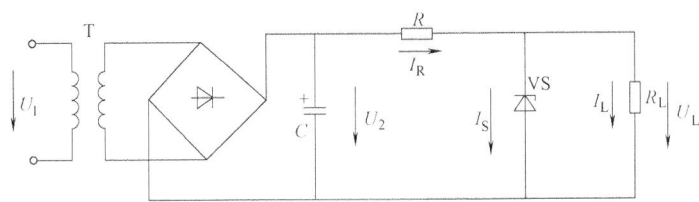

图 9-21　简单稳压电路

（二）稳压原理

1）设 R_L 不变，若电网电压 U_1 升高时，则整流输出电压 U_2 上升，导致 VS 及 R_L 两端的电压上升。只要 U_L 有很少增加，I_Z 就会显著增加，又使通过 R 中电流 I_R 增大，R 上的电压降 U_R 显著增加。因 $U_L = U_2 - U_R$，所以 U_L 又下降，以保持稳定。其过程可表示为：

$$u_1 \uparrow \rightarrow U_1 \rightarrow U_L \uparrow \rightarrow I_L \uparrow \rightarrow I_R \uparrow \rightarrow U_R \uparrow$$
$$U_L \downarrow \leftarrow$$

2）设电网电压不变，则 U_2 不变，由于负载变化使 U_L 下降，则 I_Z 减小，导致通过 R 中电流 I_R 减小，U_R 下降，所以 U_L 又上升，以保持输出电压稳定。其过程为：

$$U_L \downarrow \rightarrow I_S \downarrow \rightarrow I_R \downarrow \rightarrow U_R \downarrow$$
$$U_L \uparrow \leftarrow$$

并联稳压电路结构简单，设计制作容易，但输出电压受到稳压管自身参数的限制，因此适用于输出电压固定且负载电流变化范围不大的场合。当负载电流较大且要求稳压性能较好时，可采用串联稳压电路。

三、晶体管串联型稳压电路

(一) 电路组成

图 9-22a 所示为带放大环节的晶体管串联稳压电路。它由调整部分（调整管 VT1）、取样电路（R_1、R_w、R_2 组成的分压器）、基准电路（稳压管 VS 和 R 组成的稳压电路）、比较放大电路（放大管 VT2 等）。R_e 既是放大管 VT2 的集电极电阻，又是调整管 VT1 的偏置电阻。其组成框图如图 9-22b 所示。

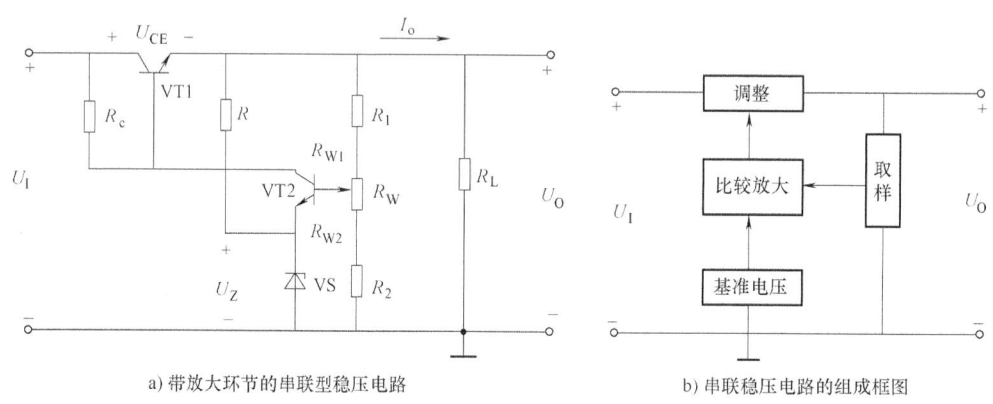

a) 带放大环节的串联型稳压电路　　　b) 串联稳压电路的组成框图

图 9-22　串联型稳压电路

(二) 稳压原理

稳压过程表示为

$$U_1 \uparrow \to U_0 \uparrow \to U_{B2} \uparrow \to U_{BE2} \uparrow \to I_{C2} \uparrow \to U_{C2} \downarrow (U_{B1})$$
$$U_0 \downarrow \leftarrow U_{CE1} \leftarrow I_{C1} \leftarrow U_{BE1} \downarrow$$

带放大环节的串联稳压电路是通过取样电路从输出电压 U_L 中取出，送给 VT2 管基极 U_{B2}，U_{B2} 与基准电压 U_Z 相比较，然后 VT2 对差值进行放大后控制调整管，调节其管压降 U_{CE1}，从而使输出电压保持稳定。

(三) 输出电压的调节

需要改变输出电压时，调节电位器 R_W 即可。

集成稳压器

分立元件稳压电源存在组装麻烦、可靠性差、体积大等缺点。近年来，具有稳压精度高、工作稳定可靠、外围电路简单、体积小、质量轻等显著优点的集成稳压器，在各种电源电路中得到了普遍应用。

一、三端集成稳压器的型号和参数

常用的三端集成稳压器有金属圆形封装、金属菱形封装、带散热板塑封、双列直插式封装等封装形式，其外形如图 9-23 所示。

(一) 三端固定输出集成稳压器

三端固定输出稳压器有输入端、输出端和公共端三个引出端。常用的 CW78×× 系列是正

 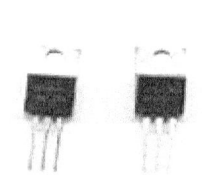  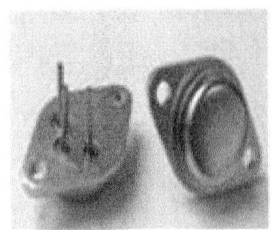

金属圆形封装　　　　带散热板塑封　　　　双列直插式封装　　　　金属菱形封装

图 9-23　三端集成稳压器外形

压输出，CW79××系列是负压输出。CW78××系列和 CW79××系列外形一样，但引脚不同，功能也不同。

其型号意义如下：

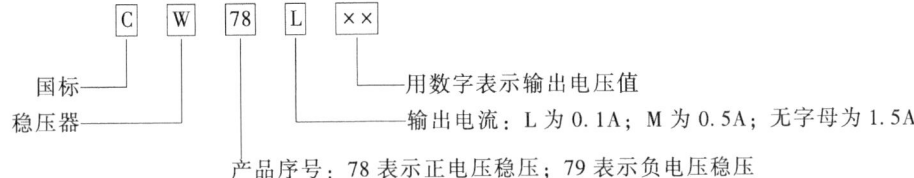

电路型号中的"××"表示该电路输出电压值，分别为 ±5V、±6V、±9V、±12V、±15V、±18V、±24V 共七种，可根据实际需要选择使用。例如，CW7809 输出电压为 9V，CW7912 输出电压为 -12V。

(二) 三端可调输出集成稳压器

三端固定输出集成稳压器输出电压不可调，可调式集成稳压器不仅输出电压可调，而且稳压性能优于固定式，它的三个引出端分别为输入端、输出端和调整端，其可调输出电压也有正、负之分，常用的 CW117/CW217/CW317 是正压输出，CW137/CW237/CW337 是负压输出。它们的输出电压分别为 ±（1.2～37）V，连续可调。其外形与 CW78×× 系列和 CW79××系列相似。

其型号意义如下：

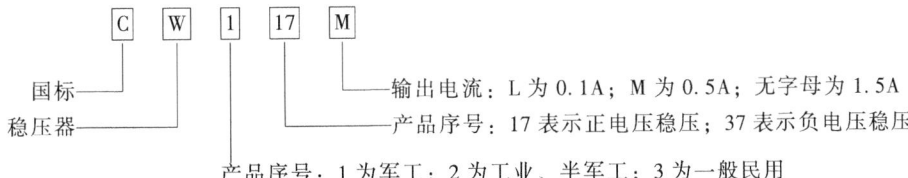

国产三端集成稳压器的封装形式有 F—1 型、F—2 型、TO—92 型、S—1 型、S—7 型等多种，三个引脚的排列和它们的功能，不同型号或不同厂家的产品可能并不相同，使用时一定要注意查看说明书。

二、三端集成稳压器的应用

(一) 三端固定式集成稳压电路

1. 基本应用电路

图 9-24 所示为三端固定式集成稳压器的基本应用电路。电路中，输入端接电容 C_1 用于

减小输入电压的脉动和防止过电压,输出端接电容 C_2 用于消除输出电压的波动,并具有消振作用。

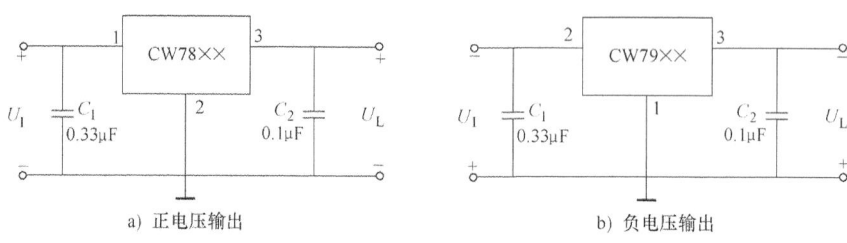

a) 正电压输出　　　　　　　　　　　　b) 负电压输出

图 9-24　三端固定式集成稳压器的基本应用电路

2. 提高输出电压的稳压电路

当实际需要的直流电压超过集成稳压器规定值时,可外接一些元件来适当提高输出电压。图 9-25 所示为可提高输出电压的稳压电路。图中 R_1、R_2 为外接的电阻。输出电压为

$$U_L = \left(1 + \frac{R_2}{R_1}\right) U_{XX}$$

式中　U_{XX}——集成稳压器的额定电压。

3. 扩大输出电流的稳压电路

CW78×× 系列三端集成稳压器输出电流最大只有 1.5 A,当某些场合需要更大电流时,可采用图 9-26 所示电路来扩大输出电流。电路输出的电流为

$$I_L = I_o + I_C$$

式中　I_o——稳压器的输出电流;

　　　I_C——外接大功率管的集电极电流。

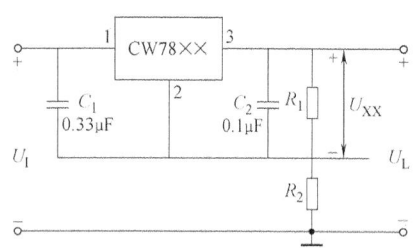　　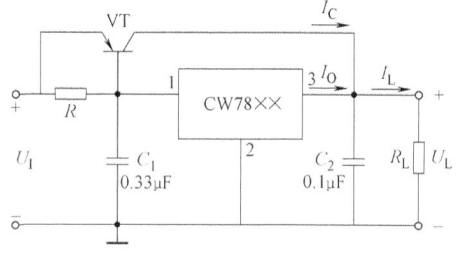

图 9-25　提高输出电压的稳压电路　　　图 9-26　扩大输出电流的稳压电路

4. 同时输出正、负电压的稳压电路

在电子电路中,常常需要同时输出正、负电压的双向直流电源,由集成稳压器组成的这种电源形式较多,如图 9-27 所示。该电路具有共同的公共端,可以同时输出正、负两种电源。

(二) 三端可调式集成稳压电路

1. 基本应用电路

图 9-28 所示为三端可调式集成稳压器的基本应用电路。电路中,输入端接电容 C_1 用于

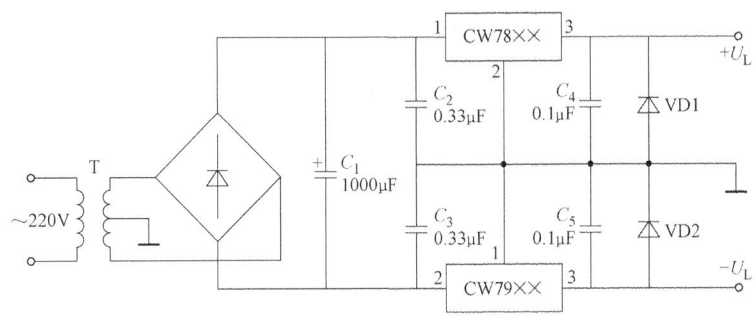

图 9-27　同时输出正、负电压的稳压电路

减小输入电压的脉动和防止过电压，C_2 可消除 R_p 上的纹波电压，使取样电压稳定，输出端接电容 C_3 用于消除输出电压的波动，并具有消振作用。

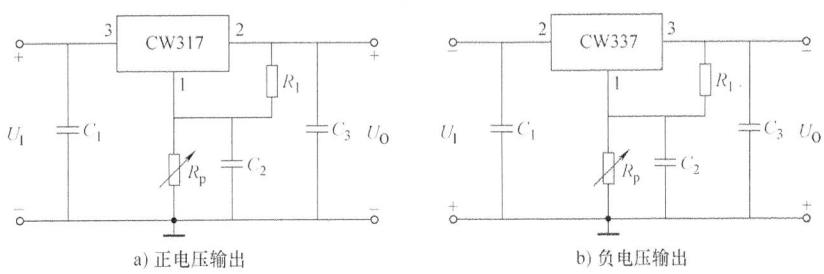

a) 正电压输出　　　　　　　　b) 负电压输出

图 9-28　三端可调式集成稳压器的基本应用电路

输出电压为

$$U_O = 1.25\left(1+\frac{R_p}{R_1}\right)U_I$$

使用中 R_1 要紧靠在稳压器输出端和调整端接线，以免当输出电流大时，附加压降影响输出精度；R_2 的接地点应与负载电流返回接地点相同，且 R_1 和 R_2 应选择同种材料制作的电阻，精度尽量高一些。

2. 提高输出电压的应用电路

图 9-29 所示是应用三端集成稳压器 CW317 构成的提高输出电压的稳压电路。调整 R_p 可改变取样电压值，从而控制输出电压。

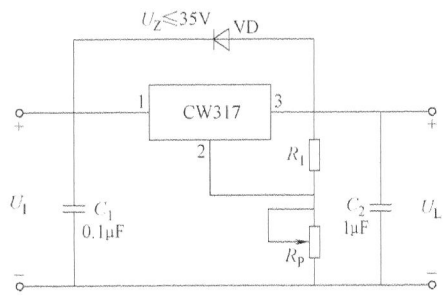

图 9-29　应用 CW317 构成的提高输出电压的稳压电路

制作家用调光台灯电路

一、实训目的

1) 学会制作整流电路并将其应用于实际电路。

2）熟悉简单实用小电子电路的制作过程。

二、实训要求

1）利用所提供实训器材及电路图，设计布线、组装调光台灯电路。
2）合理布局，安全规范操作。
3）依照前面所学知识，查找资料或小组讨论等方式自主分析填写相关原理。

三、实训器材

4 只二极管 1N4007，1 只单向晶闸管 MCR100-6，2 只 10μF 电容，1 只 33kΩ 变阻器，1 只 10kΩ 电阻，1 只白炽灯。

四、实训步骤

1）核对元器件，检测元器件好坏。
2）按图 9-30 所示设计布线、组装调光灯电路。

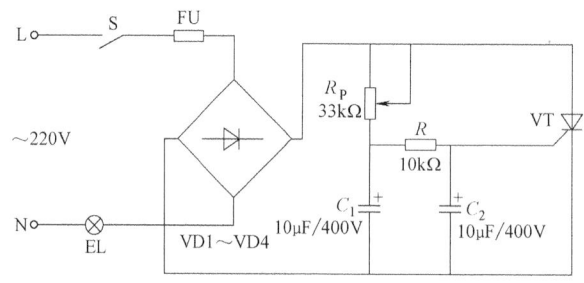

图 9-30 调光灯电路

3）插接元器件，可靠焊接及连接电路，经检查无误后通电测试灯亮情况。
4）调节 R_p，观察灯的亮度变化情况。

五、思考与拓展

设定故障，分 VD1 短路、VD1 断路、VD1 接反三种情况做实验，观察灯亮情况，与正常情况做比较，总结出现相应现象时如何判断电路故障。

模块检测

1. 稳压二极管的稳压原理是怎样的？它正常工作时处于什么样的状态？
2. 要获得+15V、-9V 的直流稳压电源，应各选用什么型号的集成稳压器？
3. 如图 9-31 所示电路，已知负载电阻 R_L 为 100Ω，要求直流电压 U_L = 30V，求：（1）在桥臂上画出 4 只整流二极管，标出电容 C 的正极；（2）流过每只二极管的平均电流 I_F。
4. 如图 9-32 所示是用三端集成稳压器组成的直流稳压电路。说明各元器件的作用，并且指出电路在正常工作时的输出电压值。

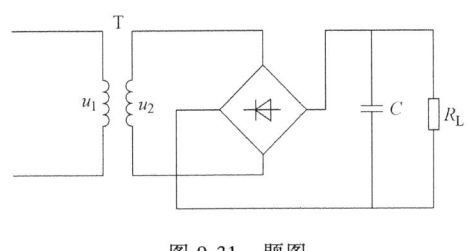

图 9-31 题图

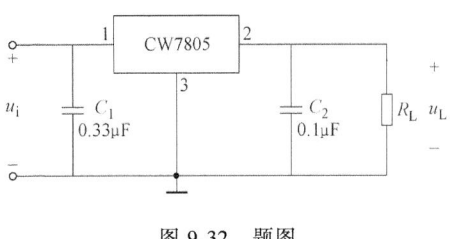

图 9-32 题图

5. 电路元器件如图 9-33 所示,将其连接成输出电压 5V 的直流电源。

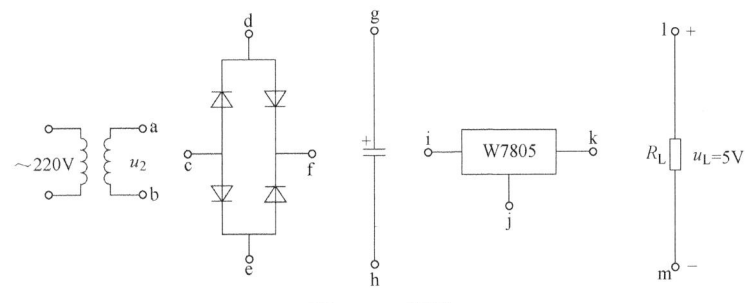

图 9-33 题图

单元十 集成运算放大器

集成运算放大器简称集成运放,是一种模拟集成电路,具有很高放大倍数的电路模块。早期应用于模拟计算机中,用以实现数学运算,并由此而得名。集成运放具有体积小、质量小、耗电省、性能优良、通用性强等优点。

模块一 集成运算放大器的基本电路

学习目标

1) 了解集成运算放大器的电路组成、符号及主要参数。
2) 掌握集成运算放大器的两种基本电路。

能力目标

1) 能运用集成运算放大器的相关概念分析电路原理。
2) 能够分析运算放大器的两种基本电路的原理。

知识探究

一、集成运算放大器的基本特征概述

(一) 集成运放的电路组成及符号

1. 电路组成

集成运放的组成框图如图10-1所示,通常包括输入级、中间级、输出级及偏置电路。

(1) 输入级 一般都采用差分放大电路。它有同相和反相两个输入端。集成运放只对输入端的差模信号进行线性放大,而对输入端的共模信号基本不放大。即当集成运放工作在线性区时,输出电压为 $u_o = A_{od}(u_+ - u_-)$。其中,A_{od} 为差模电压放大倍数,或称为开环增益。

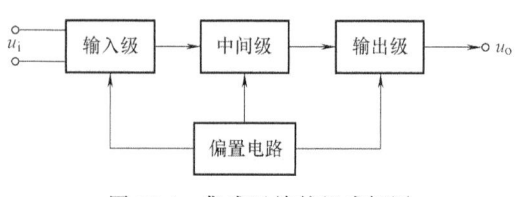

图 10-1 集成运放的组成框图

(2) 中间放大级 一般由一级到两级共射放大电路组成,其放大倍数可达几千倍以上。

(3) 输出级 输出级的作用是为负载提供一定幅度的信号电压和信号电流,并具有一定

的保护功能。输出级一般采用输出电阻很低的射极输出器或由射极输出器组成的互补对称功放电路。

(4) 偏置电路　由恒流源或恒压源组成,作用是为各级放大器设置合适的静态工作点。

2. 电路符号

集成运放的电气符号如图10-2所示,它是国际标准符号。图中三角形表示放大器,三角形所指方向为信号传输方向,∞表示开环增益极高。它有两个输入端和一个输出端。同相输入端标"+"(或P),表示输出端信号与该端输入信号同相。反相输入端"-"(或N),表示输出端信号与该端输入信号反相。输出端的"+"表示输出电压为正极性,为输出电压。

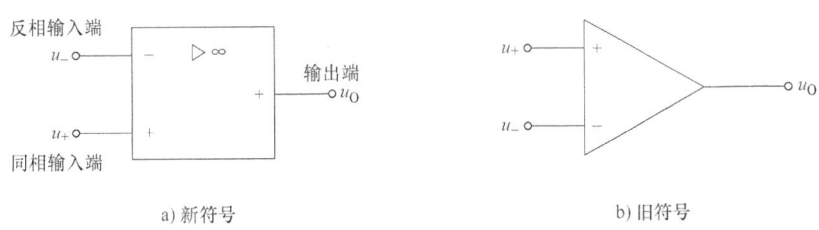

图 10-2　集成运放的电气符号

(二) 集成运放的封装和分类

1. 封装

实际集成运放的封装有金属圆壳式封装、陶瓷扁平式封装和塑料双列直插式封装等,如图10-3所示。一般可以从顶视图上看去,从标有特殊记号的地方开始按逆时针方向依次编号。

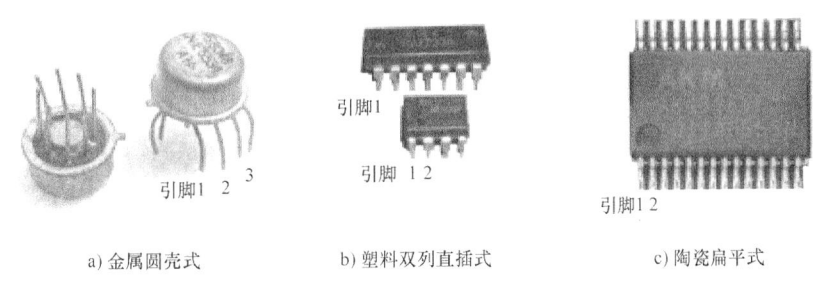

图 10-3　部分集成运放的外形

2. 分类

集成运放按电路特性分为通用型和专用型等。通用型是指其性能指标适合一般情况下使用的集成运放,它的性能指数基本兼顾各方面的要求。这类集成运放具有价格低和应用范围广泛等特点。相对而言,在特性参数中具有某些优良特性的集成运放称为专用型或高性能型。专用型运放按特性参数可分为低功耗型、高精度型、宽带型、高速型、高压型、高阻型、低漂移型、低噪声型、大功率型运放等。

二、集成运算放大器的基本电路

(一) 集成运放的理想化

1. 理想集成运放的基本概念

为了便于对集成运放电路进行分析,通常将集成运放视为理想器件。理想化集成运放的条件是:

1) 开环差模电压放大倍数 $A_{uo} \to \infty$。
2) 输入电阻 $r_{id} \to \infty$。
3) 输出电阻 $r_o \to 0$。
4) 共模抑制比 $K_{CMR} \to \infty$。
5) 输入失调电压、输入失调电流以及温漂均为零。

2. 理想集成运放的电压传输特性

集成运放的传输特性是表示集成运放的输出电压与输入电压(即同相输入端与反相输入端之间的差值电压)之间的特性曲线,如图 10-4 所示。

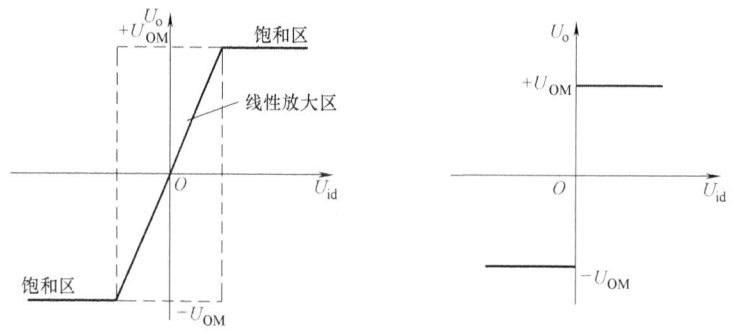

a) 运放的电压传输特性　　b) 理想运放的电压传输特性

图 10-4　集成运放的电压传输特性

从图中曲线可以看出,电压传输特性有线性区(虚线框内)和非线性区(虚线框外)两个部分。其传输特性及特点见表 10-1。

表 10-1　理想集成运放的电压传输特性及特点

传输区域	传输特性	工作特点
线性区	输出电压 u_o 和输入电压 u_i 是线性关系 即 $u_o = A_{uo} u_i = A_{uo}(u_p - u_N)$	"虚短"——两输入电压 $u_N - u_P = 0, u_N = u_P$ "虚断"——两个输入端的电流为零,即 $i_N = i_P = 0$
非线性区	输出电压 u_o 只有两种可能,即 $+U_{om}$ 和 $-U_{om}$	"虚短"特性不成立,即 $u_N \neq u_P$ 当 $u_N > u_P$ 时,$u_o = +U_{om}$ 当 $u_N < u_P$ 时,$u_o = -U_{om}$ "虚断"特性仍然成立,即 $i_N = i_P = 0$

(二) 集成运算放大器的两种基本电路

1. 反相比例运算放大电路

如图 10-5 所示,输入电压 u_i 通过电阻 R_1 加在集成运放的反相输入端。电阻 R_f 为反馈电阻，跨接在集成运放的输出端和反相输入端，为电路引入了电压并联负反馈。R_2 为平衡电阻，取值为 $R_2 = R_1 /\!/ R_f$。

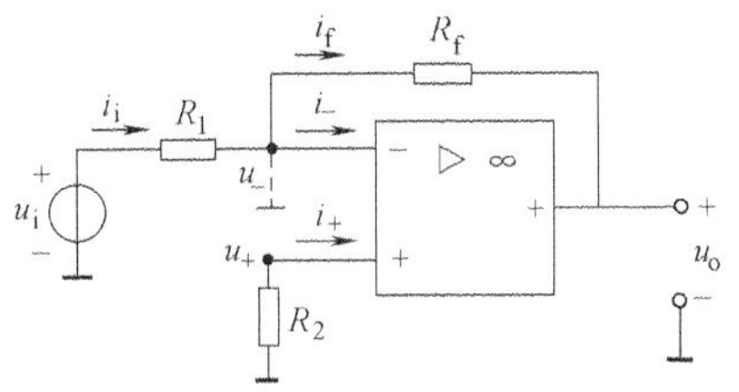

由于同相输入端接地，即 $U_P = 0$，根据"虚短"的概念，反相输入端电位也为零，由于反相输入端 N 并没有接地（或通过电阻接地），称反相输入端为"虚地"。

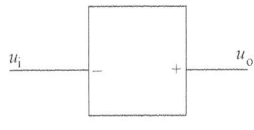

图 10-5　反相比例运算放大电路

根据"虚断"的概念，有 $i_i = i_f$。

由图可得
$$\frac{u_i - u_N}{R_1} = \frac{u_N - u_o}{R_f}$$

整理得出放大器的电压放大倍数　　$A_{uf} = \frac{u_o}{u_i} = -\frac{R_f}{R_1}$

式中"-"号表示 u_i 与 u_o 反相，因此该放大器也被称为"反相放大器"。

上式整理可得
$$u_o = -\frac{R_f}{R_1} u_i$$

由此可以看出，u_i 与 u_o 成比例关系，比例系数为 $-\frac{R_f}{R_1}$，因此该电路又称为"反相比例运算放大器"。

图 10-6　反相器

若取 $R_f = R_1 = R$，则 $u_0 = -u_i$，电路便成为"反相器"，其符号如图 10-6 所示。

2. 同相比例运算放大电路

同相比例运算放大电路如图 10-7 所示，输入电压 u_i 经电阻 R_2 加在集成运放的同相输入端，同样 R_2 起到补偿电阻的作用，用来保证外部电路平衡对称。电阻 R_f 为反馈电阻，为电路引入了电压串联负反馈。

根据"虚断"的概念，有 $u_p = u_i$
$$u_N = \frac{R_f}{R_1 + R_f} u_o$$

根据"虚短"的概念，有 $u_N = u_P$

整理得出放大器的放大倍数为
$$A_{uf} = \frac{u_o}{u_i} = 1 + \frac{R_f}{R_1}$$

结果表明，u_i 与 u_o 同相，因此该放大器也称为"同相放大器"。

上式整理可得
$$u_o = \left(1 + \frac{R_f}{R_1}\right) u_i$$

由于 u_i 与 u_o 成比例关系，比例系数为 $1 + \frac{R_f}{R_1}$，因此该电路又称为"同相比例运算放大器"。

若令 $R_f = 0$ 或 $R_1 = \infty$（即开路状态），此时，$A_{uf} = 1$，$u_i = u_o$，该电路称为"电压跟随器"，电气符号如图 10-8 所示。

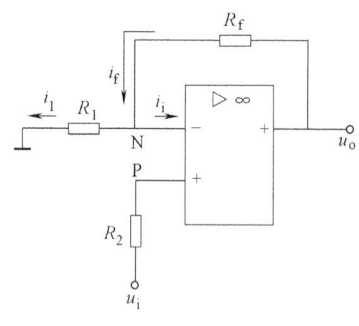

图 10-7　同相比例运算放大电路

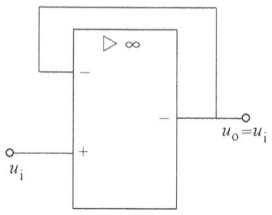

图 10-8　电压跟随器符号

差动放大电路

1. 基本概念

基本差动放大电路由两个完全对称的共发射极单管放大电路组成，该电路的输入端是两个信号的输入差值，电路的输出端是对这两个输入信号之差的放大。如果存在干扰信号，会对两个输入信号产生相同的干扰，通过二者之差，干扰信号的有效输入为零，这就达到了抗共模干扰的目的。

2. 电路组成

差动放大电路是由两个型号、特性、参数完全相同的晶体管 VT1 和 VT2 组成，如图 10-9 所示。限流电阻 R_{B1} 是两个阻值相等的电阻，限制信号源的内阻对直流电源 U_{CC} 的

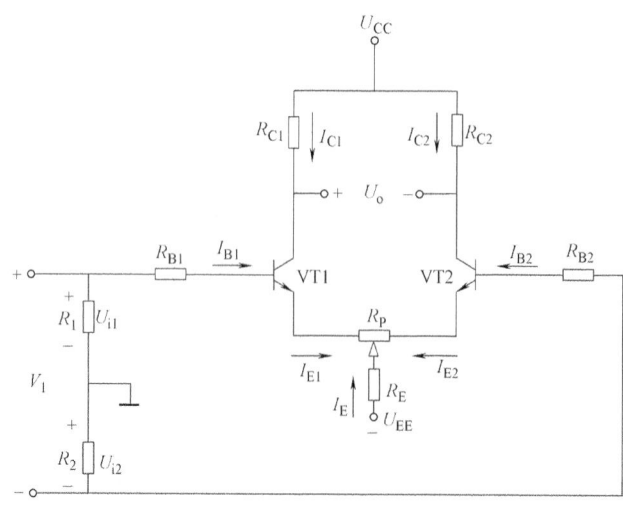

图 10-9　差动放大电路

分流作用；偏流电阻 R_{B2} 和集电极电阻 R_C 是两个阻值也相等的电阻。

3. 工作原理

(1) 静态分析 当 $U_{i1} = U_{i2} = 0$ 时，因为 VT1 和 VT2 管特性相同，$R_{B1} = R_{B2}$，$R_{C1} = R_{C2}$，U_{EE} 为 VT1 和 VT2 管提供偏置电流 I_{B1} 和 I_{B2}。$I_{B1} = I_{B2}$，$I_{C1} = I_{C2}$，$U_{C1} = U_{C2}$，这时，$U_O = U_{C1} - U_{C2} = 0$，故静态输出电压为零。

可见，差动放大电路的突出优点是具有较强的抑制零点漂移作用。

(2) 动态分析

1) 共模信号：两个输入信号的大小相等，极性相同，这样的信号称为共模信号，这种输入方式称为共模输入。差动放大电路对共模输入信号没有放大作用，共模电压放大倍数为零。

当电路对称时，差动放大电路对共模信号无放大作用，共模信号的放大倍数（用 A_C 表示）为零。实际上，差动放大器不可能完全对称，故共模输入信号不为零，共模放大倍数（A_C）越小，则表明抑制零点漂移能力越强。

2) 差模信号：两个输入信号的大小相等，极性相反，这样的信号称为差模信号。差动放大电路对差模输入信号有放大作用，输出电压为单管输出电压变化的两倍。

差动放大电路对差模信号具有较好的放大作用，这也是其电路名称的由来。差动放大器对差模信号的放大倍数称为差模放大倍数，用 A_d 表示。

模块测评

1. 理想集成运放有哪些特性？
2. 集成运放工作在线性区和非线性区时各有什么特点？
3. 图 10-10 所示电路属于什么电路？其中 $R_1 = 4.2\text{k}\Omega$，$u_i = 0.6\text{V}$，$u_o = -6\text{V}$，计算 R_f。
4. 图 10-11 所示电路属于什么电路？其中 $R_f = 200\text{k}\Omega$，$u_i = 0.2\text{V}$，$u_o = 4\text{V}$，计算 R_1。

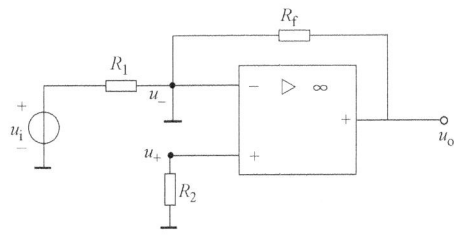

图 10-10 题图

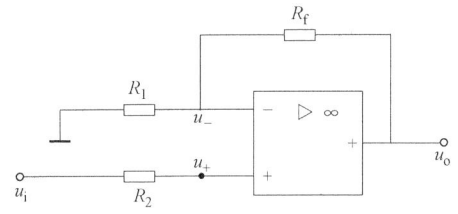

图 10-11 题图

5. 图 10-12 所示电路，当滑动触头向左滑动而其他条件不变时，电流表和电压表的读数如何变化？

6. 图 10-13 所示运放电路，已知 $R_1 = 10\text{k}\Omega$，$R_f = 30\text{k}\Omega$，$U_i = 0.5\text{V}$。

(1) 写出 U_o 和 U_i 的关系式。

(2) 求出 U_o 的值。

7. 图 10-14 所示集成运放电路，已知 $R_3 = 4R_1$，$U_2 = 6\text{V}$。求：

(1) A_1、A_2 各组成什么电路？(2) 输出电压 U_o。

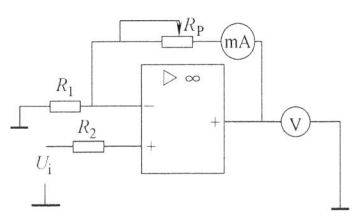

图 10-12 题图

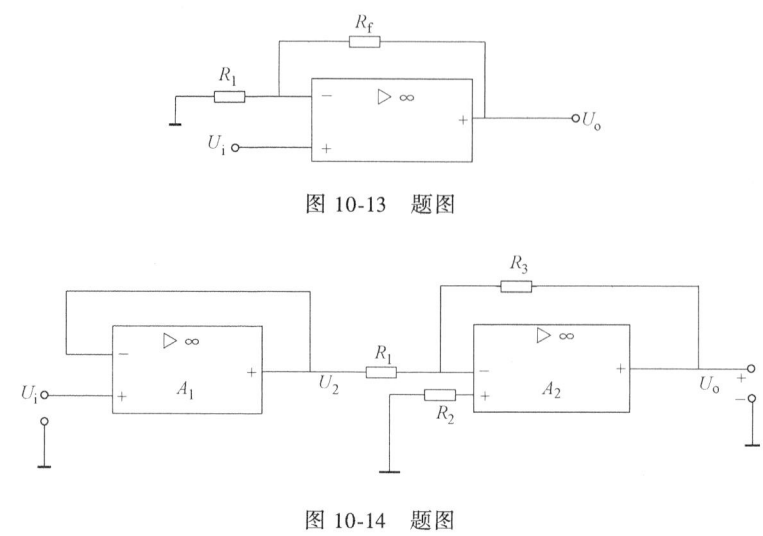

图 10-13 题图

图 10-14 题图

模块二 集成运算放大器的应用电路

学习目标

1) 掌握集成运放应用电路的分析方法和步骤。
2) 了解信号运算电路的电路结构及输出量和输入量之间的关系。
3) 了解电压比较器。

能力目标

1) 能通过对电路的分析，掌握集成运放电路工作在线性区和非线性区的特性。
2) 能根据加法运算电路和减法运算电路组成，分析输出量和输入量之间的关系。
3) 能够分析电压比较器。

知识探究

电路引入了负反馈，表明集成运放工作在线性区，它的输出量、输入量呈线性关系，这时的电路称为线性应用电路。电路处于开环状态（没有引入反馈）或引入了正反馈，表明集成运放工作在非线性区，它的输出量、输入量之间对应关系不成比例，这时的电路称为非线性应用电路。电压比较器属于非线性应用电路。

分析集成运放应用电路的步骤是：
1) 根据电路特点判断集成运放是工作在线性区还是非线性区。
2) 根据理想运放两个工作区的相应特点，对电路进行分析。

一、信号运算电路

（一）加法运算电路

在反相放大器的基础上，若使几个输入信号同时加在集成运放的同一个输入端口上，则称为反相加法运算电路；在同相放大器的基础上，加在同相输入端时，则称为同相加法运算电路。图 10-15 所示为反相加法运算电路。为满足电路平衡要求，平衡电阻 $R' = R_1 // R_2 // R_3 // R_f$。

电路通过 R_f 为电路引入了电压并联负反馈，所以该电路工作在线性区。根据"虚短"和"虚断"的概念可得

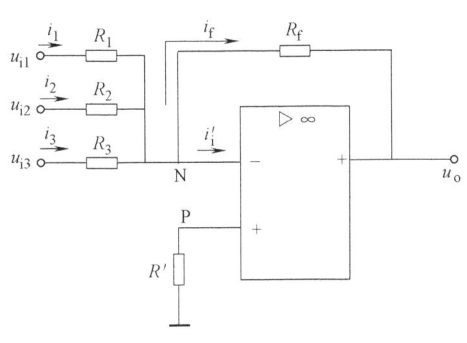

图 10-15　反相加法运算电路

$$i_1 + i_2 + i_3 = i_f, i_1 = \frac{u_{i1}}{R_1}, i_2 = \frac{u_{i2}}{R_2}, i_3 = \frac{u_{i3}}{R_3}, i_f = -\frac{u_o}{R_f}$$

$$u_o = -\left(\frac{R_f}{R_1}u_{i1} + \frac{R_f}{R_2}u_{i2} + \frac{R_f}{R_3}u_{i3}\right)$$

上式表明，输出电压等于输入电压按不同比例相加，实现了求和运算。式中"-"号表示输出电压和输入电压反相。

如果 $R_1 = R_2 = R_3 = R_f$，则

$$u_o = -(u_{i1} + u_{i2} + u_{i3})$$

上式表明，输出电压等于各输入电压之和，实现了加法运算。该电路常用在测量和控制系统中，对各种信号按不同比例进行组合运算。

（二）减法运算电路

减法运算电路是指输出电压与多个输入电压的差值成比例的电路，图 10-16 所示为减法运算电路。电路采用差动输入方式，即反相端和同相端都有输入信号，可见该电路是同相比例运算放大电路和反相比例运算放大电路的组合。根据外接电阻的平衡要求，应满足 $R_1 // R_f = R_2 // R_3$。

根据叠加原理，先求 u_{i1} 单独作用时的输出电压

$$u_{o1} = -\frac{R_f}{R_1}u_{i1}$$

再求 u_{i2} 单独作用时的输出电压

$$u_{o2} = \left(1 + \frac{R_f}{R_1}\right)\left(\frac{R_3}{R_2 + R_3}\right)u_{i2}$$

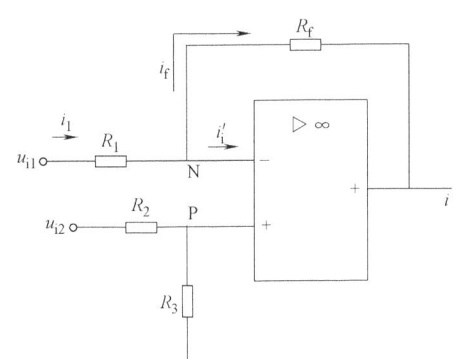

图 10-16　减法运算电路

则 u_{i1} 与 u_{i2} 共同作用时输出电压

$$u_o = u_{o1} + u_{o2} = \left(1 + \frac{R_f}{R_1}\right)\left(\frac{R_3}{R_2 + R_3}\right)u_{i2} - \frac{R_f}{R_1}u_{i1}$$

当 $R_1 = R_2$，$R_f = R_3$ 时，上式简化为

$$u_o = \frac{R_f}{R_1}(u_{i2} - u_{i1})$$

输出电压与两个输入电压之差成比例，称为减法运算电路。其实质上是一个差动放大电路。如果取 $R_f=R_1$，则

$$u_o = u_{i2} - u_{i1}$$

若 $u_{i1}=u_{i2}$，则 $u_o=0$，说明差动比例运算电路不放大共模信号。减法运算电路常作为测量放大器，用以放大各种差值信号。

例 10-1 如图 10-17 所示电路，$R_1=R_2=R_3=10\text{k}\Omega$，$R_{f1}=51\text{k}\Omega$，$R_{f2}=100\text{k}\Omega$，$u_{i1}=0.1\text{V}$，$u_{i2}=0.3\text{V}$，求 u_{o1} 和 u_o。

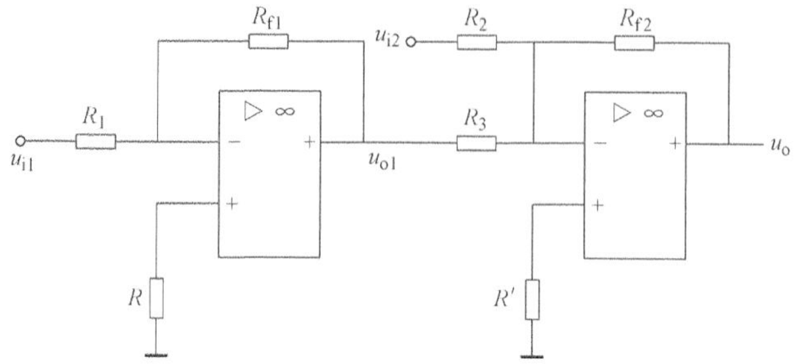

解：该电路由两级集成运放组成，第一级为反相比例运算放大电路，即

$$u_{o1} = -\frac{R_{f1}}{R_1}u_{i1} = -\frac{51}{10} \times 0.1\text{V} = -0.51\text{V}$$

图 10-17 例题图

第二级为加法运算电路，即

$$u_o = -\left(\frac{R_{f2}}{R_2}u_{i2} + \frac{R_{f2}}{R_3}u_{o1}\right) = -\left[\frac{100}{10} \times 0.3 + \frac{100}{10} \times (-0.51)\right]\text{V} = 2.1\text{V}$$

二、电压比较器

当运放处于开环状态，或引入正反馈时，运放工作于非线性区。输出电压只有两种可能的数值，即

$$u_P > u_N \text{ 时}, U_O = +U_{Om}（\text{高电平}）$$
$$u_P < u_N \text{ 时}, U_O = -U_{Om}（\text{低电平}）$$

集成运放的这种非线性特性在数字电子技术和自动控制系统中有广泛地应用。

（一）单门限电压比较器

单门限电压比较器有反相输入和同相输入两种形式，图 10-18a 所示为反相输入形式。其中 U_R 为已知的参考电压，加在集成运放的同相输入端，输入电压 u_i 加在反相输入端。

当 $u_i > U_R$ 时，$u_o = -U_{om}$（低电平）

当 $u_i < U_R$ 时，$u_o = +U_{om}$（高电平）

比较器的电压传输特性如图 10-18b 所示。门限电压为 U_R，当 $u_i=U_R$ 时，理想运放输出状态发生跳变。因输入电压只跟一个参考电压 U_R 进行比较，故此电路称为单门限电压比较器。

若 $U_R=0$，则比较器称为过零电压比较器，其传输特性如图 10-18c 所示。

单门限电压比较器可实现波形的变换。例如，当单门限电压比较器输入正弦波时，相应的输出电压便是矩形波，如图 10-19 所示。

单门限比较器的输入电压只跟一个参考电压 U_R 相比较，这种比较器虽然电路结构简单、灵敏度高，但是抗干扰能力差，当输入电压 u_i 因受干扰在参考值附近发生微小变化时，输出电压就会发生频繁地跳变。采用双门限电压比较器在实现波形变换的同时，又可以较好地解决这个问题。

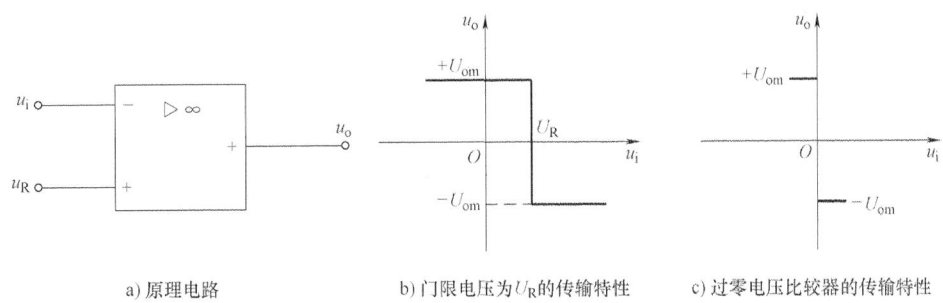

a) 原理电路　　　　b) 门限电压为 U_R 的传输特性　　　c) 过零电压比较器的传输特性

图 10-18　单门限电压比较器

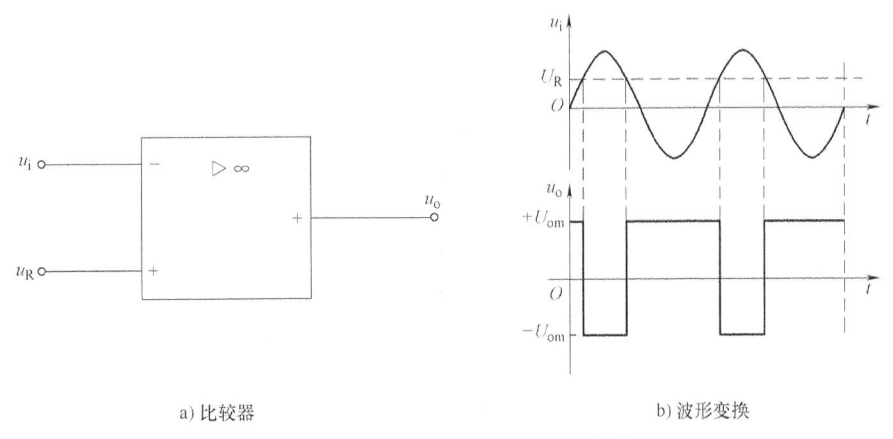

a) 比较器　　　　b) 波形变换

图 10-19　利用比较器实现波形变换

(二) 双门限电压比较器

双门限电压比较器又称为迟滞比较器,也称为施密特触发器。它是一个含有正反馈的比较器,其原理和传输特性如图 10-20 所示。

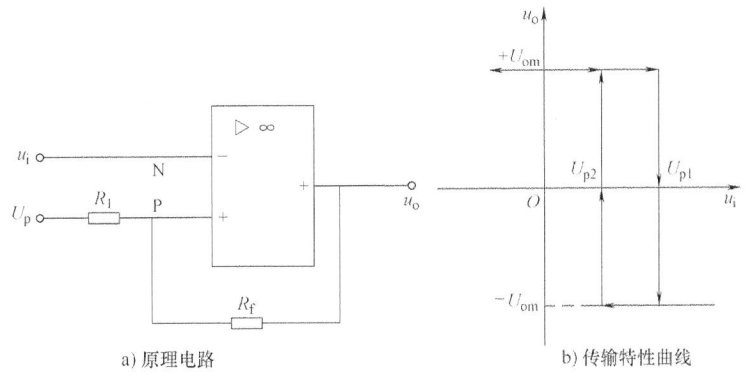

a) 原理电路　　　　b) 传输特性曲线

图 10-20　双门限电压比较器及传输特性曲线

输出电压 u_o 经 R_f 和 R_1 分压加到集成运放的同相输入端,为电路引入了正反馈,所以集成运放工作在非线性工作区。输出只有两种可能的电压。

当 $u_o = +U_{om}$ 时,门限电压用 U_{P1} 表示

$$U_{P1} = \frac{R_f}{R_f+R_1}U_R + \frac{R_1}{R_f+R_1}U_{Om}$$

当输入电压上升到 $u_i = U_{P1}$ 时,输出电压 u_o 发生跳变,由 $+U_{om}$ 跳变为 $-U_{om}$,门限电压随之变为

$$U_{P2} = \frac{R_f}{R_f+R_1}U_R - \frac{R_1}{R_f+R_1}U_{Om}$$

当输入电压减小,直至 $u_i = U_{P2}$ 时,输出电压再度跳变,由 $-U_{om}$ 跳变为 $+U_{om}$。

这两个门限电压之差称为回差电压,用 ΔU_P 表示:

$$\Delta U_P = U_{P1} - U_{P2} = \frac{2R_1}{R_f+R_1}U_{om}$$

由上式可知,回差电压与参考电压无关。

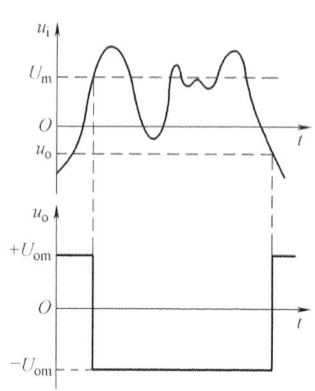

图 10-21 利用双门限比较器后输出的较稳定的电压波压

利用双门限比较器,可大大提高抗干扰能力。例如,当输入电压 u_i 因受干扰或含有噪声信号时,只要变化幅度不超过回差电压,输出电压就不会在此期间发生频繁地跳变,仍保持为比较稳定的输出电压波形,如图 10-21 所示。

模块测评

1. 指出图 10-22 所示电路属于什么电路?

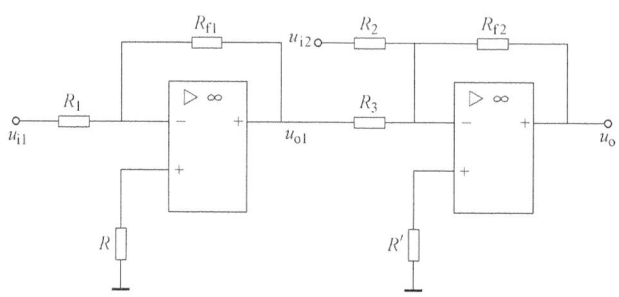

图 10-22 题图

2. 指出图 10-23 所示电路属于什么电路?并计算 u_{o1} 和 u_o 的电压值。($R_1 = 3k\Omega$,$R_2 = 10k\Omega$,$R_3 = 10k\Omega$,$R_{f1} = 51k\Omega$,$R_{f2} = 24k\Omega$,$u_{i1} = 0.1V$,$u_{i2} = 0.5V$)

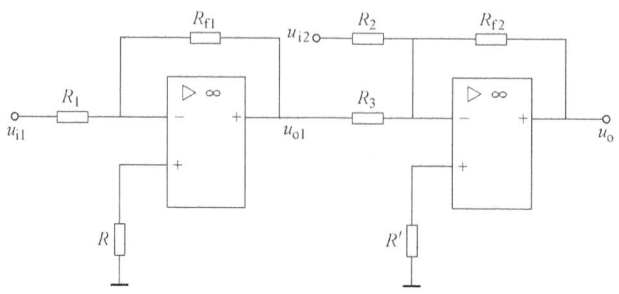

图 10-23 题图

3. 图 10-24 所示为单门限电压比较器及其输入电压波形,画出对应于输入电压 u_i 的输

出电压 u_o 的波形。

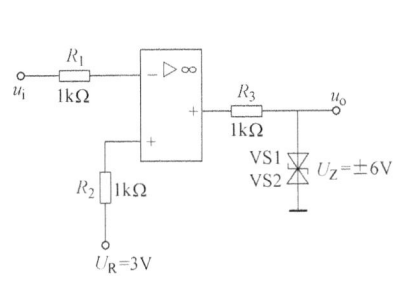
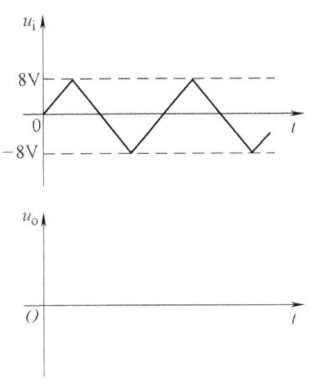

图 10-24 题图

4. 如图 10-25 所示电路，$u_{i1} = 20\text{mV}$，$u_{i2} = 10\text{mV}$，$R_1 = R_2 = 10\text{k}\Omega$，$R_3 = R_f = 5\text{k}\Omega$，计算该电路的输出电压。

5. 反馈电阻 $R_f = 100\text{k}\Omega$，画出输出电压 u_o 与输入电压 u_i 符合下列关系的运放电路图。

（1）$u_o = 15(u_{i2} - u_{i1})$

（2）$u_o = 3u_{i1} - 6u_{i2} + 9u_{i3}$

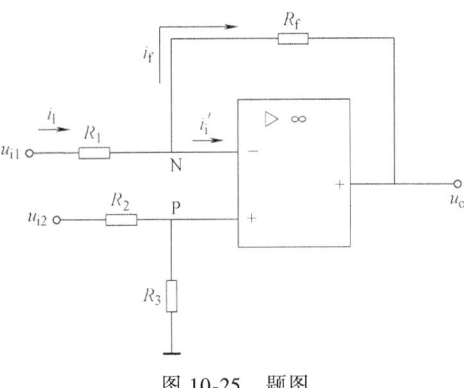

图 10-25 题图

单元十一 门电路基础知识

模块一 分立元件门电路的认知

学习目标

1）理解逻辑值 1 和 0 的含义。

2）掌握基本逻辑门电路——与门、或门和非门的电路结构及逻辑关系的表达方法，包括逻辑符号、真值表和逻辑表达式。

3）了解由与非门、或非门和异或门等复合逻辑门的电路结构及逻辑关系的表达方法，包括逻辑符号、真值表和逻辑表达式。

能力目标

1）能够解释逻辑体制的含义。

2）能够利用所学知识分析基本门电路和复合门电路输入和输出之间的关系。

知识探究

门电路是指具有一个或多个输入端，但只有一个输出端的开关电路。它是按照一定的规律而动作的。这些电路就像"门"一样依一定的条件"开"或"关"，即当输入信号满足某种条件时，门电路开启，有信号通过"门"而输出；否则，门电路关闭，无信号输出。因此，门电路的输入信号与输出信号之间存在着一定的因果关系，即逻辑关系，所以门电路又称为逻辑门电路。

在逻辑关系的描述中，通常只用到两种相反的工作状态，如开关的"通"与"断"、电灯的"亮"与"灭"、数字信号的"高电平"与"低电平"等。这些事物相互对立的状态，常用"1"和"0"两个符号来表示。注意："1"和"0"没有数字大小的概念，而是表示逻辑变量的两种对立状态。如前述几种状态中，前者用"1"表示，后者用"0"表示，这称为正逻辑体制，反之，称为负逻辑体制。本教材均采用正逻辑体制。

门电路主要分为分立元件门电路和集成门电路两大类，分立元件门电路是学习门电路的基础。

一、基本逻辑门电路

(一) 与逻辑与"与"门电路

1. 与逻辑关系

如图 11-1 所示，只有当开关 A、B 全部闭合时，灯 Y 才亮；否则灯 Y 不会亮。这个例子说明，只有决定事物的全部条件同时满足时（A 和 B 必须同时接通），结果才会发生（Y 亮），这种逻辑关系称为"与"。

2. 与逻辑关系的表示方法

（1）真值表　A、B 表示条件（开关的状态），Y 表示结果（灯的状态）。若用符号"1"表示开关通和灯亮，"0"表示开关断和灯灭，可得表 11-1。这种用"1""0"表示条件的所有组合和对应结果的表格称为"真值表"。

表 11-1　与逻辑真值表

条	件	结　果
A	B	Y
0	0	0
0	1	0
1	0	0
1	1	1

（2）逻辑函数式　表 11-1 中，A、B 表示逻辑变量，Y 表示逻辑结果。如果把结果与变量之间的关系用函数式表示，就得到与逻辑的函数表达式为

$$Y = A \cdot B$$

式中，"·"读作"与"，上式读作 Y 等于 A 与 B，也可写作 $Y=AB$。从形式上看，与逻辑表达式和算式乘法相似，所以逻辑与又称为逻辑乘。即

$$0 \cdot 0 = 0 \quad 0 \cdot 1 = 0 \quad 1 \cdot 0 = 0 \quad 1 \cdot 1 = 1$$

由真值表和逻辑函数式可总结出与逻辑的功能为"全 1 出 1，有 0 出 0"。

（3）逻辑符号　"与"逻辑符号如图 11-2 所示。

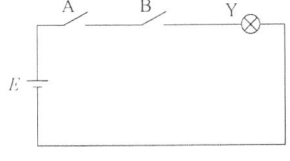

图 11-1　"与"逻辑关系图

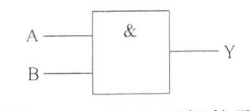

图 11-2　"与"逻辑符号

3. 实例分析

二极管具有导通和截止两种状态，常作为开关使用。利用二极管的开关特性可构成二极管"与"门电路，如图 11-3 所示，该电路有两个输入端 A、B，一个输出端 Y。当 A、B 两端分别加上电压 0V 和 3V 时，分析 Y 端输出电压。

功能分析如下：

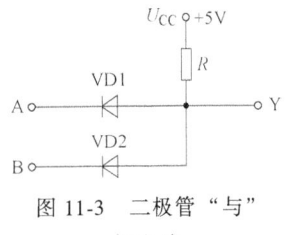

图 11-3　二极管"与"门电路

1) 当输入端 $U_A = U_B = 0V$ 时，VD1、VD2 均导通，输出电压 $U_Y = 0.7V$。

2) 当 $U_A = 0V$、$U_B = 3V$ 时，VD1 因两端的正向电压高而优先导通，VD2 截止，$U_Y = 0.7V$。

3) 当 $U_A = 3V$、$U_B = 0V$ 时，VD2 因两端的正向电压高而优先导通，VD1 截止，$U_Y = 0.7V$。

4) 当 $U_A = U_B = 3V$ 时，VD1、VD2 均导通，$U_Y = 3.7V$。

通过以上分析，该电路实现的是"与"逻辑关系，只有当输入全是高电平（条件全都具备）时，输出才是高电平（结果才能发生），否则输出为低电平。

（二）"或"门电路

1. 或逻辑关系

如图 11-4 所示，只要开关 A 和 B 中任意一个接通，灯 Y 就能亮；只有当两个开关都断开，灯 Y 才熄灭。这个例子说明，决定事物的条件中只要有任何一个满足时（A 或 B 有一个开关闭合），结果就会发生（灯亮）。这种逻辑关系称为"或"。

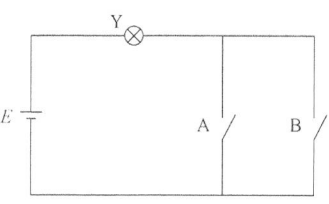

图 11-4 "或"逻辑关系图

2. 或逻辑关系的表示方法

（1）真值表　见表 11-2。

表 11-2　或逻辑真值表

条件		结果
A	B	Y
0	0	0
0	1	1
1	0	1
1	1	1

（2）逻辑函数式　$Y = A + B$。

式中，"+"读作"或"，上式读作 Y 等于 A 或 B。

从形式上看，或逻辑表达式与算式加法相似，所以逻辑或又称为逻辑加。即

0+0=0　　0+1=1　　1+0=1　　1+1=1

由真值表和逻辑函数式可总结出或逻辑的功能为"全 0 出 0，有 1 出 1"。

（3）逻辑符号　"或"逻辑符号如图 11-5 所示。

3. 实例分析

如图 11-6 所示，该电路有两个输入端 A、B，一个输出端 Y。当 A、B 两端分别加上电压 0V 和 3V 时，Y 端的输出电压是多少？设"0"表示低电平（<0V），"1"表示高电平（>2.3V），试分析该电路的逻辑功能。

功能分析如下：

1) 当输入端 $U_A = U_B = 0V$ 时，VD1 和 VD2 都截止，$U_Y = 0V$。

2) 当 $U_A = 0V$、$U_B = 3V$ 时，VD2 因为两端的正向电压高而导通，VD1 截止，$U_Y = 2.3V$。

3) 当 $U_A = 3V$、$U_B = 0V$ 时，VD1 因为两端的正向电压高而导通，VD2 截止，$U_Y = 2.3V$。

图 11-5 "或"逻辑符号

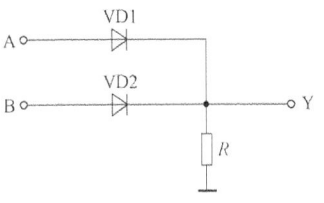

图 11-6 二极管"或"门电路

4) 当 $U_A = U_B = 3V$ 时,VD1 和 VD2 都导通,$U_Y = 2.3V$。

通过以上分析,该电路实现的是"或"逻辑关系。只要当输入有一个是高电平(至少有一个条件具备或全部条件都具备)时,输出就为高电平(结果就能发生),否则输出为低电平。

(三)"非"门电路

1. 非逻辑关系

在图 11-7 中,开关 A 与灯 Y 并联,当开关 A 断开时,灯 Y 亮;当开关 A 接通时,灯 Y 熄灭。这个例子说明,结果(灯亮)和条件(开关)总是呈相反的状态,这种逻辑关系称为"非"。

2. 非逻辑关系的表示方法

(1) 真值表 见表 11-3。

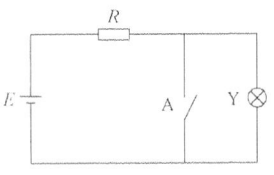

图 11-7 "非"逻辑关系图

表 11-3 非逻辑真值表

条 件	结 果
A	Y
0	1
1	0

(2) 逻辑函数式 $Y = \overline{A}$

式中,"-"读作"非"或"反"。读作:"A 非"或"A 反"。

由此得出非逻辑的功能为"有 0 出 1,有 1 出 0"。

(3) 逻辑符号 "非"逻辑符号如图 11-8 所示。

3. 实例分析

如图 11-9 所示,分析晶体管"非"门电路的逻辑功能。图中晶体管工作在饱和或截止两种工作状态。当晶体管发射结承受正向电压时,晶体管饱和导通,这时 $U_{CE} = U_{CES} \approx 0.2V$;当晶体管发射结承受反向电压时,晶体管截止,晶体管 c 极与 e 极相当于开路。

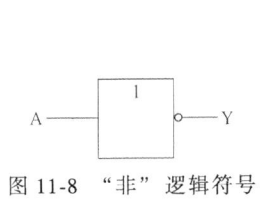

图 11-8 "非"逻辑符号

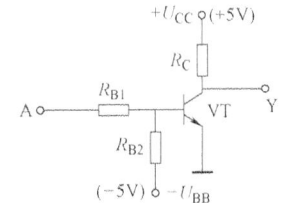

图 11-9 晶体管"非"门电路

功能分析如下:

当 A 端为低电平时,晶体管截止,$U_Y = 3V$,输出为高电平;反之,当输入为高电平时,晶体管饱和，输出 $U_Y \approx 0.2\text{V}$，输出为低电平。

通过分析，该电路实现的是"非"逻辑关系，当输入为低电平（条件不具备）时，输出就为高电平（结果就能发生）；否则输出为低电平（条件具备，事情就不会发生）。

二、复合逻辑门电路

与门、或门、非门是最基本的逻辑门，将这三种门电路进行适当的组合就能构成各种复合门电路。

（一）与非门

在与门之后接一个非门，就构成了与非门，其逻辑结构和逻辑符号如图 11-10 所示。

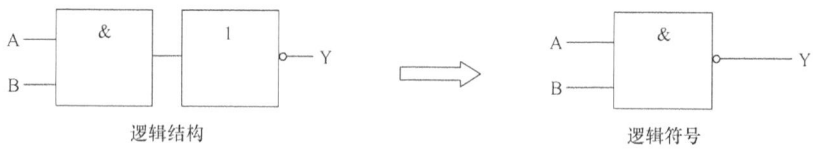

图 11-10　与非门逻辑结构和逻辑符号

与非门的逻辑表达式为

$$Y = \overline{AB}$$

与非门的真值表见表 11-4。

表 11-4　与非门真值表

条 件		结 果
A	B	Y
0	0	1
0	1	1
1	0	1
1	1	0

由真值表可知，与非门的逻辑功能为"有 0 出 1，全 1 出 0"。

（二）或非门

在或门之后接一个非门，就构成了或非门。

或非门逻辑结构和逻辑符号如图 11-11 所示。

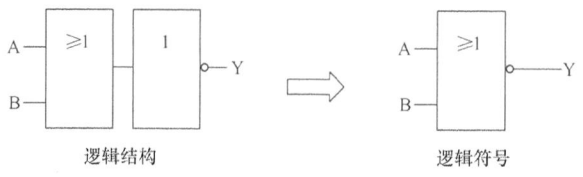

图 11-11　或非门逻辑结构和逻辑符号

或非门的逻辑表达式为

$$Y = \overline{A+B}$$

或非门的真值表见表 11-5。

表 11-5　或非门真值表

条　　件		结　　果
A	B	Y
0	0	1
0	1	0
1	0	0
1	1	0

由真值表可知，或非门的逻辑功能为"有 1 出 0，全 0 出 1"。

(三) 异或门

异或门由两个与门、两个非门和一个或门组合而成，其逻辑结构和逻辑符号如图 11-12 所示。

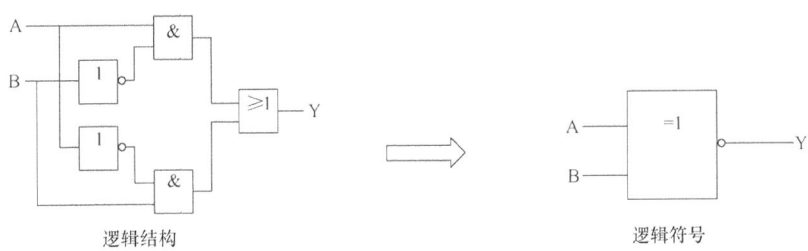

图 11-12　异或门逻辑结构和逻辑符号

异或门的逻辑表达式为

$$Y = A \oplus B$$

异或门的真值表见表 11-6。

表 11-6　异或门真值表

条　　件		结　　果
A	B	Y
0	0	0
0	1	1
1	0	1
1	1	0

由真值表可知，异或门的逻辑功能为"相同出 0，不同出 1"。

异或门是判断两个输入信号是否相同的门电路，也是一种常用的门电路。由于该电路输出为"1"时，必须是输入端异号相加的结果，故取名异或门。

模块测评

如图 11-13 所示的逻辑电路，写出其输出表达式，并根据输入信号 A、B 和 C 的波形画出相应的输出波形。

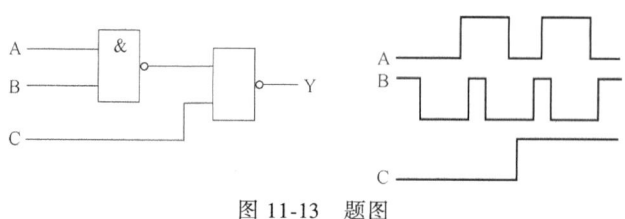

图 11-13　题图

模块二　集成门电路的认知与应用

学习目标

1) 掌握 TTL 与非门的组成和工作原理。
2) 了解 TTL 与非门的主要参数。
3) 掌握 COMS 非门、与非门、或非门和传输门的电路结构和逻辑功能。
4) 掌握 TTL 和 CMOS 门电路的主要差异。

能力目标

1) 能够分析 TTL 与非门的逻辑功能。
2) 能够分析 COMS 门电路的工作原理和逻辑功能。

知识探究

最常见的集成逻辑门电路是 TTL 集成与非门（由晶体管—双极型三极管来组成）和 CMOS 集成门（由 MOS 管—单极型三极管组成）。

一、TTL 集成与非门电路

(一) 电路组成

如图 11-14 所示，该电路由输入级、中间级和输出级三部分组成。

（1）输入级　由多发射极晶体管 VT1 和电阻 R_1 组成，一起完成"与"逻辑功能，VT1 的集电极则起电平转移的作用。多发射极晶体管的等效电路如图 11-15 所示，每一个发射极都相当于一只二极管。

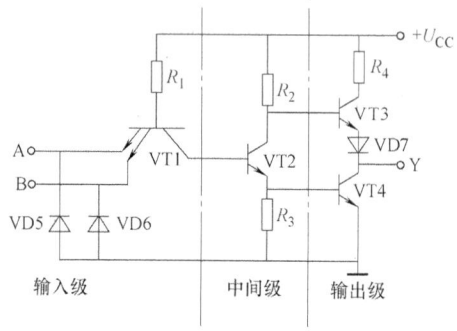

图 11-14　TTL 与非门的典型电路

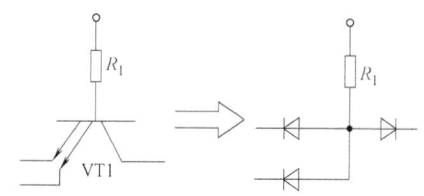

图 11-15　多发射极晶体管的等效电路

（2）中间级　由晶体管 VT2 和电阻 R_2、R_3 组成，完成"倒相"功能，即从 VT2 管的集电极和发射极分别输出两个相位相反的信号，去驱动 VT3 和 VT4 工作。

（3）输出级　由晶体管 VT3、VT4、VT7，电阻 R_4 组成。当 VT3 饱和导通时，VT4 截止；反之，当 VT3 截止时，VT4 饱和导通。

输入端接二极管 VD5 和 VD6 用来抑制输入端可能出现的负极性干扰脉冲，防止当输入电压为负时，VT1 发射极电流过大，起保护作用。

（二）逻辑功能分析

当输入端 A、B 全为"1"时（约 3.4V），"与"门输出为高电平，电流由电源经 R_1、VT1、VT2、VT4 到地，VT2、VT4 工作在饱和状态。由于 VT2 饱和，它的集电极电位 $U_{C2} = U_{CE2} + U_{BE4} = 0.3V + 0.7V = 1V$，此值不能使 VT3 管的发射极和二极管 VD7 导通，所以 VT3 和 VT7 截止，输出端 Y 输出低电平"0"（约为 0.2V）。

当输入端 A、B 中有"0"时（约 0.2V），"与"门输出为低电平，使 VT2 和 VT4 截止，电流由电源经 R_2、VT3、VT7 及负载到地，使 VT3、VT7 导通，输出端 Y 输出高电平"1"（约 3.4V）。

综上所述，TTL 电路只要有一个输入端为低电平，输出即为高电平；只有当所有的输入端全为高电平时，输出才是低电平，实现了"与非"的逻辑功能，即 $Y = \overline{AB}$。

（三）主要参数

TTL 与非门的主要参数反映了电路的工作速度、抗干扰能力和驱动能力等。所以，了解这些参数的含义对合理安全地选用器件很重要，见表 11-7。

表 11-7　TTL 与非门的主要参数

参数名称	符号	参数含义	典型值
输出高电平	U_{OH}	当输入端有"0"时，在输出端得到的输出电平	≥3.2V
输出低电平	U_{OL}	当输入端全为"1"时，在输出端得到的输出电平	≤0.35V
开门电平	U_{ON}	在额定负载条件下，使输出为"0"，（VT4 管饱和导通，即开门）所需的最小输入高电平值	≤1.8V
关门电平	U_{OFF}	在额定负载条件下，使输出为"1"，（VT4 管截止，即关门）所需的最大输入低电平值	≥0.8V
扇出系数	N_O	正常工作时能驱动的同类门的数目，也称为负载能力	≥8
平均延迟时间	t_{pd}	$t_{pd} = (t_{PHL} + t_{PLH}) \div 2$ 其中，t_{PHL} 表示输出电压由 0 跳变到 1 时传输延迟时间　t_{PLH} 表示输出电压由 1 跳变到 0 时传输延迟时间　t_{pd} 反映了电路的工作速度	≤40ns

集成 TTL 与非门具有结构简单，工作稳定，速度快等优点。利用它可以组成各种门电路、编码器、计数器、译码器等逻辑部件，广泛应用于计算机、遥控设备和数字通信设备等中。其外形图和引脚图如图 11-16 所示。

二、MOS 集成门电路

MOS 器件的基本结构有 N 沟道和 P 沟道两种。相应的由 MOS 管组成的门电路有三种类型：一种是由 PMOS 管组成的 PMOS 电路；一种是由 NMOS 管组成的 NMOS 电路；还有一种是由 PMOS 管和 NMOS 管组成的互补对称型逻辑门电路，即 CMOS 电路。它与 TTL 集成电路相比具有集成度更高、功耗更低、抗干扰能力更强、扇出系数更大等优点。

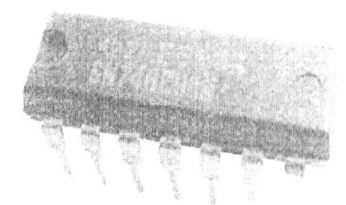 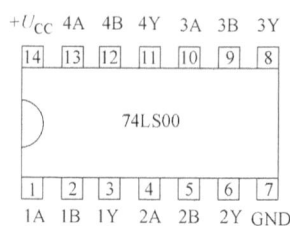

图 11-16 TTL 与非门的外形图和引脚图

（一）MOS 管特点

1. NMOS 管

NMOS 管的电路符号如图 11-17a 所示。当 $U_{GS} \geq U_T$（U_T 为开启电压）时，NMOS 管导通，漏极 D 与源极 S 间等效为一闭合的开关。反之，NMOS 管截止，D 与 S 间等效为一断开的开关。

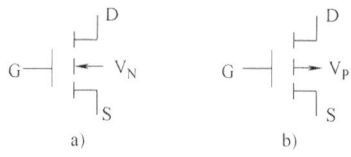

图 11-17 MOS 管的电路符号

2. PMOS 管

PMOS 管的电路符号如图 11-17b 所示。PMOS 管与 NMOS 管相反。当 $U_{GS} \leq U_T$ 时，PMOS 管导通，漏极 D 与源极 S 间等效为一闭合的开关。反之，等效为一断开的开关。

（二）几种 CMOS 集成门电路

常见的有 CMOS 非门、CMOS 与非门和 CMOS 或非门。它们的逻辑功能与前面由分立元件构成的同类门电路相同，因此，其逻辑符号也一样。

（三）CMOS 传输门和模拟开关

CMOS 传输门是一种控制信号能否通过的电子开关，具有对要传送的信号电平允许通过和禁止通过的功能。如图 11-18 所示，它由一只 NMOS 管和一只 PMOS 管并接而成，两管的源极接在一起作为输入端，漏极接在一起作为输出端，栅极分别加互补的控制信号 C 和 $\overline{C}$。

当控制信号 C=0（$\overline{C}$=1），且输入信号 U_i 在 $0 \sim U_{DD}$ 之间变化时，V_P 和 V_N 同时截止，相当于开关断开；当控制信号 C=1（$\overline{C}$=0），且 U_i 在 $0 \sim U_{DD}$ 之间变动时，V_P 和 V_N 中至少有一个导通，即传输门的输入和输出之间呈低阻状态，输入信号几乎无损失地传送到输出端，相当于开关接通。由此可见，传输门是一种传输信号的可控开关电路，由于 MOS 管结构对称，其漏极和源极可以对调使用，传输门的输入和输出也可以互换，因此传输门具有双向性，又称为双向开关。如果将 CMOS 传输门和反相器相连，则构成了一个双向模拟开关。

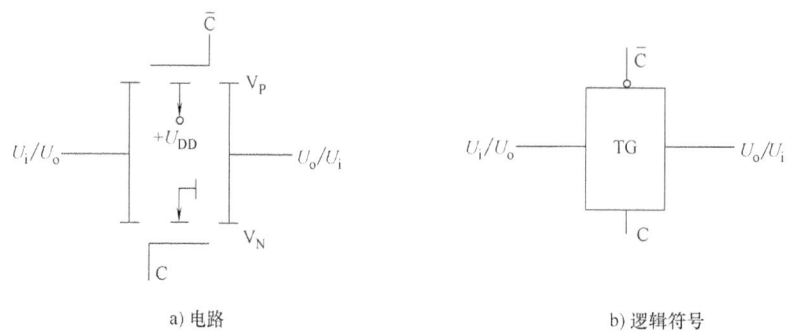

a) 电路 b) 逻辑符号

图 11-18 CMOS 传输门

单元十二
逻辑函数及组合逻辑电路

模块一 逻辑函数

一、逻辑函数的表达方式

逻辑函数可以用逻辑函数式（逻辑表达式）、真值表以及逻辑电路图来表示。逻辑函数式表示的是输入和输出状态的逻辑关系。真值表是描述输入和输出状态间一一对应的逻辑关系的一种表格。逻辑电路图（简称逻辑图）是指由基本门或复合门等逻辑符号及它们之间的连线所构成的图形。由此可见，它们之间有着密切的联系，且可以互换。

二、逻辑电路图与逻辑函数式的互换

1. 由逻辑图写出逻辑函数式

方法是：从输入端着手，逐级写出各级输出端的函数式，最后得到该逻辑图所表达的逻辑函数式。

例 12-1 写出图 12-1 所示逻辑图的逻辑函数表达式。

解： 由图可知

$$Y_1 = A + \overline{B} \qquad Y_2 = \overline{BC} \qquad Y = \overline{Y_1 Y_2} = \overline{(A+\overline{B})(\overline{BC})}$$

2. 由逻辑函数式画出逻辑图

方法是：将表达式中的"与""或""非"等逻辑运算用相应的逻辑符号表示，并将它们按运算的先后顺序连接起来，就可得到该函数的逻辑图。

例 12-2 画出逻辑函数 $Y = \overline{AB} \cdot \overline{A+B}$ 的逻辑图。

解： 分析表达式可以先画一个"或"门，实现 $(A+B)$；再画一个"或非"门，实现 $\overline{A+B}$；最后再画一个"与"门，将上述两个门的输出作为其输入，从而得到该函数的逻辑图，如图 12-2 所示。

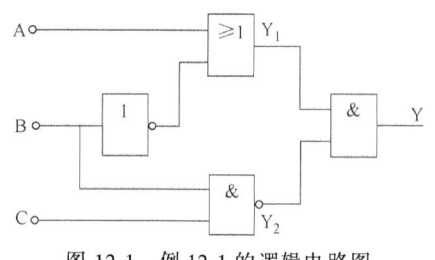

图 12-1 例 12-1 的逻辑电路图

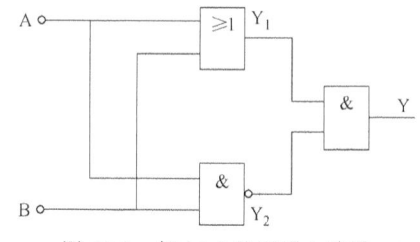

图 12-2 例 12-2 的逻辑电路图

三、逻辑函数式与真值表的互换

1. 由逻辑函数式列真值表

方法是：首先将输入变量的各种可能取值（真值）全部列写出来，若输入变量数为 n，则输入变量不同状态的组合数目为 2^n，再将每一真值组合代入函数式，计算出函数的真值，并将输入变量值与函数值一一对应地列成表格，即得该函数的真值表。

例 12-3 列出逻辑函数 $Y = AB + \overline{AB}$ 的真值表。

解：该函数有两个变量 A、B，所以其真值组合共有 $2^2 = 4$ 种，按两位自然二进制代码的顺序可列写出其真值表，见表 12-1。

表 12-1 例 12-3 的逻辑函数真值表

输	入	输 出
A	B	Y
0	0	1
0	1	0
1	0	0
1	1	1

2. 由真值表写出逻辑函数式

方法是：在真值表中，将函数值为 1 的输入变量组合写出一个乘积项，变量取值为"0"的写成反变量，取值为"1"的写成原变量，再把这些乘积项相加即得表达式。

例 12-4 写出表 12-2 所表达的逻辑函数式。

表 12-2 例 12-4 的逻辑函数真值表

输入			输出	输入			输出
A	B	C	Y	A	B	C	Y
0	0	0	0	1	0	0	0
0	0	1	0	1	0	1	1
0	1	0	0	1	1	0	1
0	1	1	0	1	1	1	1

解：由表 12-2 可以看出：有三个真值组合使函数 Y 的值为"1"，它们分别是 101、110、111，根据变量取值为"0"的写成反变量，为"1"的写成原变量的原则，可得三个乘积项，即 $A\overline{B}C$，$AB\overline{C}$，ABC，将它们相加就得到了该逻辑函数表达式为：$Y = A\overline{B}C + AB\overline{C}$

$+ABC$。

模块测评

写出图 12-3 中逻辑函数表达式和真值表。

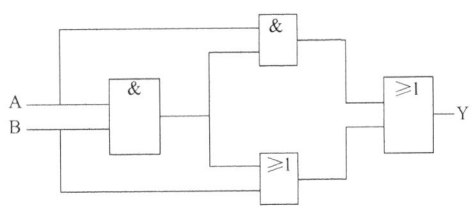

图 12-3 题图

模块二　组合逻辑电路的分析与应用

学习目标

1）掌握组合逻辑电路的概念和特点。
2）掌握分析组合逻辑电路的一般步骤。
3）掌握常用编码器和译码器的类型和逻辑功能。

能力目标

1）能够设计简单的编码和译码电路。
2）能分析组合逻辑电路的基本功能。

知识探究

数字逻辑电路分为组合逻辑电路和时序逻辑电路两大类。组合逻辑电路是数字逻辑电路中的一种类型，是由若干个基本逻辑门电路和复合逻辑门电路组成的。组合逻辑电路的输入端可以有一个或多个输入变量，输出端也可以有一个或多个逻辑函数。在数字系统中常见的组合逻辑电路有编码器、译码器、加法器、数值比较器、数据选择/分配器、奇偶校验器等。本书着重介绍编码器和译码器。

一、组合逻辑电路的特点与分析方法

组合逻辑电路的主要特点为：在任一时刻电路的输出状态仅仅取决于该时刻电路的输入状态，而与电路原来所处的状态无关。从电路的形式上看，没有从输出端引回到输入端的反馈线，信号的流向只有从输入端到输出端一个方向。它是一种非记忆性逻辑电路，在电路结构中不能包含存储模块。

已知组合逻辑电路的逻辑图，确定逻辑功能的过程称为组合逻辑电路的分析。一般步骤为：

1）根据已知逻辑图，从电路输入到输出逐级写出逻辑函数式并化简，使逻辑关系明了。
2）把逻辑函数式转化成真值表的形式。
3）根据真值表分析电路的逻辑功能，具体步骤如图 12-4 所示。

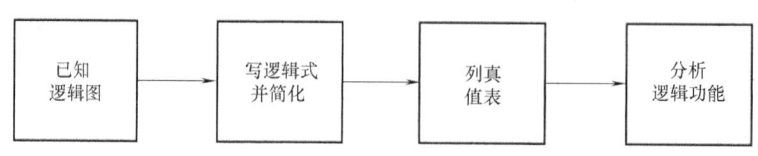

图 12-4 组合逻辑电路的分析步骤

例 12-5 分析图 12-5 所示组合逻辑电路的逻辑功能。

解：1）写出输出 C 和 S 的逻辑表达式：$C=AB$ $S=A\oplus B$
2）列出真值表，见表 12-3。
3）分析逻辑功能。从真值表可以看出，把 A、B 看成两个一位二进制数时，S 就是它们的和，而 C 则是二者相加所得到的进位。所以，这就是一个加法器，不过由于相加时没有考虑从低位来的进位，通常称该电路为半加器。

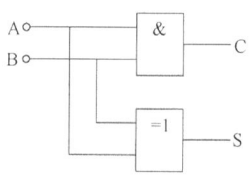

图 12-5 例 12-5 的逻辑电路图

表 12-3 例 12-5 的真值表

输	入	输	出
A	B	S	C
0	0	0	0
0	1	1	0
1	0	1	0
1	1	0	1

二、常见组合逻辑电路

编码器和译码器是常用的组合逻辑电路。

为了区别一系列不同的事物，将其中的每个事物用一个二进制代码表示，这就是编码。其目的是为了运算或处理，易于保密或识别等。编码器就是能够实现编码功能的数字电路，输入的为被编信号，输出的为二进制代码。例如，计算机的键盘就是由编码器组成的，每按一个键，它便自动将该键产生的信号编成机器能识别的二进制数以便计算机进行相应的处理。

译码是编码的逆过程，就是将每个输入的二进制代码翻译成对应的输出信号。译码器就是能实现译码功能的数字电路，可用于驱动显示电路或控制其他部件工作等。

（一）编码器

按输出代码种类的不同，编码器可分为二进制编码器和二—十进制编码器。

1. 二进制编码器

用 n 位二进制代码对 2^n 个信号进行编码的电路,称为二进制编码器。如图 12-6 所示为一个三位二进制编码器的逻辑电路图。$I_0 \sim I_7$ 是 8 个编码对象,分别代表十进制 0~7 共 8 个数字。编码的输出是三位二进制代码,用 Y_2、Y_1、Y_0 表示。由于输入有 8 个逻辑变量,输出有 3 个逻辑函数,所以又称为 8 线-3 线编码器。

因为在任何时刻编码器只对一个输入信号进行编码,由于该电路对高电平有效,所以要求在输入的 $I_0 \sim I_7$ 这 8 个变量中,任意一个为 1 时,其余 7 个均应为 0,否则将发生混乱。

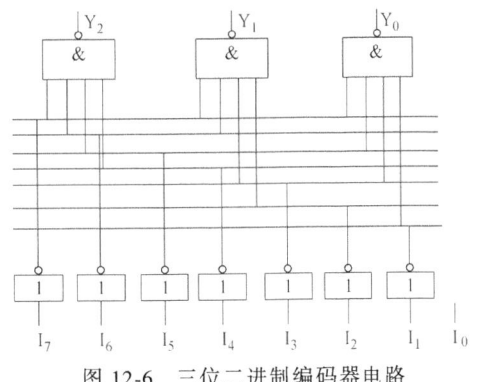

图 12-6 三位二进制编码器电路

根据组合逻辑电路的分析方法,首先写出输出函数表达式:

$$Y_2 = I_4 + I_5 + I_6 + I_7 \qquad Y_1 = I_2 + I_3 + I_6 + I_7 \qquad Y_0 = I_1 + I_3 + I_5 + I_7$$

再列出该编码器的真值表,见表 12-4。

表 12-4 三位二进制编码器的真值表

输入								输出		
I_0	I_1	I_2	I_3	I_4	I_5	I_6	I_7	Y_2	Y_1	Y_0
1	0	0	0	0	0	0	0	0	0	0
0	1	0	0	0	0	0	0	0	0	1
0	0	1	0	0	0	0	0	0	1	0
0	0	0	1	0	0	0	0	0	1	1
0	0	0	0	1	0	0	0	1	0	0
0	0	0	0	0	1	0	0	1	0	1
0	0	0	0	0	0	1	0	1	1	0
0	0	0	0	0	0	0	1	1	1	1

例如要对 I_5 进行编码,则 $I_5 = 1$,其他输入都为 0,Y_2、Y_1、Y_0 编码输出为 101。

该编码器在任何时候只允许输入一个有效编码信号,称为普通编码器。如果对某个特定对象编码时,其他对象也出现了输入为"1"的状态,这时的输出就会发生混乱。为了避免这种现象的发生,实际的集成电路常设计成优先编码方式,即允许同时输入两个以上的有效编码信号。当同时输入几个有效编码信号时,优先编码器能按预先设定的优先级别,只对其中优先权最高的一个进行编码,这样就不会产生混乱。表 12-5 是功能真值表。

表 12-5 8 线-3 线优先编码器 74LS748 的真值表

输入(8个对象和1个输入使能端)									输出				
$\overline{ET}$	$\overline{IN_0}$	$\overline{IN_1}$	$\overline{IN_2}$	$\overline{IN_3}$	$\overline{IN_4}$	$\overline{IN_5}$	$\overline{IN_6}$	$\overline{IN_7}$	$\overline{Y_2}$	$\overline{Y_1}$	$\overline{Y_0}$	$\overline{GS}$	EO
1	×	×	×	×	×	×	×	×	1	1	1	1	1
0	×	×	×	×	×	×	×	0	0	0	0	0	1
0	×	×	×	×	×	×	0	1					

(续)

$\overline{ET}$	输入(8个对象和1个输入使能端)								输出				
	$\overline{IN_0}$	$\overline{IN_1}$	$\overline{IN_2}$	$\overline{IN_3}$	$\overline{IN_4}$	$\overline{IN_5}$	$\overline{IN_6}$	$\overline{IN_7}$	$\overline{Y_2}$	$\overline{Y_1}$	$\overline{Y_0}$	$\overline{GS}$	EO
0	×	×	×	×	×	0	1	1	0	1	0	0	1
0	×	×	×	×	0	1	1	1	0	1	1	0	1
0	×	×	×	0	1	1	1	1	1	0	0	0	1
0	×	×	0	1	1	1	1	1	1	0	1	0	1
0	×	0	1	1	1	1	1	1	1	1	0	0	1
0	0	1	1	1	1	1	1	1	1	1	1	0	1
0	1	1	1	1	1	1	1	1	1	1	1	1	0

将十进制数 0~9 共 10 个对象编成二进制代码的电路，称为二-十进制编码器。要对 10 个信号进行编码，至少需要 4 位二进制代码，即 $2^4 > 10$。二-十进制编码器有 $I_0 \sim I_9$ 共 10 个输入端，$Y_0 \sim Y_3$ 共 4 个输出端，所以又称为 10 线-4 线编码器。其中最常用的二-十进制编码器就是 8421BCD 编码器，其逻辑电路图如图 12-7 所示，表 12-6 是简化真值表。

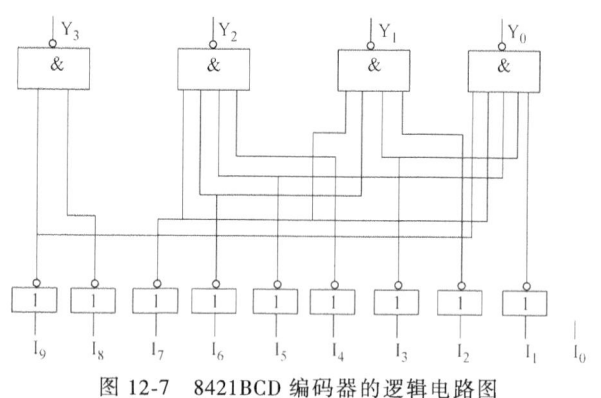

图 12-7　8421BCD 编码器的逻辑电路图

表 12-6　8421BCD 编码器的简化真值表

输入十进制数	输出（8421BCD 码）			
	Y_3	Y_2	Y_1	Y_0
0	0	0	0	0
1	0	0	0	1
2	0	0	1	0
3	0	0	1	1
4	0	1	0	0
5	0	1	0	1
6	0	1	1	0
7	0	1	1	1
8	1	0	0	0
9	1	0	0	1

由逻辑图或真值表可得输出各端的表达式如下：

$$Y_3 = I_8 + I_9 \qquad Y_2 = I_4 + I_5 + I_6 + I_7 \qquad Y_1 = I_2 + I_3 + I_6 + I_7 \qquad Y_0 = I_1 + I_3 + I_5 + I_7 + I_9$$

与二进制编码器一样，二-十进制编码器也有普通编码器和优先编码器两种类型，常见型号有中规模集成电路 74HCT147 等，其工作原理类似于二进制优先编码器。

（二）译码器

译码器也称为解码器，将输入的二进制代码按其原意"翻译"成相应的输出信号，分为二进制译码器和二-十进制译码器。

1. 二进制译码器

图 12-8 所示是 3 线-8 线译码器引脚图，真值表见表 12-7。由引脚图和真值表可见，该译码器有 A_2、A_1、A_0 共 3 个输入端（三位的二进制代码），有 $\overline{Y_7} \sim \overline{Y_0}$ 共 8 个输出端（8 个十进制的数码 0~7），输出低电平有效。当使能端 $E_1=1$，$E_2=E_3=0$ 时，译码器开始工作，根据输入端的代码组合，使有 $\overline{Y_7} \sim \overline{Y_0}$ 的某一位输出为低电平。

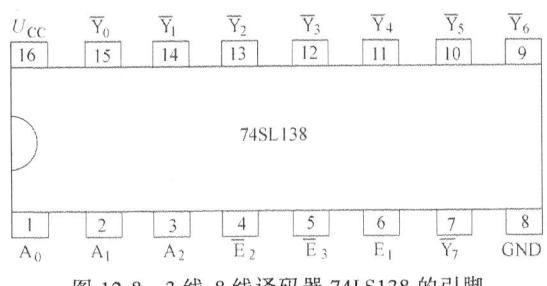

图 12-8　3 线-8 线译码器 74LS138 的引脚

表 12-7　3 线-8 线译码器 74LS138 的功能真值表

输入						输出（8个）（低电平有效）							
控制端			代码输入端										
E_1	$\overline{E_2}$	$\overline{E_3}$	A_2	A_1	A_0	$\overline{Y_7}$	$\overline{Y_6}$	$\overline{Y_5}$	$\overline{Y_4}$	$\overline{Y_3}$	$\overline{Y_2}$	$\overline{Y_1}$	$\overline{Y_0}$
×	1	×	×	×	×	1	1	1	1	1	1	1	1
×	×	1	×	×	×	1	1	1	1	1	1	1	1
0	×	×	×	×	×	1	1	1	1	1	1	1	1
1	0	0	0	0	0	1	1	1	1	1	1	1	0
1	0	0	0	0	1	1	1	1	1	1	1	0	1
1	0	0	0	1	0	1	1	1	1	1	0	1	1
1	0	0	0	1	1	1	1	1	1	0	1	1	1
1	0	0	1	0	0	1	1	1	0	1	1	1	1
1	0	0	1	0	1	1	1	0	1	1	1	1	1
1	0	0	1	1	0	1	0	1	1	1	1	1	1
1	0	0	1	1	1	0	1	1	1	1	1	1	1

2. 二-十进制译码器

将二-十进制代码翻译成 0~9 共 10 个十进制数字信号的电路，称为二-十进制译码器。

如图 12-9 所示，该译码器有 4 个输入端（4 位的 8421BCD 码）和 10 个输出端（10 个十进制的数码 0~9），所以也称为 4 线-10 线译码器。表 12-8 是真值表。

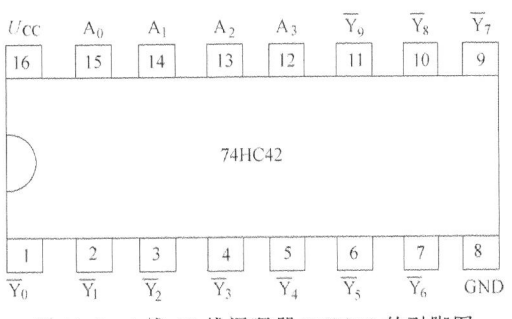

图 12-9　4 线-10 线译码器 74HC42 的引脚图

表 12-8　4 线-10 线译码器 74HC42 的功能真值表

序号	输入				输出（10个）									
	A_3	A_2	A_1	A_0	$\overline{Y_9}$	$\overline{Y_8}$	$\overline{Y_7}$	$\overline{Y_6}$	$\overline{Y_5}$	$\overline{Y_4}$	$\overline{Y_3}$	$\overline{Y_2}$	$\overline{Y_1}$	$\overline{Y_0}$
0	0	0	0	0	1	1	1	1	1	1	1	1	1	0
1	0	0	0	1	1	1	1	1	1	1	1	1	0	1

(续)

序号	输入				输出(10个)									
	A_3	A_2	A_1	A_0	$\overline{Y_9}$	$\overline{Y_8}$	$\overline{Y_7}$	$\overline{Y_6}$	$\overline{Y_5}$	$\overline{Y_4}$	$\overline{Y_3}$	$\overline{Y_2}$	$\overline{Y_1}$	$\overline{Y_0}$
2	0	0	1	0	1	1	1	1	1	1	1	0	1	1
3	0	0	1	1	1	1	1	1	1	1	0	1	1	1
4	0	1	0	0	1	1	1	1	1	0	1	1	1	1
5	0	1	0	1	1	1	1	1	0	1	1	1	1	1
6	0	1	1	0	1	1	1	0	1	1	1	1	1	1
7	0	1	1	1	1	1	0	1	1	1	1	1	1	1
8	1	0	0	0	1	0	1	1	1	1	1	1	1	1
9	1	0	0	1	0	1	1	1	1	1	1	1	1	1
伪码	1	0	1	0	1	1	1	1	1	1	1	1	1	1
	1	0	1	1	1	1	1	1	1	1	1	1	1	1
	1	1	0	0	1	1	1	1	1	1	1	1	1	1
	1	1	0	1	1	1	1	1	1	1	1	1	1	1
	1	1	1	0	1	1	1	1	1	1	1	1	1	1
	1	1	1	1	1	1	1	1	1	1	1	1	1	1

译码器除了能把 8421BCD 码译成相应的十进制数码以外，还能拒绝"伪码"。所谓伪码是指 1010~1111 共 6 个码，当输入该 6 个码中任何一个时，$\overline{Y_9}$-$\overline{Y_0}$ 全是 1。由于该电路为输出低电平"0"有效，即得不到译码输出，这就是拒绝伪码。

3. 显示译码器

在数字计算系统及数字式万用表、电子钟表等数字式测量仪表中，常常需要把译码后获得的结果或数据直接以人们习惯的十进制数字的形式显示出来，能完成这种功能的译码器称为显示译码器。

常用的显示器件有半导体数码管（LED）、荧光数码管和液晶数码管（LCD）等。其中半导体数码管因为亮度高，字形清晰，工作电压低，体积小，寿命长，响应速度极快等优点得到了广泛的应用。

半导体数码管有多种形式，其中最常用的是七段数码显示器，如图 12-10 所示。七段半导体数码管是由 7 个发光二极管按"日"字排列的。当某些二极管有驱动电流而发光时，就能显示相应的十进制数字。例如，当 a、b、g、e、d 线段发光时，就能显示数字"2"。按照高低电平的不同驱动方式，可分为共阴极和共阳极两种，如图 12-11 所示。当译码器输出高电平驱动显示器时，需选用共阴极接法的半导体数码管；当译码器输出低电平驱动显示器时，需选用共阳极接法的半导体数码管。为防止二极管因过流而烧坏，在每个二极管的支路中都串联了一个限流电阻。

图 12-10 七段数码显示器及显示的数字图形

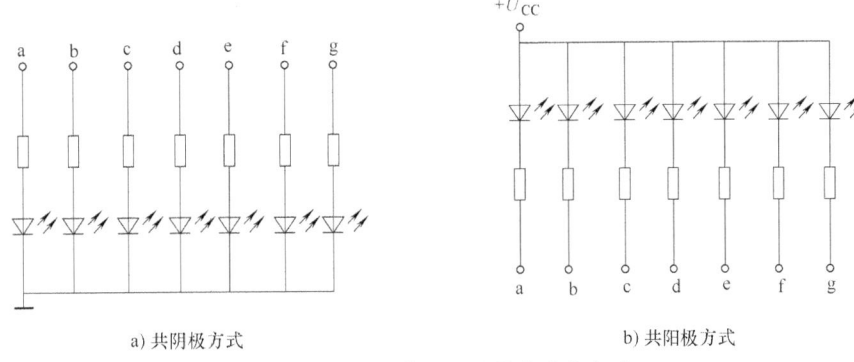

a) 共阴极方式　　　　　　　　b) 共阳极方式

图 12-11　七段数码显示器的连接方式

74LS47 是一种具有 BCD 码输入、开路输出的 4 线—7 段译码/驱动器的中规模集成电路，如图 12-12 所示，$A_3 \sim A_0$ 为 4 线输入（四位 8421BCD 码），a～g 为 7 段输出，输出为低电平有效。

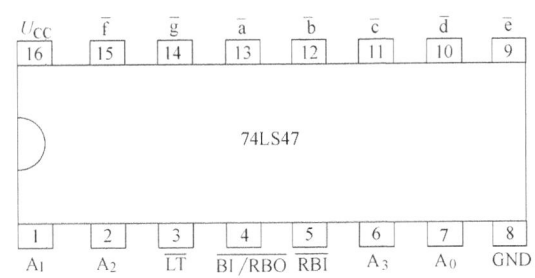

图 12-12　74LS47 译码/驱动器的引脚图

模块测评

分析图 12-13 所示组合逻辑电路的逻辑功能。

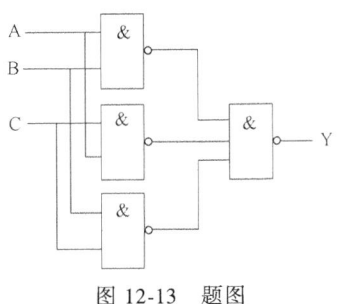

图 12-13　题图

技能训练

测试译码器和数据选择器

一、实训目的

1）熟悉集成译码器。

2）了解集成译码器的应用。

二、实训仪器及材料

双踪示波器一台，74LS139 2 线-4 线译码器 1 片，74LS153 双 4 选 1 数据译码器 1 片，74LS00 2 输入端 4 与非门 1 片。

三、实训内容

1. 译码器功能测试

将 74LS139 译码器按图 12-14 所示接线，按表 12-9 所示输入电平分别置位，填入输出状态。

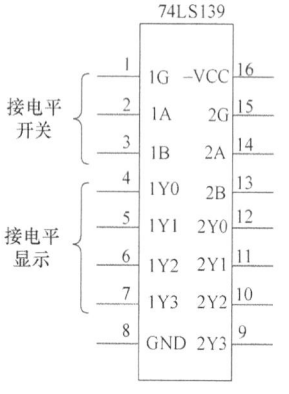

图 12-14 接线图

表 12-9 表

输入			输出			
使能	选择					
G	B	A	Y_1	Y_2	Y_3	Y_4
H	X	X				
L	L	L				
L	L	H				
L	H	L				
L	H	H				

2. 译码器转换

将双 2 线-4 线译码器转换为 3 线-8 线译码器。

1）画出转换电路图。

2）在学习机上接线并验证设计是否正确。

3）设计并填写该 3 线-8 线译码器功能表，画出输入、输出波形。

3. 数据选择器的测试及应用

将双 4 选 1 数据选择器 74LS153 参照图 12-15 所示接线，测试其功能并填写功能表 12-10。

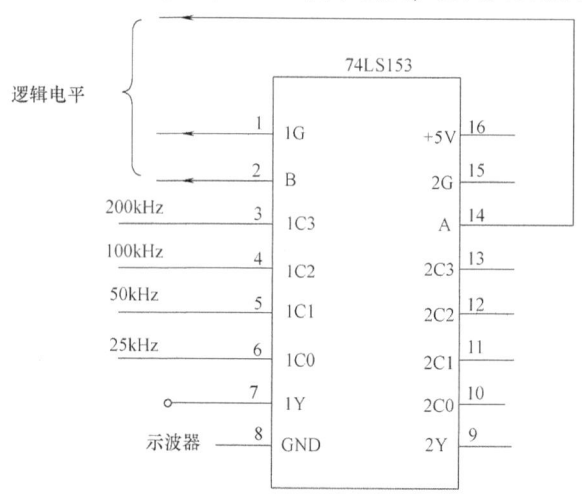

图 12-15 接线图

1) 将学习机脉冲信号源中固定连续脉冲 4 个不同频率的信号连接到数据选择器 4 个输入端，将选择端置位，使输出端可分别观察到 4 种不同频率脉冲信号。

2) 分析上述实验结果，并总结数据选择器的作用。

表 12-10 功能表

选择端	数据输入端	输出控制	输出
B A	$C_0\ C_1\ C_2\ C_3$	G	Y
X X	X X X X	H	
L L	L X X X	L	
L L	H X X X	L	
L H	X L X X	L	
L H	X H X X	L	
H L	X X L X	L	
H L	X X H X	L	
H H	X X X L	L	
H H	X X X H	L	

四、实训报告

1) 画出实验要求的波形图。

2) 画出实验内容 2、3 的接线图。

单元十三 触发器及时序逻辑电路

时序逻辑电路由具有记忆功能的触发器及构成组合逻辑电路的门电路构成，常见的时序逻辑电路有计数器和寄存器。

从电路结构上看，触发器和时序电路都有从输出端引回到输入端的反馈线，这是与组合逻辑电路完全不同的。因此，时序逻辑电路都具有记忆功能，在某一时刻的输出不仅取决于此时的输入，还与电路的前一个状态有关。

触发器的种类很多，目前大量使用的都是集成触发器，都是在基本 RS 触发器的基础上发展而来的。

模块一 常见触发器

学习目标

1）掌握触发器和时序逻辑电路的特点。
2）掌握基本 RS 触发器、D 触发器、JK 触发器和 T 触发器的逻辑功能。

能力目标

1）能够设计常用触发器电路。
2）能根据常用触发器的输入波形画出其输出波形。

知识探究

一、RS 触发器

（一）基本 RS 触发器

1. 电路组成与逻辑符号

如图 13-1 所示，基本 RS 触发器由两个与非门交叉连接而成。通常规定触发器 Q 端的状态为触发器状态。当 $Q=0$、$\overline{Q}=1$ 时，称为触发器的"0"态；反之当 $Q=1$、$\overline{Q}=0$ 时，称为触发器的"1"态。利用这两个稳定状态就可以存储（或记忆）一位二进制

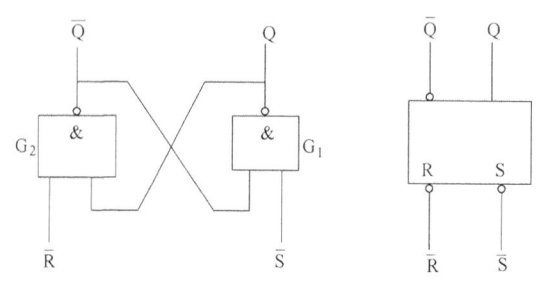

图 13-1 基本 RS 触发器的逻辑电路与逻辑符号

数码 "0" 或 "1"。

2. 工作原理

当 $\overline{R}=0$、$\overline{S}=1$ 时，与非门 G_2 的输入因有 "0"，故 $\overline{Q}=1$，而此时与非门 G_1 的输入全为 "1"，故 $Q=0$，所以触发器处于 "0" 态，与触发器的原状态无关。$\overline{R}$ 称为直接置 0 端，又称复位端。

当 $\overline{R}=1$、$\overline{S}=0$ 时，G_1 的输入因有 "0"，故 $Q=1$，而 G_2 的输入全为 "1"，故 $\overline{Q}=0$，所以触发器处于 "1" 态，也与触发器的原状态无关。$\overline{S}$ 称为直接置 1 端，又称置位端。

当 $\overline{R}=\overline{S}=1$ 时，根据与非门的逻辑关系，可知 G_1 和 G_2 的输出状态由反送到输入端的 Q 和 $\overline{Q}$ 的状态决定。若触发器原状态为 "0"，即 $Q=0$、$\overline{Q}=1$ 时，G_1 输入有 "0"，则输出 $\overline{Q}=1$，此时 $Q=0$，即触发器保持原状态 "0" 不变；若触发器原状态为 "1"，即 $Q=1$、$\overline{Q}=0$ 时，G_2 输入有 "0"，则输出 $Q=1$，此时 $\overline{Q}=0$，即触发器也保持原状态 "1" 不变。所以，不管触发器的原状态如何，触发器都将保持原状态不变。

当 $\overline{R}=\overline{S}=0$ 时，G_1 和 G_2 的输出均为 "1"，即 $Q=\overline{Q}=1$，这时触发器既不是 "0" 态，也不是 "1" 态，不符合 Q 和 $\overline{Q}$ 互补的要求，因此这种情况应禁止出现。

3. 逻辑功能（表 13-1）

表 13-1 基本 RS 触发器的简化真值表

输入		输出		功能
$\overline{R}$	$\overline{S}$	Q^n（原态）	Q^{n+1}（新态）	
0	1	0	0	置 0
		1	0	
1	0	0	1	置 1
		1	1	
1	1	0	0	保持原态
		1	1	
0	0	0	×	不定（禁止）
		1	×	

（二）同步 RS 触发器

在实际数字电路中，一般包含多个触发器。常常需要各触发器在控制脉冲（时钟脉冲 CP）的作用下同步翻转。因此除了 R 和 S 两个输入端外，还需增加一个控制端 CP。只有在控制端出现时钟脉冲时，触发器才工作。触发器的状态仍由 R 和 S 的信号决定。这种受时钟控制的触发器称为同步 RS 触发器或钟控 RS 触发器。

1. 电路组成与逻辑符号

逻辑电路图与逻辑符号如图 13-2 所示，G_1 和 G_2 组成基本 RS 触发器，两个与非门 G_3 和 G_4 作为控制门。CP 为时钟脉冲引入端。

只要在 $\overline{R_D}$ 或 $\overline{S_D}$ 加入低电平，立即将触发器直接置 "0" 或置 "1"，它不受时钟脉冲

CP 和输入信号的控制，所以 $\overline{R_D}$ 称为异步置"0"、$\overline{S_D}$ 称为异步置"1"端。

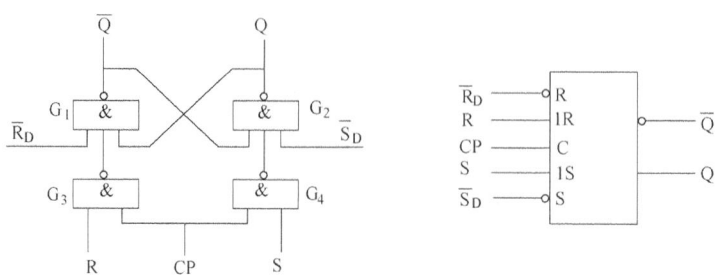

图 13-2 同步 RS 触发器的逻辑电路与逻辑符号

2. 逻辑功能

1）当 CP=0 时，控制门 G_3 和 G_4 均被封锁，不论 R、S 端信号如何，G_3、G_4 的输出都为"1"，触发器保持原状态。

2）当 CP=1 时，控制门 G_3、G_4 打开，输入信号 R、S 反相后被送到基本 RS 触发器的输入端，触发器按输入 R 和 S 的不同状态组合得到相应的输出状态，其逻辑功能见表 13-2。

表 13-2 同步 RS 触发器的简化真值表

输入			输出		功能
CP（时钟脉冲）	R	S	Q^n（原态）	Q^{n+1}（新态）	
0	×	×	0	$0(Q^n)$	保持
			1	$1(Q^n)$	
1	0	1	0	1	置1
			1	1	
1	1	0	0	0	置0
			1	0	
1	0	0	0	$0(Q^n)$	保持
			1	$1(Q^n)$	
1	1	1	0	×	不定（禁止）
			1	×	

例 13-1 根据图 13-3 所给出的时钟脉冲 CP 和 R、S 端的输入波形，画出同步 RS 触发器 Q 和 $\overline{Q}$ 端的波形。设触发器的初始状态为"0"。

解：根据同步 RS 触发器的真值表，确定每一个时钟脉冲高电平到来时 R、S 的电平组合情况，分别画出 Q 端和 $\overline{Q}$ 端的输出波形。

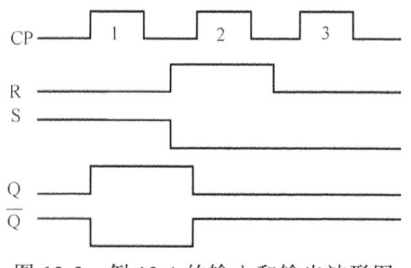

图 13-3 例 13-1 的输入和输出波形图

二、其他类型触发器

由基本 RS 触发器和同步 RS 触发器还可以构成多功能触发器，如：主从 RS、主从 JK、主从 D、主从 T 触发器等，但这种主从结构的触发器存在一定的缺点，所以，目前大多采用性能优良的边沿触发器。

边沿触发器的显著特点是只有在时钟脉冲 CP 处于某个边沿（上升沿或下降沿）的瞬间，触发器的新状态取决于此时刻的输入信号状态，而其他时刻触发器均保持原状态不变。这个特点避免了其他时间干扰信号对触发器的影响，大大提高了触发器的抗干扰能力。

边沿触发器在实际使用中无需了解其内部结构，所以在表 13-3 中只介绍它们的逻辑符号、真值表和逻辑功能。表中各触发器的逻辑功能除了用真值表来表达以外，还用逻辑表达式——特征方程来表示，并指出了 CP 有效时刻是上升沿还是下降沿。

表 13-3 常用 JK、D 和 T 边沿触发器

触发器名称	逻辑符号	逻辑功能		
		真值表		特征方程
JK 触发器	（含 $\overline{R_D}$、J、CP、K、$\overline{S_D}$ 输入的 JK 触发器符号）	J K Q^{n+1} 0 0 Q^n 0 1 0 1 0 1 1 1 $\overline{Q^n}$		$Q^{n+1} = J\overline{Q^n} + \overline{K}Q^n$ （CP 下降沿有效）
	（含 $\overline{R_D}$、J、CP、K、$\overline{S_D}$ 输入的 JK 触发器符号）	J K Q^{n+1} 0 0 Q^n 0 1 0 1 0 1 1 1 $\overline{Q^n}$		$Q^{n+1} = J\overline{Q^n} + \overline{K}Q^n$ （CP 上升沿有效）
D 触发器	（含 $\overline{R_D}$、D、CP、$\overline{S_D}$ 输入的 D 触发器符号）	D Q^{n+1} 0 0 0 1		$Q^{n+1} = D$ （CP 上升沿有效）
T 触发器	（含 T、CP 输入的 T 触发器符号）	T Q^{n+1} 0 Q^n 1 $\overline{Q^n}$		$Q^{n+1} = T\overline{Q^n} + \overline{T}Q^n$ $= T \oplus Q^n$ （CP 下降沿有效）

JK 触发器的功能最齐全，具有置"0"、置"1"、保持和计数的功能。所谓计数就是记录时钟脉冲的个数。下降沿触发的 JK 触发器用得较普遍。

例 13-2 根据图 13-4 所给出的时钟脉冲 CP 和 J、K 端的输入波形，画出下降沿触发的 JK 触发器 Q 端的波形。设触发器的初始状态为"0"。

解：根据 JK 触发器的真值表，确定每一个时钟脉冲下降沿那一时刻 J、K 的电平组合情况，得到 Q 端输出波形，如图 13-5 所示。

例 13-3 根据图 13-6 所给出的时钟脉冲 CP 和 D 端的输入波形，画出 CP 上升沿触发的 D 触发器 Q 端的波形。设触发器的初始状态为"0"。

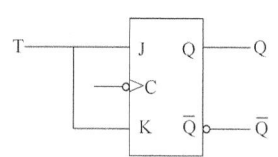

图 13-4　由 JK 触发器构成的 T 触发器

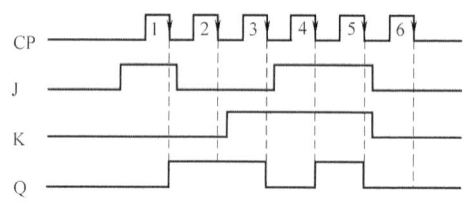

图 13-5　例 13-2 的输入和输出波形图

解：根据 D 触发器的真值表，确定每一个时钟脉冲上升沿到来那一刻 D 端的电平情况，从而得到 Q 端输出波形，如图 13-6 所示。

T 触发器具有保持和翻转功能，即当 T=0 时保持，当 T=1 时翻转，新状态总是原状态的相反状态，也称为计数触发器。

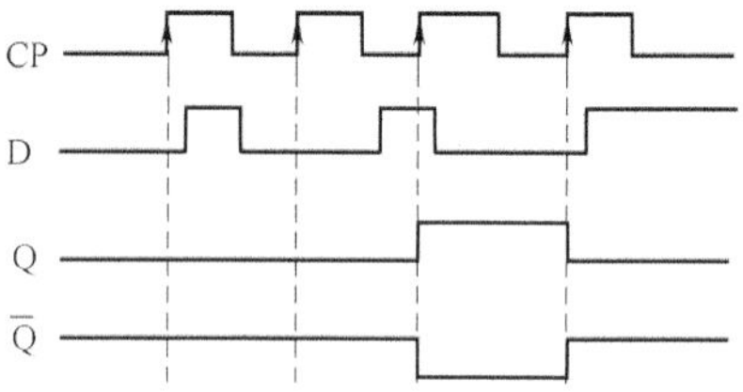

三、集成触发器

像集成门电路一样，触发器也有 TTL 和 CMOS 两种，图 13-7 所示为集成边沿 D 触发器 74HC74 的外引脚图，其中包含 2 个功能完全相同的 D 触发器，它们的逻辑功能与前述 D 触发器一样，在此不再赘述。

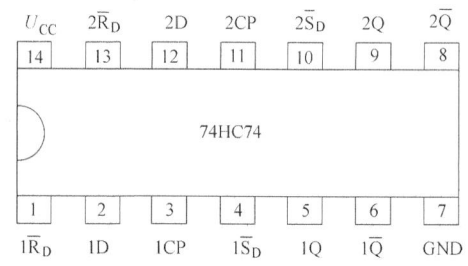

图 13-6　例 13-3 的输入和输出波形图

图 13-7　集成边沿 D 触发器 74HC74 的外引脚图

模块测评

1. 设与非门电路构成的基本 RS 触发器的输入波形如图 13-8 所示，电路原来处于"0"态，画出输出端 Q 的波形。

2. 下降沿触发的 JK 触发器输入波形如图 13-9 所示，设触发器的初始状态为"0"，画出相应输出端的波形。

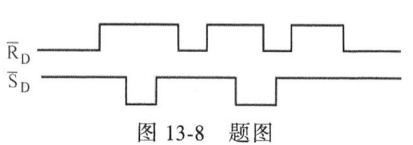

图 13-8　题图

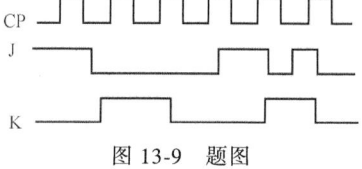

图 13-9　题图

3. 上升沿触发的 D 型触发器电路图如图 13-10 所示，设电路的初始状态为 $Q_2Q_1=00$，画出在时钟脉冲 CP 作用下 Q_2 和 Q_1 的波形。

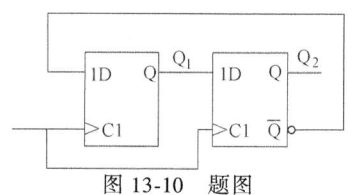

图 13-10　题图

模块二 常用时序逻辑电路的认知与应用

学习目标

1) 掌握时序逻辑电路的特点。
2) 了解寄存器和计数器的电路构成和工作原理。

能力目标

1) 能设计简单的组合逻辑电路和时序逻辑电路。
2) 能设计简单的常见时序逻辑电路。

知识探究

常用的时序逻辑电路有寄存器和计数器。

一、寄存器

寄存器是一种能够暂时存放二进制数据的数字逻辑部件。一个触发器就是最简单的寄存器，能存放 1 位二进制数码，存放 N 位二进制数码就需要 N 个触发器。

寄存器由触发器和门电路组成，具有接收、暂存数据和输出数据的功能。只有在得到接收指令时，寄存器才能接收要寄存的数据。按逻辑功能的不同，寄存器分为数码寄存器和移位寄存器。

(一) 数码寄存器

用来存放二进制数码的寄存器称为数码寄存器。图 13-11 是由 D 触发器构成的 4 位数码寄存器的逻辑电路图。4 个触发器的复位端（直接置 0 端）连在一起作为清零端 $\overline{R_D}$，时钟脉冲端也连在一起作为接收数码的控制端（各触发器同时变化，称为同步）。$D_0 \sim D_3$ 为 4 位数码输入端，$Q_0 \sim Q_3$ 为 4 位数码输出端。

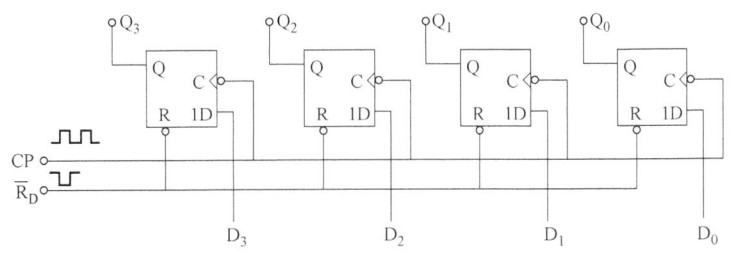

图 13-11 4 位数码寄存器的逻辑电路图

该电路的工作原理如下。

1. 清零

首先使 $\overline{R_D} = 0$，输出为 $Q_3 Q_2 Q_1 Q_0 = 0000$；清零后使 $\overline{R_D} = 1$，各触发器保持"0"状态不变。

2. 寄存数码

若要存放的数码为 1011，将数码 1011 加到对应的数码输入端 D_3、D_2、D_1、D_0，即使 $D_3=1$，$D_2=0$，$D_1=1$，$D_0=1$，在 $\overline{R_D}=1$ 时，根据 D 触发器的特性，当 CP 下降沿到来时，各触发器的状态与输入端状态相同，即 $Q_3Q_2Q_1Q_0=1011$，于是 4 位数码 1011 便存放到寄存器中。

3. 保存数码

使 $\overline{R_D}=1$ 时，CP 脉冲消失后 CP=0，各触发器都处于保持状态。由于该寄存器能同时输入 4 位数码，同时输出 4 位数码，又称为并行输入、并行输出寄存器。

（二）移位寄存器

移位寄存器是在数码寄存器的基础上发展而成的，除了具有存放数码的功能外，还具有移位的功能。移位是指在时钟脉冲作用下，能将寄存器的数码逐位向左或向右移动。移位寄存器分为单向移位寄存器和双向移位寄存器。

1. 单向移位寄存器

在移位脉冲作用下，所存数码只能向某一方向（左或右）移动的寄存器称为单向移位寄存器。

图 13-12 是用 D 触发器组成的 4 位左移寄存器，其中 FF_3 是最高位触发器，FF_0 是最低位触发器，从左到右依次排列。寄存的数码从最低位触发器 FF_0 的输入端 D_0 依次送入寄存器中（串行输入方式），再从 4 个触发器的 Q 端同时输出（并行输出方式），也可从最高位触发器的 Q_3 端依次输出（串行输出方式）。可见，数码移动的顺序是由低位指向高位。因此，数码输入的顺序应该先输入高位数码，然后依次输入低位数码。

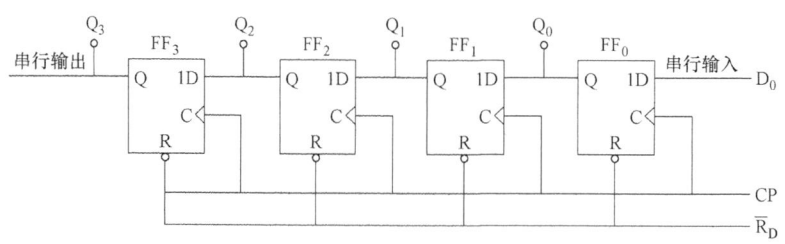

图 13-12　4 位左移寄存器的逻辑电路图

工作原理：

首先使各个触发器清零，使 $\overline{R_D}=0$，即 $Q_3Q_2Q_1Q_0=0000$。工作时 $\overline{R_D}=1$。假设左移输入的串行数码为 1101，则输入的顺序为 D_3、D_2、D_1、D_0。当第一个 CP 上升沿到来时，$Q_3Q_2Q_1Q_0=0001$；第二个 CP 上升沿到来后，$Q_3Q_2Q_1Q_0=0011$；第三个 CP 上升沿到来后，$Q_3Q_2Q_1Q_0=0110$；当第四个 CP 上升沿到来后，就有 $Q_3Q_2Q_1Q_0=1101$。这时在各触发器输出端同时输出信号，便可并行输出刚才的 4 位数码 $Q_3Q_2Q_1Q_0=1101$。若连续再来 4 个 CP 脉冲的上升沿，则可从 Q_3 端串行输出 4 位数码 1101。工作过程见表 13-4。

右移寄存器则是将信号从最高位触发器 FF_3 的 D 端串行输入，从最低位触发器 FF_0 的 Q_0 端串行输出，其工作原理与左移寄存器类似。

表 13-4 4 位左移寄存器的状态真值表

输入		输出				移位过程
CP	D_0	Q_3	Q_2	Q_1	Q_0	
0	×	0	0	0	0	清零
1	1	0	0	0	1	左移一位
2	1	0	0	1	1	左移两位
3	0	0	1	1	0	左移三位
4	1	1	1	0	1	左移四位

2. 双向移位寄存器

双向移位寄存器同时具有左移与右移功能，74LS194 是具有串行和并行输入、串行和并行输出的四位双向中规模集成移位寄存器，如图 13-13 所示。$\overline{CR}$ 为清零端，低电平有效；D_{SL}、D_{SR} 分别为左移、右移数据串行输入端；Q_0、Q_3 分别是左移、右移数据串行输出端；$D_0 \sim D_3$ 为数据并行输入端；$Q_0 \sim Q_3$ 为数据并行输出端。M_1、M_0 为工作方式控制端，4 种不同取值组合 00、01、10、11 决定了寄存器分别执行保持、右移、左移和并行输入数据 4 种功能，其功能见表 13-5。

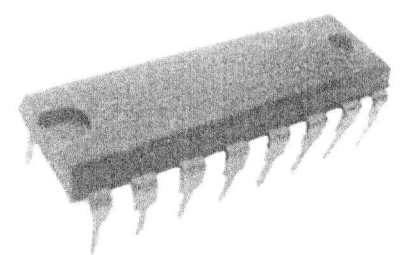
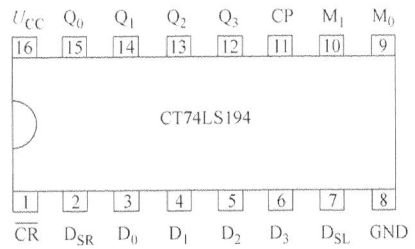

图 13-13 集成双向移位寄存器 74LS194 的外形图和引脚图

表 13-5 集成双向移位寄存器 74LS194 的功能表

清零端$\overline{CR}$	控制端		时钟脉冲端 CP	功　能
	M_1	M_0		
0	×	×	×	清零
1	0	0	×	保持
1	0	1	上升沿	串行输入、右移：$D_{SR} \to Q_3$，$Q_{i-1}^{n+1} = Q_i^n$
1	1	0	上升沿	串行输入、左移：$D_{SL} \to Q_0$，$Q_{i+1}^{n+1} = Q_i^n$
1	1	1	上升沿	并行输入：$Q_i = D_i$

二、计数器

统计输入脉冲的个数称为计数，能实现计数操作的电路称为计数器。计数器在数字电路中应用相当广泛，除了用于计数外，还可以用来定时、分频或者进行数字运算等。

（一）计数器的分类

1）按照进位数制的不同，可分为二进制、十进制和 N 进制（即任意进制）计数器。

2）按照计数过程中计数变化的趋势是增加还是减少，计数器可分为加法计数器、减法计数器和可逆计数器（既可作加法计数，又可作减法计数）。

3）按照时钟脉冲引入的方式（或者计数器中各触发器翻转的次序），计数器可分为异步计数器和同步计数器。

同步计数器就是组成计数器的所有触发器共用一个时钟脉冲（该时钟脉冲是被计数的输入脉冲），使应该翻转的触发器在时钟脉冲的作用下同时翻转。

异步计数器中各级触发器的时钟并不都来源于计数脉冲，有的来源于其他触发器的输出端，因而各级触发器的状态转变不是同时进行，而是有先有后。因此分析异步计数器时必须特别注意各级触发器的时钟信号，以确定其状态转变时刻。

（二）异步计数器

1. 异步三位二进制加法计数器

异步三位二进制加法计数器的逻辑电路图如图 13-14 所示，真值表见表 13-6。它由三个 JK 触发器组成，各触发器的 J、K 端均悬空（相当于 J = K = 1），处于"计数"状态。三个触发器中只有最低位 FF_0 的控制端 C 接收计数器脉冲 CP，其他各级均是低位触发器的输出端 Q 接至高位触发器的 C 端，即 $CP_0 = CP$，$CP_1 = Q_0$，$CP_2 = Q_1$。由于都是下降沿触发，所以只要低位触发器的状态从 1 变为 0，其 Q 端产生的下降沿就使高一位触发器翻转。

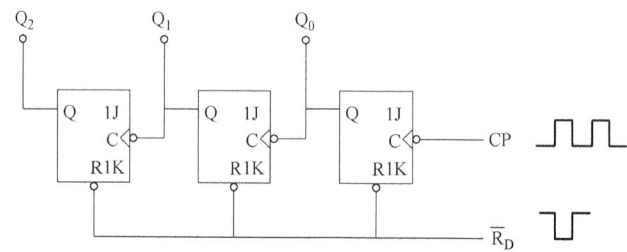

图 13-14 异步三位二进制加法计数器逻辑电路图

表 13-6 异步三位二进制加法计数器的状态真值表

计数脉冲 CP	原态			新态			触发脉冲有无下降沿		
	Q_2^n	Q_1^n	Q_0^n	Q_2^{n+1}	Q_1^{n+1}	Q_0^{n+1}	CP_2	CP_1	CP_0
0	0	0	0	0	0	0			
1	0	0	0	0	0	1			有
2	0	0	1	0	1	0		有	有
3	0	1	0	0	1	1			有
4	0	1	1	1	0	0	有	有	有
5	1	0	0	1	0	1			有
6	1	0	1	1	1	0		有	有
7	1	1	0	1	1	1			有
8	1	1	1	0	0	0	有	有	有

工作波形（称为时序图）如图 13-15 所示。

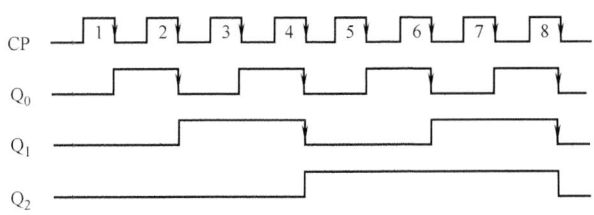

图 13-15　异步三位二进制加法计数器时序图

2. 异步三位二进制减法计数器

在异步三位二进制加法计数器逻辑图中将低位触发器的 Q 端接至高位触发器的时钟脉冲端，就得到异步三位二进制减法计数器，如图 13-16 所示，其工作过程与加法计数器类似。

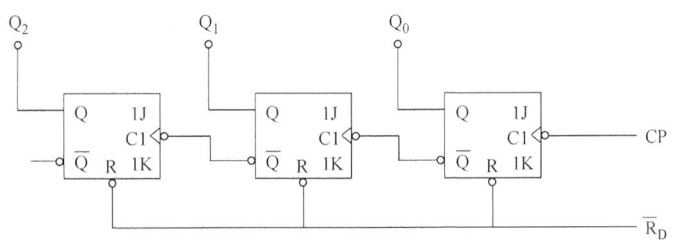

图 13-16　异步三位二进制减法计数器逻辑电路图

模块测评

1. 电路如图 13-17 所示，请分析它的逻辑功能。设电路的初态为 $Q_2Q_1Q_0 = 000$，画出 Q_2、Q_1、Q_0 的波形。

2. 由 JK 触发器组成的二进制计数器如图 13-18 所示，请分析其工作原理，画出每个 Q 端的波形。

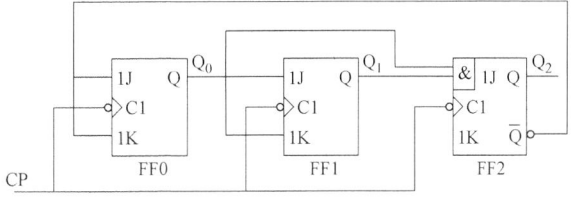

图 13-17　题图

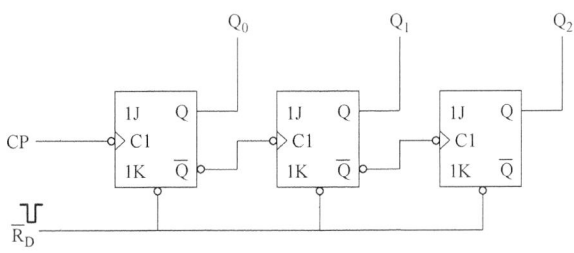

图 13-18　题图

集成计数器功能测试

一、实训目的

1）熟悉集成计数器的逻辑功能和各控制端的作用。
2）掌握计数器的使用方法。

二、实训仪器及材料

双踪示波器 1 台，74LS90 十进制计数器 2 片，74LS002 输入端 4 与非门 1 片。

三、实训内容及步骤

集成计数器 74LS90 功能测试：

74LS90 是二-五-十进制异步计数器，其逻辑图如图 13-19 所示。

两种接法的引脚图如图 13-20 所示。按芯片引脚图分别测试并填入表 13-7 和表 13-8 中。

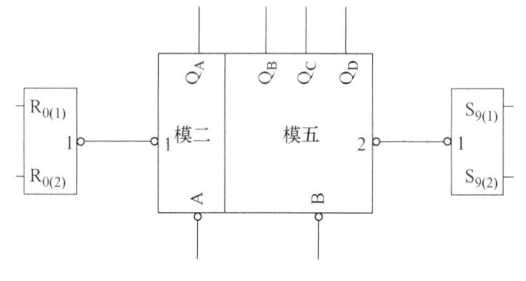

图 13-19　74LS90 逻辑图

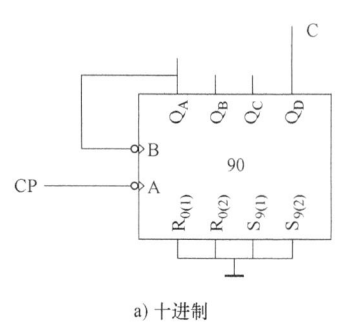

a) 十进制

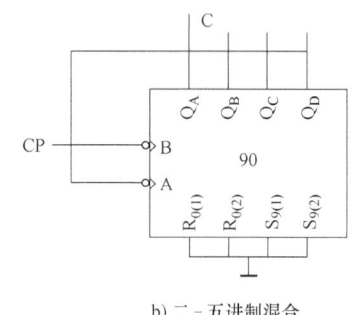

b) 二 - 五进制混合

图 13-20　两种接法引脚图

表 13-7　状态表

$R_{0(1)}\ R_{0(2)}\ S_{9(1)}\ S_{9(2)}$	输出 $Q_D\ Q_C\ Q_B\ Q_A$
H　H　L　X	
H　H　X　L	
X　X　H　H	
X　L　X　L	
L　X　L　X	
L　X　X　L	
X　L　L　X	

表 13-8 状态表

计数	输出			
	Q_A	Q_B	Q_C	Q_D
0				
1				
2				
3				
4				
5				
6				
7				
8				
9				

四、实训报告

1. 整理实验内容和各实验数据。
2. 画出实验内容所要求的电路图及波形图。
3. 总结计数器使用特点。

单元十四
数模（D-A）与模数（A-D）转换器

一、数模转换器

1. 数模转换器的概念

经数字系统处理后的数字量，有时又要求再转换成模拟量以便实际使用，这种转换称为数模转换。完成数模转换的电路称为数模转换器，简称 DAC。

2. 数模转换原理

将输入的每一位二进制代码按其权的大小转换成相应的模拟量，然后将代表各位的模拟量相加，所得的总模拟量与数字量成正比，这样便实现了从数字量到模拟量的转换。

$$v_0 = k \sum_{i=0}^{n-1}(D_i \times 2^i)$$

式中，$\sum_{i=0}^{n-1}(D_i \times 2^i)$ 为二进制数按位权展开转换成的十进制数值。

二、模数转换器

1. 模数转换器的基本概念

将模拟量转换成数字量的电路称为模数转换器（简称 A-D 转换器或 ADC）。

2. 模数转换原理

A-D 转换器的作用就是将输入的模拟量转换成与其成比例的数字量，实质上 A-D 转换器是模拟系统转到数字系统的接口电路。一个完整的模数转换过程必须包括采样→保持→量化→编码四个部分。

（1）采样定理 为了保证能从采样信号中将原信号恢复，必须满足条件：

$$f_s \geq 2f_{i(\max)}$$

式中，f_s 为采样频率，$f_{i(\max)}$ 为输入信号 u_i 中最高次谐波分量的频率。这一关系称为采样定理。

A-D 转换器工作时的采样频率只有满足上式所规定的频率要求，才能做到不失真地恢复出原模拟信号。采样频率越高，进行转换的时间就越短，对 A-D 转换器的工作速度要求就越高，一般取 $f_s = (3 \sim 5)f_{i(\max)}$。

（2）采样保持电路 A-D 转换器在进行模数转换期间，要求输入的模拟信号有一段稳定的保持时间，以便对模拟信号进行离散处理，即对输入的模拟信号进行采样。

（3）量化与编码　用数字量表示输入模拟电压 u_i 的大小时，首先要确定一个单位电压值，然后用 u_i 与事先确定的单位电压值进行比较，并取比较结果的整数倍值用二进制数来表示输入模拟电压 u_i 的大小，这样的过程称为二进制编码，它就是 A-D 转换输出的数字信号。这里用作比较的单位电压值称为量化单位，用 Δ 表示。由于采样得到的样值脉冲的幅度是模拟信号在某些时刻的瞬时值，它们不可能正好是量化单位 Δ 的整数倍，在量化时由于舍去了小数部分，因此会产生一定的误差，这个误差称为量化误差。

参 考 文 献

[1] 金柏芹. 电子技术［M］. 北京：中国劳动社会保障出版社，2004.
[2] 郭赟. 电子技术基础［M］. 北京：中国劳动社会保障出版社，2007.
[3] 孙荣成. 基本操作技能［M］. 3版. 北京：中国劳动社会保障出版社，2003.
[4] 车里. 电工与电子技术［M］. 北京：开明出版社，2001.
[5] 沈蓬. 电机与变压器［M］. 北京：中国劳动社会保障出版社，2014.
[6] 李敬梅. 电力拖动控制线路与技能训练［M］. 北京：中国劳动社会保障出版社，2014.
[7] 杜德昌，徐传清. 电工电子技术及应用［M］. 北京：高等教育出版社，2002.